그들은
살아
돌아왔다

그들은
살아
The

돌아왔다
Finest

Hours

20세기의
위대한
해난 구조 실화

마이클 터지어스 · 케이시 셔먼 지음 | 김경영 옮김

에쎄

일러두기
·아래 첨자로 표시된 부분은 대부분 옮긴이가 부연 설명한 것이다.

구조대원과 생존자들,
그리고 해안으로 돌아오지 못한 분들에게 바칩니다

매사추세츠 주 올리언스

그녀는 록 하버의 긴 나무 부두 끝에 조용히 앉아 있었다. 주말의 전 사들이 냉장박스를 가득 채운 채 매끈한 레저용 보트를 몰고 코드 곶 만을 향해 갔고, 그녀 쪽으로는 좀체 눈길을 주지 않았다. 주차장 에서 다가가면 부두 위쪽 나무 안내탑에 붙은 커다란 국가 사적지 표 지판이 보인다. 표지판은 그녀의 과거를 짤막하게 알려준 뒤 친절하 게 소액의 기부금을 부탁한다. 당신은 지폐 두어 장을 기부함에 찔러 넣고 잔교부두에서 선박에 닿을 수 있도록 만들어놓은 다리 모양의 구조물 끝으로 가 철판을 내려간다. 내려가는 동안 당신을 이곳으로 부른, 실제보다 부 풀려진 듯한 이야기를 생각한다. 가파른 경사지를 조심스레 지나 아 래 부잔교로 내려가면서 기대감이 커진다. 그때 불현듯 왼쪽 시야에 그녀가 들어온다. 사전지식이 없는 사람이라면 그냥 지나치기 쉬운 외모다. 그녀는 불과 11미터쯤 되는 길이에 항구에 있는 더 큰 배들에 비하면 흡사 장난감 같다.

배는 유능한 자원봉사자 팀이 성실하게 복원한 뒤 눈부시게 하얘졌다. 뱃머리 근처에 검은색으로 커다랗게 이름이 새겨져 있다. '캔두Can Do'라든가 '안드레아 게일Andrea Gail 1991년 미 동부 해안을 강타한 태풍에 휘말렸던 어선을 말한다' 따위의 근사한 이름이 아니다. 사실 이 배에 이름 같은 건 없다. CG36500이라는 분류 번호로 불린다. CG는 해안경비대Coast Guard 소속 선박임을 뜻하고, 36은 배의 길이36피트, 약 11미터, 500은 이 11미터짜리 동력 구조선에 붙은 식별 번호다.

배 위에 올라서자 갑자기 선체가 더 작아진 듯했다. 당신은 좁은 좌현을 따라 발을 차례로 옮기며 한 손으로는 나무 난간을 꽉 붙잡아 균형을 잡는다. 조타실로 가 두 손을 타륜 위에 올려놓고 배의 앞 유리 너머를 빤히 응시하며 숙명적이었던 그날 밤을 상상한다. 하지만 아무리 애써봐도 이 배를 전설로 만든 참혹했던 그날 밤의 상황을 똑같이 재현할 수는 없다. 바람은 살랑살랑하다. 얼굴을 때리고 살을 파고들던 그때의 거센 바람이 아니다. 바다는 잔잔하다. 아주 오래전 바닷물이 7층 건물 높이의 벽을 만들며 솟아올랐던 그날 밤의 바다가 아니다.

당신은 새 함장의 근엄한 목소리에 백일몽에서 깨어난다. 피터 케네디가 당신을 선수 근처 생존자 선실 쪽으로 부른다. 그는 작은 해치를 열더니 안으로 들어가라는 몸짓을 한다. 당신은 나지막한 사다리를 밟고 어두운 지하 통로로 내려간다. 좁은 공간에 익숙해지려고 애쓴다. 2미터 가까운 장신에 건장한 케네디도 뒤이어 사다리를 타고 선실로 내려온다. 선실은 원래 12인용이지만 두 사람만 들어가도 비좁고 숨이 턱턱 막히는 기분이다. 당신은 거기 앉아 벽을 따라 걸린 구명구들을 흘긋 쳐다본다. 문득 이런 생각이 스쳐 지나간다. 이 작은 배가 어떻게 그토록 많은 생명을 구했을까? 정답은 두 가지다. 배의 설계, 그리고 배를 이끈 용감한 젊은이 네 명.

그들은 살아 돌아왔다

유조선 선체 구역과
각 선체의 구조선

펜들턴호 선미

약 11미터 길이의 동력 구조선 'CG36500호' / 함장 버니 웨버

펜들턴호 선수

소형 경비함 매컬러호

약 11미터 길이의 동력 구조선 'CG36383호' / 함장 도널드 뱅스

포트 머서호 선수

소형 경비함 야쿠테이트호

소형 경비함 유니맥호

길이 약 11미터의 동력 구조선(낸터킷 기지) / 함장 랠프 옴스비

포트 머서호 선미

소형 경비함 어커시넷호

소형 경비함 이스트윈드호

수송선 쇼트 스플라이스호

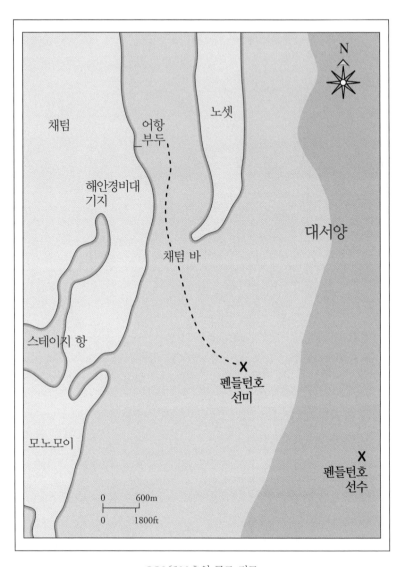

CG36500호의 구조 경로

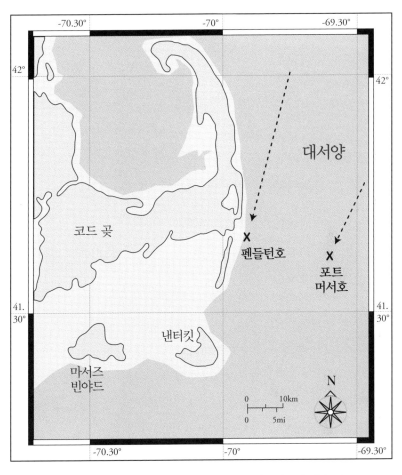

사고 지점에서 구조 지점까지 포트 머서호와 펜들턴호의 이동 경로

1부

채텀 구조선 기지

이곳에서는 바다가 주인, 심하게는 폭군 노릇을 한다. 우리보다 뛰어난 사람들이 그토록 많은 세대에 걸쳐 줄곧 배를 몰고 바다로 나갔으면서도 누구도 이 교묘한 문장을 이해하지 못했다…… "우리가 자연을 정복하는 때는 자연에 순종할 때뿐이다."

_E. G. 페리, 1898년

매사추세츠 주 채텀

1952년 2월 18일

갑판 하사 버니 웨버는 뜨거운 커피 잔을 큼지막한 손에 쥐고 안개 자욱한 식당 창밖을 내다봤다. 싸구려 커피지만 나쁘지 않았다. 거의 11리터 용량의 커피포트에 내린 커피로, 커피 찌꺼기를 가라앉힐 목적으로 달걀 껍데기 두어 개를 섞어서 끓였다. 매사추세츠 주 밀턴에서 태어난 목사의 아들 웨버는 호기심과 걱정이 뒤섞인 눈빛으로 창밖을 바라봤다. 폭풍우가 계속 거세지고 있었다. 한겨울 동북풍은 지난 이틀간 뉴잉글랜드에서 떠날 생각을 않았다. 아직 최악의 사태는 오지 않은 걸까. 바람에 날린 눈이 일렁이는 모래 위에서 춤을 췄고, 채텀 구조선 기지에 세워진 등대탑 옆으로 커다란 눈더미가 쌓였다. 한때 이곳에는 등대 두 개가 서 있었다. 두 등대를 두고 사람들은 '채텀의 쌍둥이 빛'이라고 불렀다. 두 번째 등대의 잔해는 오래된 터뿐이다. 그나마도 오늘 아침에는 눈에 완전히 덮였다.

그는 커피를 홀짝이며 어린 아내 미리엄을 떠올렸다. 아내는 지독한 독감에 걸려 시뷰 스트리트에 있는 두 사람의 오두막집 침대에 누워 있었다. 응급 상황이면 어쩌지? 도움이 필요한 상황이면? 이 날씨에 의사가 올 수나 있을까? 이런 생각들로 신경이 곤두선 웨버는 불길한 생각을 몰아내려고 애썼다. 대신 낡은 장작난로 주변에 옹기종기 모인 채텀 어항 부두의 어부들을 떠올렸다. 그들은 곧 웨버에게 도움을 청할 것이다. 어부들은 올드 하버의 파도 틈에서 배가 요동치면 뱃줄을 있는 힘껏 잡아당기면서 연락을 해오곤 했다. 폭풍이 지금도 이렇게 심한데 몇 시간 뒤에 본격적으로 치기 시작하면 어떻게 될까?

하지만 웨버는 날씨가 험하다고 불평한 적이 없다. 나이는 스물넷밖에 되지 않았지만 바다에서 일한 세월은 10년이 다 되어간다. 처음에는 제2차 세계대전 동안 미 해운청US Maritime Service미국 상선단의 전신으로 해군과 해안경비대를 지원하고 군사물자를 나르는 역할을 했다에서 근무했다. 웨버의 세 형도 참전했다. 큰형 폴은 독일에 주둔 중이던 육군 26사단 소속이었다. 일명 양키사단이라 불리던 26사단은 벌지 전투에서 조지 패튼 장군이 이끄는 제3군단과 연합해 프랑스의 요새도시 메츠를 함락했다. 둘째 형 밥은 미국 해안경비대에서 조국을 지켰다. 셋째 형 빌은 육군공병단에서 알래스카 간선도로 건설에 참여했다.

웨버는 둘째 형 밥을 따라 해안경비대에 들어갔으나 부모님이 바라던 삶은 아니었다. 아버지는 보스턴에 있는 트리몬턴 템플 침례교회 부목사였는데, 웨버가 어렸을 때부터 그를 성직자로 키우려고 했다. 교회 집사회는 웨버를 위해 남학생 전용 기숙학교인 마운트허먼스쿨의 학비를 지원하기도 했다. 학교는 집에서 170킬로미터가량 떨어진 매사추세츠 주 길 시에 있었는데, 코네티컷 강 바로 옆에 있는 작은 도시였다. 1879년에 설립된 학교는 출신 명사들을 자랑스럽게 광고했다. 『리더스 다이제스트』의 창립자 디윗 월리스와 버거킹의 창립자 제임스 W. 맥라모어 같은 사람들이었다. 말할 것도 없이 웨버는 학교 친구들 사이에서 경제적 왕따에 가까웠다. 형이 물려준 옷을 입고 다녔던 그는 입학할 때부터 진로에 심각한 의문을 품고 있었다. 성적이 좋지도 않았거니와 자신이 대체 왜 이곳에 있는지 남몰래 자문했다. 속으로는 아버지의 전철을 밟고 싶지 않다는 것을 알았다. 그러던 어느 날 운명이 손을 내밀었고, 웨버는 학교에서 도망치기로 결심했다. 어린 시절 친구 한 명이 자기 아버지의 차를 들이받아 박살내고는 숨겨달라고 찾아온 것이다. 웨버는 친구의 부탁을 들어줬다. 친구를 기숙사 방에 숨겨놓고는 학교 식당에서 음식을 몰래 가져와 먹였다. 두 사람은 며칠 만에 발각됐지만 제때 자리를 피한 덕에 험한 꼴은 면할 수 있었다. 둘은 학교 주변 언덕과 옥수수 밭으로 달아나 결국 고향 밀턴으로 돌아왔다.

버나드 A. 웨버 목사는 어린 웨버가 학교를 그만두고 방황하자 말썽쟁이 아들의 행동을 이해해보려고 노력했다. 1년 뒤 열여섯이 된 웨버는 갈피를 못 잡고 떠도는 삶의 항로를 바꿀 방법을 찾았다. 마침 미국 해운청에서 자기처럼 젊은 사람을 뽑아 뉴욕에서 훈련시킨다는 소식을 들은 것이다. 고된 훈련소 생활만 잘 견디면 상선을 타고 참전할 수 있었다. 아버지가 마지못해 입대 서류에 서명해주자 그 즉시 뉴욕 십스헤드 만에 있는 미 해운청 훈련소에 입소해 기본적인 선박 조종술 교육을 받았다. 훈련조교는 헤비급 권투 세계챔피언 출신인 잭 뎀프시였다. 해안경비대 중령인 뎀프시는 훈련조교로 근무하고 있었다. 훈련소를 퇴소한 웨버는 T2 유조선제2차 세계대전 중에 대량으로 건조된 유조선 SS 싱클레어 루비라인호에 배속됐다. 카리브 해 남부에 위치한 아루바와 퀴라소의 항구에서 남태평양에 있는 미 3함대 군함까지 휘발유를 실어 나르는 일이었다. 그는 이 시기 동안 자신이 뭍에서 목사나 그 밖의 다른 일을 하며 살아갈 수 없음을 깨달았다. 버니 웨버는 바닷가에서 태어나 1946년 2월 26일 미 해안경비대에 입대한 뒤 메릴랜드 커티스 만에 있는 해안경비대 훈련소에 들어갔다. 당시 해안경비대 훈련소 사령관은 신병들에게 보내는 편지에 해안경비대원의 삶과 임무를 이렇게 소개했다.

해안경비대원에게 힘든 일은 일상입니다. 보기에 따라서는 365일 내내 전쟁 중이죠. 전시에는 무장 적군과, 평시에는 인류의 온갖 적을 상대해야 합니다. 총격, 충돌 사고, 불법 행위, 강풍, 유빙, 폐선을 비롯해 적은 수없이 많습니다. 따라서 중도 포기자, 울보, 허풍쟁이는 받지 않습니다. 성실하지 못한 사람도 필요 없습니다. 신병 훈련 기간은 매일매일 시시각각이 시험입니다. 적합한 인재인지 여부를 결정하는 기간이죠. 여러분의 몫입니다. 자신의 가치를 증명해 보이십시오.

그 뒤 웨버는 채텀 코드 곶 굽이 부근에 있는 소도시로 옮겨 근무했다. 웨버의 가치와 패기는 이미 곶 근처 무자비한 바다에서 수차례 시험을 받았다. 이 지역은 모든 바닷사람에게 가장 분주하고 위험한 곳 중 하나였다. 1869년 미국해안측지국 국장은 코드 곶 근처 수역에 대해 이렇게 말했다. "세상에 이런 곳은 없을 겁니다. 잔잔한 조류가 대단히 거센 해류를 만나 바다 저 멀리까지 밀려갑니다." 사실 뱃사람들은 이 지역을 '대서양의 무덤'이라 불렀다. 그럴 만도 했다. 3만 척이 넘는 난파선에서 가라앉은 해골들이 채텀에서 프로빈스타운까지 바다 밑 사방에 흩어져 있었다. 최초로 알려진 난파선은 스패로호크호로 1626년 12월 17일 올리언스에서 좌초했다. 식민지 주민들과 함께 버지니아로 향하던 선원들은 가까스로 뭍으로 나왔고 배는 수리를 받았다. 하지만 돛을 펼치기도 전에 또 한 번 심한 폭풍이 몰아쳤고 스패로호크호는 영원히 침몰했다. 이 이야기는 당시 총독 윌리엄 브래드퍼드가 기록한 플리머스 식민지 일지에 자세히 나와 있다. 배의 잔해는 그로부터 200년 뒤 침식 작용이 일어나 올리언스 해안지대의 진흙 제방 속에서 모습을 드러냈다. 그 유명한 영국 해군 군함 HMS 서머싯호 역시 코드 곶 근처의 위험천만한 바다에서 최후를 맞았다. 배는 1778년 11월 3일 매사추세츠 주 트루로 근처 모래톱에서 거센 돌풍을 만나 좌초됐으나, 미국 시인 워즈워스의 시 「폴 리비어의 질주Paul Revere's Ride」에서 영원한 생명을 얻었다. 영국 장교와 수병 21명은 구조선에 올라탔지만 해안가로 가던 중 배가 전복되는 바람에 익사했다. 이 사고로 배의 함장 조지 어리는 사병 480명을 대표해 트루로의 도시행정위원 이사야 앳킨스에게 투항했다. 생존자들은 전쟁포로로 잡혀 보스턴까지 끌려갔고, 도시의 민병대가 그 뒤를 따랐다.(폴 리비어는 과거 비밀리에 배를 몰아 서머싯, 렉싱턴, 콩코드까지 가서 영국군 침공 소식을 전한 사람이다. 나중에 배에 있던 대포 84개를 받아 보스턴 항의 캐슬 섬 함락을 돕기도 했다.) 작가 헨리 C. 키트리지는『코드 곶 사람들과 역사Cape Cod: Its People&Their History』(1930)에서 이렇게 이야기한다. "코드 곶 후미에 쌓인 난파선들을 차례로 이으면 채텀에서 프로빈스타운까지 벽을 올릴 수 있을 것이다."

버니 웨버의 첫 출전은 1949년 어느 날 저녁에 이루어졌다. 웨버는 채텀 구조선 기지에서 처음으로 조난 호출에 응답했다. 글리브스급 구축함US글리브스호와 동일하게 설계된 구축함을 일컫는 말 USS 리버모어호가 모노모이 섬 근처의 여울 베어스 숄에서 좌초한 사건이었다. 그때까지만 해도 리버모어호에는 행운이 따랐다. 미국이 제2차 세계대전에 참전하기 몇 달 전, 사병들은 잉글랜드로 향하는 수송 부대를 아이슬란드까지 호송하면서 독일 U보트 잠수함을 가까스로 피해갔다. 1942년 11월 9일, 리버모어호는 연합군의 북아프리카 침공에 투입되어 대잠전對潛戰과 대공전對空戰에 참여했고, 프랑스령 모로코모로코는 1956년에 프랑스로부터 독립했다의 메디아 근처에서 화력을 지원하기도 했다. 리버모어호는 비교적 상한 데 없이 무사했다. 일부 사병들은 리버모어호가 미국 군함 중 최초로 군목軍牧 새뮤얼 리버모어의 이름을 땄기 때문이라고 했다.

갑판 하사 리어 그라시는 웨버와 대원 한 명을 11미터짜리 해안경비대 정찰선에 태운 뒤 리버모어호에 갇힌 해군 예비역들을 구하러 위험한 채텀 바로 향했다. 배는 모래톱 위에 높이 솟은 채 옆으로 아슬아슬하게 기울어 있었다. 웨버와 대원들은 밤새 구축함 옆을 지키며 예인선이 오기를 기다렸다. 그리고 다음 날 아침, 여러 번의 시행착오 끝에 마침내 군함을 모래톱에서 빼냈다. 리버모어호는 무사히 가던 길을 갔다. 웨버는 자신과 대원들을 향해 환호성을 지르는 리버모어호의 사병들에게 미소를 지어 보였다. 몇 시간 전의 반응과는 완전히 딴판이었다. 그들은 그에게 사과와 오렌지, 심지어 220그램이 넘는 강철 쇠고랑까지 내던졌다. 그들이 보기에 구조 작업이 너무 더뎌서였다. 고양이와 개처럼 아웅다웅하는 해군과 해안경비대의 경쟁관계 때문이기도 했다. 해군 예비역들은 해안경비대, 그들 식으로는 불한당 해군Hooligan's Navy에서 구조를 나오자 약간 당황스러웠을 것이다.

그렇다. 해안경비대원의 삶은 대개 고되기만 하고 티는 안 났다. 하지만 웨버는 세상 어떤 직업과도 바꿀 생각이 없었다. 막 동이 튼 지금 웨버는 식당 창밖을 내다보며 윙윙대는 바람 소리에 귀를 기울였다. 오늘은 또 어떤 일이 벌어질까?

펜들턴호

북대서양에서 진눈깨비 섞인 바람이 갑자기 기승을 부린다. 거대한 흰 파도의 행렬이 한꺼번에 와락 쏟아지더니 소용돌이치고 정신없이 흩어지며 뒤섞인다. 파도 소리는 끝없이 쾅쾅대는 포효 소리, 부글부글 끓는 소리, 오싹하게 삐걱거리는 소리로 변하더니 바람의 날카로운 비명 소리와 한데 뒤엉킨다.

_헨리 보스턴

선장 존 J. 피츠제럴드 주니어는 아직 SS 펜들턴호가 낯설었지만 변덕스러운 뉴잉글랜드 날씨만은 훤했다. 그가 길이 약 150미터, 무게 1만448톤짜리 이 T2 유조선을 맡은 지 불과 한 달밖에 되지 않았다. 하지만 매사추세츠 주 로슬린데일에 사는 갸름한 얼굴에 턱이 뾰족한 선장은 이곳 바다에 익숙했고 위험한 북대서양에 큰 경외심을 품고 있었다. 피츠제럴드는 뉴욕 주 브루클린 출신으로 캐나다 노바스코샤 주 상선 선장의 아들이었다. 아버지를 따라 상선단^{Merchant Marine} 평소에는 상선으로 쓰이다가 유사시에 해군을 돕는 선박에 들어가 제2차 세계대전 당시 유조선 선장으로 일했다. 세계대전이 끝난 뒤 피츠제럴드 부자 는 뉴욕의 해운회사 내셔널 벌크^{National Bulk}에 취직했다.

펜들턴호는 1952년 2월 12일 루이지애나 주의 주도 배턴루지를 출 발해 보스턴으로 향했다. 배에는 텍사스 산 석유와 가정용 난방유 12 만2000배럴이 실려 있었다. 오일탱크 아홉 개가 가득 찼다. 유조선 선원들이 으레 그렇듯 펜들턴호 선원들도 오랜 친구와 생판 이방인들 로 뒤섞여 있었다. 인종, 종교, 피부색의 도가니였다. 어떤 사내들은 휴식시간에 카드를 치며 친분을 쌓았고, 또 어떤 이들은 동료들과 친 목을 다질 시간에 가능한 한 많은 잔업을 신청했다. 지갑을 두둑하게 채워 하선하기 위해서였다.

피츠제럴드 선장과 선원들 40명에게는 처음부터 쉽지 않은 항해였 다. 펜들턴호는 노스캐롤라이나 주 해터러스 곶 근처에서 심한 폭풍 을 만났다. 그후 악천후는 해안을 따라가는 여정 내내 불길한 징조 처럼 붙어다녔다. 출발 5일째, 선원들은 최악의 난관에 부딪혔다. 눈 보라는 잦아들 기미가 없었다. 보스턴 지역에는 이미 눈이 20센티미 터 넘게 쌓였다. 시의 인부 500명이 트럭 200대와 제설기 52대를 동 원해 시내와 비컨힐보스턴의 상류층 거주지의 좁은 골목길에 쌓인 눈을 치 웠다. 남쪽 해안지대 역시 큰 타격을 입었다. 거대한 파도가 해안도시 시추에이트에 있는 9미터 높이의 방조제를 무너뜨렸다. 코드 곶 남쪽 으로 4000대 이상의 전화가 먹통이 됐다. 두꺼운 얼음과 눈이 전화선을 차례차례 끊어놓은 것이다. 메인 주는 더했다. 뉴잉글랜드 북부 대다수 지역이 60센티미터가 넘는 습한 폭설에 파묻혔다. 눈은 근래 들어 가장 위험한 겨울 폭풍으로 변했다. 메인 주의 운전자 1000명 이상이 눈으로 뒤덮인 도로 위에 고립됐다. 도로에 쌓인 눈더미는 3미터를 훌쩍 넘겼다. 많은 사람이 자동차 안에서 길게는 36시간 동안 갇혀 있다가 구조됐다. 루이스턴에서 열리기로 한 스노슈잉설화를 신고 눈길을 걷거나 뛰는 스포츠 경기는 취소됐다. 눈이 쌓여도 너무 쌓인 탓에!

펜들턴호는 2월 17일 일요일 저녁 보스턴 항 외곽에 도착했다. 마흔한 살의 피츠제럴드 선장은 아내 마거릿과 네 아이와의 만남을 학수고대하고 있었다. 뉴잉글랜드 출신인 몇몇 선원 역시 어서 가족을 만나고 싶어했다. 하지만 재회는 모두 뒤로 미뤄야 했다. 시계視界가 나빠 피츠제럴드 선장은 휘몰아치는 눈발 사이로 보스턴 등대의 불빛을 찾을 수 없었다. 방향을 알려주는 불빛 없이 선원들의 목숨을 담보로 보스턴 항과 사방에 흩어진 34개의 섬 주변으로 거대한 유조선을 몰고 갈 수는 없었다. 선장은 다시 바다로 나가라고 재빨리 지시를 내렸다. 폭풍을 뚫고 나가 시계가 나아지기를 기다렸다가 입항할 생각이었다.

자정이 다 돼갈 무렵 펜들턴호는 사방에서 불어오는 매서운 북극풍 한가운데 갇혔다. 올리버 젠드론은 방금 기관사들과 피너클 게임 2~4명이 48개의 패로 하는 카드게임을 끝냈다. 펜실베이니아 주 체스터 출신으로 올해 마흔일곱 살인 선원 올리버 젠드론은 딴 돈을 챙겨 선수 쪽 선실로 돌아갈 참이었다. 동료들이 제발 그냥 있으라고 애원했다.

파도는 이제 작은 건물 높이까지 치솟았다. 지금 나가면 배 바깥으로 휩쓸려 차가운 바닷속에 빠질 게 분명했다. 선실로 가려면 선미부를 나와 좁은 통로를 건너가야 하는데 오늘 같은 날 밤에는 특히 위험할 터였다. 그는 선미에서 벗어나는 건 너무 위험하다는 동료들의 말에 동의했다. 그래서 침대 자리를 차지하고 잠이나 자두기로 했다.

새벽 4시, 펜들턴호는 코드 곶 만에서 벗어나지 않으려 애썼지만 프로빈스타운 위로 불어닥치는 바람에 코드 곶 동쪽 바다로 떠밀려 갔다. 산더미 같은 파도가 이제 선미를 덮치고 있었음에도 불구하고 배는 무사히 앞으로 나아갔고, 피츠제럴드 선장은 선원들의 안전이 걱정됐지만 티를 내지는 않았다(물론 두 시간 뒤면 바뀔 테지만). 새벽 5시 반쯤 버지니아 주 노퍽 출신의 기관장 레이먼드 L. 사이버트는 당직 장교에게 선원들의 선내 통로 출입을 일절 금하라고 지시했다. 그리고 배의 속도를 7노트로 늦췄다.

몇 분 뒤인 새벽 5시 50분쯤, 천둥소리 같은 굉음이 선체 내부에 울려퍼졌다. 선원들은 거대한 유조선이 요동치는 바다 위로 솟아오르는 느낌을 받았다. 몇 초 뒤 고막을 찢을 듯한 굉음과 함께 펜들턴호가 덜컹거리면서 아래로 고꾸라졌다.

플로리다 주 팜비치에서 온 열여덟 살짜리 선원 찰스 브리지스는 침대에서 자고 있던 중 배가 휘청거리며 쪼개지는 것을 느꼈다. 하지만 소름끼치는 소리 때문에 그 자리에 얼어붙었다. "바지와 신발, 구명조끼를 움켜쥐고 위쪽으로 내달렸습니다." 브리지스는 당시 상황을 이렇게 기억했다. "식당으로 갔더니 몇 사람이 모여 있더군요. 전기는 나갔고 밖은 아직 캄캄해서 뭐가 어떻게 돌아가고 있는 건지 모르겠더라고요. 누가 말릴 새도 없이 손전등을 쥐고 통로로 뛰어갔습니다. 선수에 있는 동료들을 살펴보려고요. 강판 바닥에 손전등을 비추면서 재빨리 선체 중앙부까지 따라갔어요. 파도는 집채만 했고 물보라가 사방으로 흩날렸습니다. 차가운 진눈깨비랑 뒤엉킨 채로요. 그때 가던 길을 멈췄습니다. 통로 바닥이 사라졌더라고요. 두 걸음만 더 갔어도 바닷속으로 직행했을 겁니다."

브리지스는 뒤로 돌아 허둥지둥 식당으로 내달리며 소리쳤다. "큰일 났습니다! 배가 두 동강 났어요!"

몇 사람은 곧바로 구명보트를 내리자고 했다. 하지만 브리지스는 정신 나간 소리라며, 구명보트는 거대한 파도 속에서 가망이 없을 거라고 말했다.

보일러실이 있는 배의 최하갑판이 어떻게 됐는지는 아무도 몰랐다. 하지만 매사추세츠 주 애틀버러 출신의 기관사 프랭크 포토는 최악의 사태를 걱정하고 있었다. 포토는 바다에서 9년을 보낸 베테랑으로 기골이 장대하고 사각턱 전체에 구레나룻이 빽빽하게 나 있어 현대판 아합 선장소설 「모비딕」의 주인공 같은 분위기를 풍겼다. 그는 제2차 세계대전 당시 지중해에서 구축함의 어뢰 발사 임무에서 살아남았다. 1947년 텍사스 주에서 있던 SS 그랜드캠프호 폭발 사고에서도 살아남았다. 이 사고로 약 5미터 높이의 해일이 일어 텍사스 주 텍사스 시티 주민 수백 명이 목숨을 잃었다.

포토는 펜들턴호가 요동치는 것을 느꼈고, 곧이어 거대한 폭발음을 들었다. 부서진 배가 더 심하게 기울면서 덜그덕거리는 소리를 내자 그는 마음을 다잡았다. 지금까지 피해왔던 과거의 재앙들이 머릿속에 스쳐 지나갔다. 자신의 운이 마침내 여기서 다했구나 싶었다. 몇 분 뒤 기관장 사이버트가 보일러실로 뛰어 들어오며 소리쳤다. "배가 두 동강 났어!"

배가 두 동강 난 직후 펜들턴호 선미 당직실에서 근무를 서던 이등 기관사 데이비드 브라운은 꺼진 엔진을 천천히 작동시켰다. 잠시 뒤 기관장 사이버트가 브라운에게 엔진을 완전히 꺼라고 지시했다. 선원들은 천둥소리 같은 굉음에 일제히 깨어나 선실에서 허둥지둥 기어나온 뒤 무슨 일인지 살피고 있었다. 모두 배가 덜컹거리는 것을 느꼈고 많은 선원이 거대한 불덩어리를 목격했다. 뉴올리언스 출신으로 선박 유지·보수 업무를 맡은 선원('와이퍼wiper' 기관실에서 가장 낮은 직급의 선원을 가리키며, 기관실 청소 및 기관사 보조 역할을 한다로 알려진) 헨리 앤더슨은 침대에 누워 있다가 뭔가 "쿵 하고 세게 부딪히는" 느낌을 받았다고 했다. 그는 구명조끼를 쥐고 식당으로 달려가 피해 상황을 직접 확인했다. "다른 선원 한 명과 망치와 못으로 문을 막았어요. 물이 쏟아져 들어오고 있었거든요."

서른다섯 살의 (데이비드 브라운과는 아무 관계도 없는) 선원 프레드 브라운은 깜짝 놀라 침대에서 일어났다. 그는 펜들턴호를 타기 전 몇 년 동안 메인 주에 있는 바위투성이 캐스코 만에서 직업 어부로 일했다. 마흔 척이 넘는 배가 메인 해안 근처에서 최후를 맞았지만 전직

어부인 브라운은 비껴갔다. 그에게는 아내에 자식 넷까지 포틀랜드에
먹여 살려야 할 가족이 다섯이나 있었다. 트롤선보다는 유조선에서
일하는 편이 안전할 것 같았다. 사방을 뒤흔드는 굉음을 처음 들었을
때 그는 펜들턴호가 바위에 부딪혔나보다고 생각했다. 브라운은 나
중에 이렇게 말했다. "우지끈하면서 뭔가가 큰 소리를 내며 갈라졌습
니다. 커다란 양철판을 찢는 소리 같았죠." 옷을 챙겨 입고 위쪽 갑판
으로 전력 질주한 그는 거기서 동료 선원 몇 명과 다닥다닥 붙어 인
간 방패를 만든 뒤 선미 위로 달려드는 파도를 막았다. 다른 선원들
과 얼음장 같은 파도의 비말飛沫을 맞으며 서 있는데 정신이 아뜩해졌
다. 배의 선수 부분이 멀어지더니 눈보라 속으로 사라진 것이다. 새벽
녘에 피츠제럴드 선장과 고급 선원 몇 명이 앞쪽 선교루선박 한가운데에
설치된 선루를 말하며, 기관실 보호 및 선실 제공, 예비부력을 갖게 할 목적으로 만들어진다
에 있었다. 이제 그들은 사라지고 없었다.

　마흔여섯 살의 로드아일랜드 주 센트럴폴스 출신인 조지프 젭타스
키는 1926년부터 바다에서 일했지만 단 한 번도 침대에서 떨어진 적
이 없었다. 유조선이 두 동강 난 것은 그가 고급 선원의 급식 당번을
끝내고 단잠을 자던 중이었다. 젭타스키는 침대에서 선실 바닥으로
튕겨져 나갔고, 멍한 상태로 잠에서 깼다. 그는 필사적으로 일어나 구
명조끼를 쥐고 위쪽으로 올라갔다. 그리고 자기 평생에서 가장 거대
한 파도와 맞닥뜨렸다.

　마흔아홉 살의 월리스 퀴리는 배의 사등 기관사로 바다에서 25년
을 보내며 별별 일을 다 겪었지만 오늘 같은 일은 난생처음이었다. 폭

발음이 난 뒤 퀴리는 구명조끼와 성경책을 챙겼다. 그는 어머니가 8년 전에 준 성경책을 출항 때마다 들고 다녔고, 그 자신에게는 영적 구명구나 다름없었다. 그런데 다른 선원들과 선실에서 허겁지겁 기어 나와 사다리를 오르는 아비규환 속에서 그만 손에서 놓치고 말았다. 퀴리는 성경책이 굴러떨어지는 모습을 지켜보며 사다리를 올라가려고 안간힘을 쓰는 동료 선원들에 떠밀려 앞으로 움직였다. 돌아가서 가져올 시간이 없었다. "선미 쪽에 도착했더니 파도 높이가 족히 15미터는 넘어 보였습니다. 파도는 구명보트가 설치된 단정갑판^{작은 배를 설치·보관하는 갑판}과 최상갑판을 덮쳤습니다. 1.5미터쯤 되는 거리에서 달려와 돛대 꼭대기에서 부서졌어요." 배에 타고 있던 다른 사람들은 파도 높이가 20미터는 넘었다고 했다.

퀴리는 배에서 가장 어린 열여섯 살의 캐럴 킬고어를 찾아 바람과 파도에 연이어 공격당하는 동안 옆에 데리고 있었다. 퀴리와 다른 선원들은 이번 항해 내내 메인 주 포틀랜드에서 온 이 십대 소년에게서 눈을 떼지 않았다. 킬고어는 불과 4주 전에 입대 신청을 했다. 거의 10년 전에 버니 웨버가 그랬듯이, 헝클어진 머리에 앞니가 벌어진 킬고어는 설렘과 모험 가득한 삶을 꿈꾸며 들어온 것이다. 한 달이 지난 지금, 킬고어는 선미에 웅크리고 앉아 파도에 연신 두들겨 맞는 중이었다. 처음이자 어쩌면 마지막이 될지도 모르는 항해에서 어린아이처럼 겁에 질린 채.

몸을 덜덜 떨던 선원들은 펜들턴호의 선수가 잠깐 모습을 드러내자 실오리 같은 희망을 안고 쳐다봤다. 선수는 선미를 스치고 유령처럼 멀어져갔다. 선장 피츠제럴드와 선원 7명을 태운 채로. 일등 항해사 마틴 모, 이등 항해사 조지프 W. 콜건, 삼등 항해사 해럴드 밴커스, 통신사 제임스 G. 그리어, 선원 허먼 G. 개틀린과 빌리 로이 모건까지 모두 선수부에 갇혀 있었다. 배의 지휘부 거의 전원이 나머지 선원들과 멀어진 것이다. 선미에서 거센 공격을 받은 생존자들은 동료들을 지켜달라고 작은 소리로 기도했다. 그리고 고급 선원들이 잘 이끌어주기를 바랐다.

이제 서른셋밖에 안 된 기관장 레이먼드 사이버트가 펜들턴호 선미부를 이끌게 됐다. 사이버트는 선원들을 소집했다. 이제 남은 선원은 32명이었다. 사이버트는 보일러실에서 기관실로 통하는 문만 놔두고 수밀문들이 새지 못하도록 만들어진 문을 모두 닫으라고 지시했다. 단정갑판 좌우 경계를 포함한 당직 임무도 배정했다. 그런 뒤 피해 상황을 확인하러 갔다가 펜들턴호에 실린 가정용 난방유와 석유가 바다로 퍼져나가고 있는 광경을 발견했다. 끈적끈적한 검은색 액체가 배 주변에서 일렁이는 격랑의 거품 낀 물마루를 뒤덮었다. 펜들턴호는 7번과 8번 오일탱크 사이 격벽칸을 만들기 위해 설치한 벽에서 반으로 쪼개진 것이었다.

펜들턴호는 T2 유조선으로 알려진 T2-SE-A1형T2 유조선 중 가장 흔한 모델이다 유조선이다. 하지만 더 아리송한 애칭도 있다. 어떤 사람들은 '연쇄 침몰선' 내지 '황제의 관'이라 부르기도 한다. T2 유조선 사고의 역사는 거의 10년 전으로 거슬러 올라간다. 1943년 1월 17일 스케넥터디호가 두 동강 나는 사고가 있었다. 그것도 아직 부두에 정박해 있던 중에! 배가 막 시범 운행을 마치고 스완 섬 항구에 입항한 순간 갑자기 선교루 바로 뒷부분이 쪼개졌다. 선체 중앙부가 휘어지면서 물 밖으로 올라오더니 배의 선수와 선미 부분이 강바닥으로 가라앉았다. 스케넥터디호처럼 펜들턴호 역시 전쟁을 위해 급하게 건조된 배였다. 1944년 오리건 주오리건 주에는 펜들턴이라는 이름의 도시가 있다에서 카이저 컴퍼니가 건조한 펜들턴호의 모항은 이제 델라웨어 주 윌밍턴이었다. 배는 여러모로 튼튼해 보였다. 길이 약 150미터에 폭 20여 미터, 깊이는 약 12미터였다. 6600마력의 터보 전기모터로 움직이고, 폭이 3미터쯤 되는 프로펠러가 하나 달려 있었다. 하지만 배의 강인한 외관 아래에는 조악한 용접술이 숨어 있었다. 그 당시 건조된 많은 T2 유조선처럼 펜들턴호 선체 역시 '더러운 강철'이나 '헐어빠진 강철', 즉 과도한 황 성분으로 약해진 철을 잇대어 만든 게 틀림없었다. 이런 철은 높은 파도와 차가운 바닷물에서 배를 큰 위험에 빠뜨린다. 배를 건조한 회사는 펜들턴호에 균열 멈추개crack arrester를 설치해 이 결함을 보완하고자 했다. 즉, 배 선체 둘레에 양질의 강철 띠띠 모양으로 얇고 좁게 뽑은 철판를 둘러 선체의 용접 부위에 생긴 균열이 다른 부위로 확산되는 것을 막는 것이다. 균열 멈추개가 제 구실을 못 한 것은 이번이 처음이 아니었다. 불과 1년 전인 1951년 1월, 4번 우현과 중앙 탱크 사이 격벽에 삼중 균열이 생겼다. 균열은 끝내 보수되지 않았다. 놀랍게도 펜들턴호는 1952년 1월 9일 플로리다 주 잭슨빌에서 이루어진 해안경비대의 최종 점검을 우수한 성적으로 통과했다.

펜들턴호가 두 동강 난 지금, 강한 파도가 선미부를 프로빈스타운

북쪽에서 코드 곶의 들쭉날쭉한 부분으로 떠밀기 시작했다. 선수부는 거의 동일한 경로를 유지하면서 연안 쪽을 향해 더 빠른 속도로 떠내려가고 있었다. 통신실은 선수 쪽에 있었지만 피츠제럴드 선장은 조난 신호를 보낼 수 없었다. 배가 반으로 쪼개지면서 회로 차단기가 모든 회로에서 떨어져 나가는 바람에 선수 쪽의 전기와 난방, 불이 모조리 끊겼기 때문이다.

기관장 사이버트와 선원들은 선미에 전기를 비축하고 있었지만 조난 신호를 보낼 무전 장치가 없었다. 대신 작은 휴대용 라디오 수신기가 하나 있었다. 파란만장한 아침이 지나가는 동안 선원들은 한데 모여 거의 같은 T2형 유조선인 포트 머서호의 사고 소식을 들었다. 포트 머서호 역시 코드 곶 근처 어딘가에서 심각한 위험에 처해 있었다. 뉴스는 해안경비대 대원들이 머서호를 구조하러 이미 출동했다고 전했지만, 펜들턴호에 대한 이야기는 한마디도 없었다. 선원들은 서로를 쳐다보며 같은 질문을 떠올렸을 것이다. 우리는 누가 구조하러 오는 거야?

그들은 살아 돌아왔다

포트 머서호

깎아지른 듯 가파른 파도가 거세게 들썩이면서 우리를 무
시로 덮쳐왔다. 가까이 다가올수록 파도라기보다는 산 같
았다. 그것은 우리가 탄 배를 하찮다는 듯 내동댕이쳤고,
우리는 떠밀리지 않으려고 안간힘을 썼다. 협곡 같은 파도
의 골과 가파른 초록색 비탈이 양쪽에서 우리를 휩쓸고
지나갔다.   _스파이크 워커

펜들턴호가 두 동강 날 때 SS 포트 머서호는 코드 곶 근처 파도와
싸우고 있었다. 프레더릭 페첼 선장은 150미터에 달하는 자신의 유
조선 위로 덮치는 폭풍을 상대로 도박하지 않았다. 선수를 솟구치는
파도 쪽으로 놓은 채 자리를 지키면서 폭풍을 뚫고 나갈 준비를 했
다. 그는 루이지애나 주 노르코에서 출발해 지금까지 순항해왔다. 이
제 배는 채텀에서 동남쪽으로 불과 50킬로미터 떨어진 곳에 있었다.

최종 목적지인 메인 주 포틀랜드까지는 얼마 남지 않았다. 그는 폭풍 때문에 도착이 지연될지도 모르지만, 2월 대서양에서 격랑은 예상치 못했던 바가 아니라고 생각했다. 태풍이 물러날 때까지 기회를 엿볼 생각이었다.

하지만 동북풍은 잦아들 기미가 없었다. 시간이 갈수록 기세를 더 해만 갔다. 희미한 빛이 새벽을 알릴 때쯤 집채만 한 파도는 15~18미 터 높이에 달했고, 바람은 허리케인에 가까웠다. 차디찬 진눈깨비와 뒤섞인 눈이 배를 덮쳤다. 머서호는 심하게 쿵쾅거렸지만 예상대로 항진했고 그다지 크게 요동치지 않았다.

아침 8시, 페첼 선장은 배 내부에서 무언가 깨지는 듯한 날카로운 소리를 들었다. 처음에는 무슨 일이 일어났는지 깨닫지 못했다. 하지 만 곧 몇몇 선원과 함께 배 우현에서 바다로 유출되고 있는 기름을 발견했다. 머서호 선체에 균열이 간 것이다.

마흔여덟 살의 페첼 선장은 즉시 배의 속도를 3분의 1로 늦추고 파도가 좌현 앞쪽에 닿도록 배 위치를 조정했다. 균열이 확산되지 않 도록 하기 위해서였다. 그는 나머지 선원들에게 비상사태를 알린 후 무전으로 해안경비대에 지원을 요청했다. 5번 오일탱크 근처 배의 접 합부에 금이 갔고 배에 실린 연료가 바다로 흘러들고 있음을 알렸다.

일단 해안경비대에 신고를 한 페첼 선장과 선원 42명은 경비함이 도착할 때까지 배가 무사히 붙어 있기를 기도하는 수밖에 없었다. 독 일에서 태어난 선장은 열네 살 때부터 바다에 나왔지만 오늘 같은 태 풍은 처음이었고, 금속이 부러지는 그토록 소름끼치는 소리도 생전 처음 들었다.

약 240킬로미터 떨어진 곳에서 소형 경비함 이스트윈드호의 통신사 렌 휘트모어는 배가 좌우로 요동치는 것을 무시하고 무전에 집중하려 애썼다. 매사추세츠 주 뉴베드퍼드에서 출발한 어선 파올리나호가 때가 지나도 돌아오지 않자 수색에 나선 참이었다. 이스트윈드호는 마지막으로 기록된 어선 위치 근처에 도착했고, 휘트모어는 계속해서 무전을 시도했다. 혹시라도 연락이 닿을까 하는 마음에서였다. 당시 음성 통신은 개발 초기 단계라 도달 거리가 65~80킬로미터에 불과했다. 그 거리를 넘어가면 남은 통신 수단은 모스부호, 다른 말로는 지속파Continuous Wave뿐이었다. 휘트모어는 음성으로 무전을 보내며 파올리나호가 아직 근처에 떠 있기만을 바랐다. 하지만 배를 찾을 가능성이 줄어들고 있음을 직감했다. 폭풍이 계속 거세지고 있었기 때문이다.

휘트모어가 모스부호를 배운 건 코네티컷 주 그로턴에 있는 해안경비대 통신학교에 들어가서였다. 해안경비대는 일종의 우회로였다. 입대 당시 그의 나이는 열일곱에 불과했다. 휘트모어와 그의 형 밥, 친구 프랭크 젠드로 주니어는 충동적으로 자신들의 고향인 매사추세츠 주 린 바깥 세상에 나가기로 결심했다. 처음에 세 청년은 해군이 될 생각으로 가까운 해군 모병센터에 지원을 하러 갔다. 휘트모어는 신체검사를 통과했지만 나머지 두 사람은 떨어졌다. 셋은 여전히 민간인 신분을 가진 채 모병센터를 나왔다. 다른 방법을 고민했다. 휘트모어의 친구와 형은 해군에서 받아주지 않으면 해안경비대로 가보자고 했다. 세 사람은 다시 입대 신청을 했다. 하지만 또다시 그들은 신체검사에서 불합격했고 휘트모어만 통과했다. 밥과 프랭크는 삼세번의 행운을 생각하며 공군 모병센터에 갔고, 마침내 합격 통보를 받았다. 하지만 휘트모어는 하늘이 아닌 바다를 목표로 혼자라도 가겠다는 마음을 먹고 해안경비대에 입대했다.

뉴저지 주 메이 곶에서 신병 훈련을 마치고 퇴소한 젊은 사병 휘트모어는 채텀 구조선 기지에 배속됐다. 그는 무선통신 업무에 11미터짜리 동력 구조선 CG36500호의 페인트칠을 포함한 온갖 잡무를 처리했다. 함장 버니 웨버가 매의 눈으로 감독했다. "내내 일만 한 건 아닙니다. 일과가 끝난 후에 사람들과 어울려 노는 법도 배웠죠. 마음 맞는 친구도 여럿 만났고요. 해안경비대가 제 집처럼 느껴졌습니다."

그는 채텀에서 6개월간 근무한 뒤 통신학교에 들어갔고, 졸업과 동시에 85미터짜리 쇄빙선 이스트윈드호에서 처음으로 장기 임무를 맡았다. 당시 이스트윈드호는 그린란드에 툴레 공군 기지를 건설하는 비밀 임무에 투입되어 보급선을 호위하며 얼음 부수는 작업을 하고 있었다. 이 임무는 1951년 봄부터 여름까지 진행됐고, 이스트윈드호는 9월 말에야 보스턴의 모항으로 복귀했다. 그는 곧 30일간의 단기 임무에 배치됐다.

이제 스무 살이 된 휘트모어와 동료 대원들은 1952년 1월 말부터 2월 초까지 쇄빙선을 타고 뉴욕의 허드슨 강으로 파견됐다. "웨스트포인트부터 올버니까지 얼음을 깼어요. 이스트윈드호는 이 일을 마친 뒤 보스턴으로 복귀할 예정이었습니다. 일부 대원들은 뉴욕에서 며칠 간 상륙을 허가받아 나중에 보스턴에서 합류하기로 했죠." 휘트모어가 말했다. 이런 까닭에 낸터킷 남쪽에서 폭풍의 공격을 받고 실종된 어선 파올리나호와 선원 7명을 수색하라는 지시를 받았을 때, 이스트윈드호에는 일손이 부족했다.

2월 18일 아침을 휘트모어는 결코 잊을 수 없을 것이다. "아침 8시에 통신실로 막 당직을 나왔을 때였습니다. 파올리나호에 연락을 취하고 있었죠. 그때 갑자기 이어폰에서 모스부호로 강한 조난 신호가 들어왔습니다. 포트 머서호였어요." 느닷없는 조난 신호에 놀란 휘트모어는 몸을 똑바로 일으켜 앉았다. 그는 머서호의 신호에 재빨리 응답하고 통신실에 있던 다른 대원에게 어서 가서 존 하트넷 통신장을 불러오라고 몸짓으로 지시했다. 이어 가까운 해안경비대 통신소에도 알렸다. 당시 통신소는 매사추세츠 주 마시필드에 있었다.

"모든 선박과 기지에 조난 신호가 들어왔으니 500킬로헤르츠 주파수대 이내에 신호 송출을 금하라는 무전을 보냈습니다. 대개 이 주파수에서 신호가 뒤엉키는데, 모든 선박과 해안 기지에서 지속적으로 모니터하는 국제 호출 및 조난 주파수조난을 당했을 때 국제적으로 사용하는 주파수기 때문입니다. 하지만 조난 신호가 들어왔다는 사실을 알리는 순간 오싹할 정도로 조용해졌죠."

휘트모어는 계속해서 포트 머서호가 보낸 모스부호를 해독하며 배의 위치와 사태 파악에 나섰다. 유조선의 통신사 존 오라일리는 선체에 균열이 갔다고 했다. 그는 배의 대략적인 위치를 알렸고, 이스트윈드호 역시 무선방향탐지기^{RDF}를 이용해 머서호의 정확한 위치 파악에 나섰다. 이미 근처 해안경비대 선박에 조난 사실을 알렸고, 경비대 소속 선박들 역시 RDF를 이용해 유조선의 위치를 찾기 시작했다.

"하트넷 통신장님이 RDF를 들고 함교갑판 맨 앞 한가운데에 높게 만든 갑판에 자리를 잡았습니다. 저는 포트 머서호에 V 신호를 반복해서 보내도록 했습니다.(V를 반복 송출하는 것은 조난당한 배가 통상적으로 이용하는 방법으로 동일한 신호를 지속적으로 보내면 수색선이 조난선의 위치를 파악한다.) 우리는 배의 방위를 금세 파악했고 다른 배들도 마찬가지였습니다. 단 몇 분 만에 배의 위치를 알아냈습니다."

하지만 안타깝게도 휘트모어는 이스트윈드호가 유조선에서 상당히 멀리 떨어져 있고, 도착하려면 몇 시간은 걸릴 거라는 사실을 알아차렸다. "바람이 몹시 강했고 파도는 거대했습니다. 많은 대원이 뱃멀미를 참아가며 일을 했어요. 이 정도의 파도라면 머서호까지 가는 데 하루 온종일 걸리겠다 싶었죠. 그때는 이미 너무 늦을 텐데."

머서호에서 240킬로미터가량 떨어져 있음에도 불구하고 이스트윈드호는 이내 파손된 유조선을 향해 속도를 높였다. 어선 파올리나호 수색은 포기했다.(지금까지 파올리나호의 잔해 일부분만이 발견됐다.) 매사추세츠 주 윈체스터 출신의 올리버 피터슨이 이스트윈드호의 함장이자 이번 구조 작업의 책임자였다. 낸터킷 섬 남쪽에서 파올리나호를 수색 중이던 해안경비대의 또 다른 배 유니맥호 역시 폭풍을 맞으며 머서호 쪽으로 방향을 돌렸다. 소형 경비함 야쿠테이트호도 매사추세츠 주 프로빈스타운에서 현장으로 출동했다. 보스턴 외곽에 있던 매컬러호도 출발했다. 메인 주 포틀랜드에 있던 어커시넷호를 포함한 다른 경비함들도 대기 태세에 들어갔다. 군사해상수송부 소속 선박 쇼트 스플라이스호 역시 유조선 구조에 투입됐다. 하지만 파도가 도 와주지 않아 배들은 불과 3노트의 속도로 느릿느릿 움직일 수밖에 없 었다. 15미터의 파도와 60~70노트의 바람이 북쪽에서 똑바로 몰려 왔고 공기 중엔 눈과 파도의 비말, 물거품이 가득 섞여 있었다.

포트 머서호에 탄 페첼 선장은 특히 거대한 파도가 바람에 밀려 배 를 덮칠 때마다 긴장했다. 기름은 계속해서 바다를 오염시켰고, 조타 수는 온 힘을 다해 선수가 밀려오는 파도 쪽을 향하도록 했다. 선장 은 선원들에게 구명조끼를 입으라고 지시했다. 선원들로서는 그 정도 의 안전조치를 취하는 것 말곤 해안경비대를 기다리는 수밖에 달리 할 수 있는 일이 없었다.

놀랍게도 아침 10시에 『보스턴글로브』에서 육지와 배를 연결하는 전화로 선장에게 연락을 해왔다. 페첼 선장은 상황이 아주 나쁘며, 파도가 18미터까지 치솟아 배 삭구(돛대를 고정하는 밧줄을 말한다)에 닿는다 고 말했다. 배가 "당장 어떻게 되지는 않을" 것 같다고 했지만, 그럼에 도 아직 확신할 수 없다는 사실을 알고 있었다. 갑판에 올라 피해 상 황을 더 자세히 살피는 건 자살 행위나 마찬가지였기 때문이다. "우 리는 그냥 가만히 있습니다." 선장이 덧붙였다. 마지막으로 선장은 뭍 에 두고 온 가족들을 떠올리며 "선원들의 아내 중 누구도 사고 소식 을 듣지 못했으면 좋겠다"는 마음을 전했다. 머서호는 한쪽으로 기울지 않았다. 금속이 찢어지는 소리가 난 이후 더 이상 걱정할 만한 일은 벌어지지 않았다. 페첼은 최악의 상황을 피했을 거라는 데 희망을 걸었다.

페첼 선장은 머서호가 당장 어떻게 되지는 않으리라 생각했지만, 일부분 조립하고 용접해 붙이는 방식으로 건조되는 T2 유조선의 역사 역시 알고 있었다. 힘이 되는 지식은 아니었다. 지금까지 T2 유조선 8척이 선체 균열로 좌초했으며, 특히 거대한 파도와 찬 온도를 맞닥뜨렸을 때 균열을 일으켰다. 머서호가 딱 그 상황이었다. 선장은 시야에 해안경비대의 경비함들이 들어오고 나서야 한숨 돌릴 수 있었다.

오전 10시 반, 갑자기 섬뜩한 파열음이 크게 울리면서 배가 휘청거렸다. 페첼 선장은 즉시 해안경비대에 무전을 보내 상황이 나빠지고 있다고 설명했다. 공포심에 몸이 서늘해졌다. T2 유조선으로서는 아홉 번째로 바다의 제물이 될지도 몰랐다.

배에 가해지는 압력이 점점 더 커지고 있었다. 특히 한쪽 파도가 선수를, 또 다른 쪽 파도가 선미를 들어올리자 배 중앙부는 지지할 곳이 없었다. 폭풍이 선체의 용접 부위에 구멍을 뚫었고, 파도는 그 틈을 열심히 벌리려는 듯했다. 페첼 선장과 선원들은 속수무책으로 경비함이 도착하기만을 기다렸다.

아무 일 없이 다시 긴 시간이 흘렀다. 오전 11시 40분, 세 번째 폭발음이 들렸다. 금속이 더 벌어진 것이다. 선장은 균열을 볼 수 있었다. 균열은 우현 5번 오일탱크에서 흘수선배가 물에 잠기는 한계선 약간 윗

부분까지 이어져 있었다. 미친 듯이 날뛰는 파도 속으로 기름이 뿜어져 나갔다. 11시 58분, 페첼은 다시 조난 신호를 보냈다. 이번에는 "선체가 반으로 갈라지고 있다"는 메시지와 함께.

몇 분 뒤 사나운 파도가 유조선을 덮쳤고 선원들은 갑판에 내던져졌다. 자리에서 일어선 선원들은 눈앞에 보이는 광경을 믿을 수 없었다. 배가 두 동강 난 것이다!

선원 앨런슨 윈은 마지막에 난 쩍 하고 갈라지는 소리가 너무 크고 소름끼쳐서 배가 어딘가에 들이받힌 줄 알았다고 했다. "그런 뒤 배는 마치 승강기처럼 물 밖으로 높이 들어올려졌어요. 두 번 벌떡 일어서더니 쪼개졌습니다." 페첼 선장은 선원 8명과 함께 선수에 있었다. 선미에는 34명의 선원이 있었고, 배의 양 끝은 서로 멀어졌다. 파도는 선수를 부서진 장난감마냥 거칠게 내던졌고 우현으로 방향을 급히 틀었다. 뱃머리가 하늘 높이 치솟았다. 선체 뒷부분은 바다 쪽으로 미끄러져 들어갔다. 갑판 일부가 물에 잠기면서 구명보트가 파도에 떠내려가버렸다. 그에 못지않게 큰 피해는 사고로 무전 장치가 고장 난 것이었다. 페첼은 더 이상 해안경비대에 구조 요청을 할 수 없었다. 선미에 있는 선원들에게 지시를 내릴 수도 없었다. 페첼 선장과 선원들은 선수부에 꼼짝없이 갇혀버린 것이다. 그곳을 벗어나는 건 곧 죽음을 뜻했다. 선수는 집채만 한 파도 틈에서 나뒹굴었다. 파도가 엔진이 꺼진 뱃전에 정통으로 부딪혔다.

엔진이 있는 선미부는 훨씬 멀쩡했다. 선체 전체가 바다 위에 있었다. 배가 두 동강 난 직후 기관사들은 엔진을 껐다. 하지만 선미의 선원들은 파도가 흡사 공성 망치처럼 배의 선수를 자기들 쪽으로 떠밀고 있는 광경을 목격했다. 기관사들은 엔진을 기적적으로 다시 가동시켰다. 프로펠러를 역회전시켜 선수에 들이받히기 전에 선미를 후진시켰다. 하지만 문제는 이제 시작이었다.

"그럴 리 없어"

멀리, 더 깊은 바다로만 항해하라.　　　　　_월트 휘트먼

　렌 휘트모어는 머서호의 통신사 존 오라일리와 정기적으로 무전을 주고받았다. 휘트모어는 계속해서 머서호 선원들을 격려했다. 이스트윈드호, 유니맥호, 매컬러호, 야쿠테이트호가 모두 조난 현장으로 가는 길이며, 동력 구조선과 항공기, 소형 경비함 한 척이 방금 추가로 출동했다는 소식을 전했다. 하지만 휘몰아치는 강풍 한가운데로 들어가는 이스트윈드호의 속도는 대단히 느렸다. 휘트모어는 유조선에 도착하는 시간이 자꾸 지연되자 좌절감을 느꼈다.

　머서호에 탄 선원 43명이 언제라도 목숨을 잃을 수 있는 위험 속에서 해안경비대의 지휘관들은 현장에 최대한 빨리 배를 보내야 한다는 사실을 알고 있었다. 채텀과 낸터킷에서 11미터짜리 동력 구조선을 출동시켰다. 11미터짜리 동력 구조선을 그보다 두 배는 큰 파도 속으로 내보내는 건 쉽지 않은 결정이었다. 구조선과 대원들이 바다의 다음 제물이 될 수도 있었기 때문이다.

　첫 번째 동력 구조선이 낸터킷의 브랜트 갑 기지 좌측의 소용돌이 속으로 출발했다. 동력 구조선의 함장은 갑판 중사 랠프 옴스비였고, 앨프리드 로이, 도널드 피츠, 존 던까지 세 명의 대원이 동행했다. 네 사람은 80킬로미터가 넘는 위험한 길을 달려 두 동강 난 머서호를 향해 갔다. 파도가 워낙 거대해 구조선은 한 시간에 고작 3킬로미터밖에 나아가지 못했다. 낸터킷을 출발한 배는 위험천만한 폴록립 해협을 통과해야 했다. 안내 부표는 파도에 갈가리 찢겨나갔다. 눈 깜짝할 사이 배는 위험에 처했다. "조타수 로이가 조타실에서 균형을 잃고 넘어졌습니다. 제가 타륜을 꽉 잡았죠. 배는 선수 위로 부서지는 파도와 거의 일직선을 이루며 솟아올랐습니다. 그 순간 파도가 배를 후려치며 경로를 바꿔놨죠." 옴스비가 말했다.

　두 번째 11미터짜리 동력 구조선이 채텀에서 출동했다. 채텀 기지 사령관인 갑판 준위 대니얼 클리프는 구조선 출동 명령을 받고 시추에이트호의 함장 도널드 뱅스에게 대원을 선발해 머서호로 출동하라고 지시했다. 뱅스는 재빨리 대원들을 골랐다. 일등 기관사 에머리 헤인즈, 삼등 갑판수 앤토니오 밸러리니, 상병 리처드 시콘까지 세 사람이었다. 버니 웨버는 그 명령을 듣고 속으로 생각했다. 맙소사, 구조선 하나에 대원 몇 명으로 이 날씨에 한 치 앞도 안 보이는 눈발과 격랑 속에서 부서진 배를 찾겠다고? 겨우 나침반 하나 가지고? 선원들이 동사하지 않는다 해도 폭풍이 휩쓸고 간 머서호에서 선원들을 구조하기란 불가능해 보였다. 웨버는 유조선 선원들과 친구 사이였고 그들을 살아서 다시 볼 수 있을까 싶었다.

웨버의 우려, 즉 선원들이 동사할지도 모른다는 점은 대단히 현실적인 것이었다. 추위는 선박을 조종하고 난관에 대응하는 인간의 능력에 문제를 일으킬 수 있기 때문이다. 저체온증이 시작될 때 몸이 보이는 첫 번째 반응은 팔다리로 가는 혈류량을 줄여 심장에서 가장 먼 신체 부위, 특히 혈관이 크게 집중되어 있는 손과 발의 열 손실을 막는 것이다. 동력 구조선의 대원들 역시 바다로 나간 뒤 한 시간 동안은 팔다리로 가는 혈류량을 줄여 핵심 장기, 특히 심장에 꼭 필요한 중심열을 보존할 것이다. 하지만 손발과 팔로 보내는 혈류량이 줄어들 경우 대가가 따른다. 바로 작업 수행능력이다. 구조선의 모터를 꺼야 하는 상황이 오면 대원들은 손가락으로 문제를 해결하기 힘들어진다. 손발 역시 동상에 걸릴 것이다. 체온이 뚝 떨어지고, 추운 날 아침의 엔진오일처럼 피가 진해지면서 대원들의 팔다리는 뻣뻣해지고 움직이기 힘들어질 것이다. 1952년은 아직 네오프렌 장갑과 폴리프로필렌 내의가 없던 시절이라 대원들에게는 고무로 된 악천후용 의상 말고는 피부를 보호할 수 있는 장비가 전혀 없었다.

옴스비와 뱅스의 대원들 모두 차디찬 바다와 대기에서 극한을 경험하게 될 것이다. 그 전에 배가 뒤집혀 죽지 않는다고 해도 말이다.

머서호 사고 현장에 처음 도착한 배는 수송선 쇼트 스플라이스호였다. 그때 머서호의 선수와 선미는 각각 다른 곳에서 표류 중이었다.

쇼트 스플라이스호는 머서호 선미에 최대한 가까이 다가갔다. 뭔가 알아낼 수 있지 않을까 싶어서였다. 하지만 파도가 워낙 거대해 쇼트 스플라이스호 함장은 그 생각을 접어야 했다. 대신 근처에 대기하고 있다가 필요한 경우 물에 빠진 선원들을 붙잡을 준비를 했다.

매사추세츠 주 세일럼에 있는 해안경비대 항공 기지와 로드아일랜드 주 퀸셋 갑 해군 항공 기지에서 항공기가 폭풍우 몰아치는 하늘로 출발했다. 그중 한 대는 경비함들보다 앞서 오후 2시쯤 도착했다. 조종사 조지 와그너가 무전을 보냈다. "유조선은 확실히 멈춰 서 있다. 선미는 바람에 맞서고 있는데 거의 침수됐다." 그는 머서호의 구명보트들이 사라졌고 보트 폴보트를 올리고 내리는 데 쓰는 밧줄이 바닥에 떨어져 있는 것으로 보아 선원 몇 명이 배를 탈출하지 않았을까 짐작했다. 조종사는 항공기를 바람 부는 방향으로 조종해 구명보트를 수색했지만 한 척도 찾지 못했다.

항공기들이 현장에 도착했을 때 기지 사령관 클러프와 갑판 하사 '칙chick' 체이스는 레이더 스크린이 있는 채텀 망루에 있었다. 아침에 레이더가 오작동했지만 손을 봐서 이제는 괜찮아졌다. 두 사람이 화면에서 처음 발견한 것은 이상한 물체 두 개였다. "두 물체는 연안에서 불과 8킬로미터가량 떨어져 있었습니다. 머서호가 있을 만한 위치가 전혀 아니었죠. 머서호가 어떻게 그렇게 멀리 떠내려왔는지 의아했습니다. 그때 뭔가 이상하다는 걸 깨달았죠." 체이스가 말했다. 클러프와 체이스는 바람이 남쪽으로 분다는 사실을 알아차렸다. 화면에 잡힌 물체가 머서호라면 서북쪽으로 떠내려왔다는 말이 된다. 있을 수 없는 일이었다. 클러프는 곧장 본부에 연락했다. 조종사 와그너에게도 알렸다. 와그너는 이미 머서호 선미 위를 맴돌고 있었다.

폭풍 속에서 항공기를 조종하려고 안간힘을 쓰던 와그너는 도대체 이 황당한 메시지가 무슨 소리인가 싶었다. 머서호의 선미를 내려다보며 이 배의 선수가 채텀 방향으로 40킬로미터나 떠내려가는 건 불가능하다고 생각했다. 그렇다면 채텀의 레이더에 잡힌 두 물체는 뭘까? 항공기를 선회해 서쪽으로 가서 직접 확인하는 수밖에 없었다. 다행히 눈은 대부분 비와 진눈깨비로 바뀌었고 시계도 조금 나아졌다.

와그너는 바람에 흔들리며 저공비행을 했다. 하지만 곧 익숙한 표지물인 폴록립 등대선배 위에 등표를 걸어놓고 항로를 알려주는 배에 도착했다. 놀랍게도 등대선에서 멀지 않은 곳에 유조선의 부서진 반쪽 선체인 선수가 보였다. 그런데 선수의 상부 구조가 갈색이었다. 아까 봤던 선미의 하얀색 상부 구조와 색깔이 달랐다. 믿을 수 없어 고개를 흔들던 그는 다시 한번 확인하기 위해 선체 주변을 맴돌았고, 놀라서 입이 떡 벌어졌다. 선수에 하얀색으로 커다랗게 쓰인 이름은 펜들턴PEND-LETON이었다! 와그너가 이 상황을 무전으로 알리자 해안경비대에 있던 모든 사람이 깜짝 놀랐다. 도저히 믿기 힘든 소식이었다. 머서호에서 불과 50킬로미터 떨어진 곳에서 또 다른 배가 두 동강 나다니.

이스트윈드호의 통신사 렌 휘트모어는 너무 놀라 조종사의 말을 제대로 들은 게 맞는지 귀를 의심했다. 또 다른 유조선이 있다고? 지금까지 펜들턴호에 대해서는 누구도 이야기한 적이 없다. 휘트모어는 생각했다. 그럴 리 없어. 뭔가 착오가 있었겠지.

"CG36500호를 출동시키게"

신이여, 자비를 베푸소서. 바다는 너무 넓고 저의 배는 너
무 작습니다.
                                    _브르타뉴 어부의 기도

펜들턴호가 발견되기 전 버니 웨버는 이미 분주한 아침을 보내고
있었다. 계류용 밧줄이 풀리는 바람에 어선 몇 대가 올드 하버 해안
에 흩어져 있었다. 웨버와 대원들은 동력 구조선 CG36500호를 이용
해 어부들이 바닷가에서 배를 끌고 와 파도로부터 공격받기 전에 다
시 계류장에 맬 수 있도록 도왔다. 뱃사람식 소몰이라고나 할까. 다
만 텍사스의 뜨거운 태양 아래가 아니라 시야를 가리는 눈보라와 뼛
속까지 시린 추위 속에서 일해야 했다. 하지만 웨버는 이 일이 얼마나
중요한지 잘 알고 있었다. 어선이 없으면 어부들은 코드 곶 외곽의 혹
독한 겨울에 가족을 먹여 살릴 도리가 없으니까.
    웨버는 오랜 친구인 일등 기관사 멜 구스로와 상병 리처드 리브시

의 도움을 받아 작업을 마쳤다. 구스로는 비바람뿐 아니라 감기와도 사투를 벌이는 중이었다. 강한 동북풍을 마주하고 있자니 리브시는 북대서양에서 14개월간 쇄빙선을 타던 때가 떠올랐다. 당시 리브시는 웨버보다 두 살 어린 스물둘이었다. 하지만 상관 웨버와 마찬가지로 모자란 나이를 경험으로 보충했다. 그는 1930년 사우스 보스턴에서 태어났지만 자란 곳은 남쪽으로 90킬로미터가량 떨어진 어촌 페어헤이븐이었다. 버저즈 만 해안에 위치한 페어헤이븐은 뉴베드퍼드 항구 바로 맞은편에 있었다. 리브시는 일찌감치 바다에서 살기로 마음을 정했는데, 아버지 오스왈드가 들려준 수많은 이야기 때문이었다. 아버지는 22년을 미 해군에서 하사관^{watertender}보일러공을 일컫는 말이지만 _{1884년부터 1948년까지는 하사관을 의미했다}으로 일했다. 자갈길 깔린 고향 역시 바다에서 일할 계기를 제공했다. 페어헤이븐은 유서 깊은 도시다. 1775년 미국 독립혁명 당시 첫 해전이 벌어진 곳으로, 일리노이 주 준주장관이었던 너새니얼 포프와 독립혁명의 영웅 대니얼 이게리 함장이 현지 민병대를 이끌고 버저즈 만에서 영국 범선 두 척을 함락시켰다. 그후 2년 동안 두 원로는 노브스콧 갑에 요새를 짓고 대포 11대를 배치했다. 그 일부는 바하마에서 미국 해군 영웅 존 폴 존스가 약탈한 것이었다. 요새는 1778년 영국군이 항구를 습격하고 뉴베드퍼드에 4000명의 병력을 상륙시키면서 파괴되었으나 그후 재건되어 피닉스 요새^{Fort Phoenix}라는 새로운 이름을 얻었다. 자신의 몸을 태운 잿더미에서 다시 태어난 전설 속의 새 이름을 딴 것이다. 도시는 날로 성장하며 뉴베드퍼드의 번영을 함께 누렸다.

리처드 리브시는 핏속에 바닷물이 흐를 것 같은 청년이었다. 어려서부터 미 해군에 들어가고 싶어했고, 입대할 수 있는 나이가 되자 아버지에게 해군 모병센터에 함께 가달라고 부탁했다. "물론이지." 아버지는 활짝 웃으며 대답했다. 아들이 해군의 전통을 잇게 된 것이 기뻐서였다. 그러나 두 사람의 흥분은 잠시 식었다. 모병 담당자는 10개월은 기다려야 입대가 가능하다고 말했다. 1947년이었고 당시 리처드 리브시는 열일곱 살이었다. 10개월은 조바심 난 십대에게 영원과도 같은 시간이었다. 하루빨리 전투와 모험의 세계로 뛰어들고 싶었던 리브시는 모병센터를 나오며 아버지에게 해군 대신 공군에 지원하겠다고 말했다. 그때 두 사람의 눈에 몇 건물 아래 해안경비대 모병센터 간판이 보였다. 바다에서 모험을 하고 싶었던 리브시의 갈망은 물거품이 되지 않았다. "언제 떠날 수 있나요?" 리브시는 모병 담당자에게 딱 한 가지 질문을 했다. "내일." 남자가 무뚝뚝하게 대답했다. 그는 바로 지원했지만 약속대로 다음 날 배를 타지는 못했다. 꼬박 일주일을 기다려 플로리다 주 메이포트에 있는 신병훈련소로 갔다. 미국 최대의 해군함대가 모인 곳이었다. 리브시는 바다로 나갈 날만 손꼽아 기다리며 이를 악물고 훈련소 생활을 버텼다. 그후 4년간은 해안경비대의 경비함과 쇄빙선을 타고 미 전역과 캐나다 뉴펀들랜드에서 근무했다. 그리고 고향을 마주보고 있는 뉴베드퍼드 기지에서 경비정을 탔다. 의무 복무 기간이 만료된 후 1951년에는 잠시 해안경비대를 나왔다. 처음에는 도로 건설 쪽에 발을 담갔다가 수산물 가공공장 몇 군데서 일했다. 벌이는 더 좋았지만 해안경비대 일을 하면서 느꼈던 설렘이 없었다. 결국 리브시는 재입대했다. 그렇게 해서 2월 중순 찬바람이 몰아치는 날 아침, 그는 어선들을 계류장에 붙들어 매고 있었다.

일이 끝나자 웨버, 리브시, 구스로는 동력 구조선을 계류장에 정박시켜놓고서 도리선밑이 판판한 소형 어선을 타고 해안으로 향했다. 지치고 배고프고 추웠다. 한시라도 빨리 채텀 구조선 기지로 돌아가 따뜻한 음식을 먹고 옷도 갈아입고 싶었다. 얼음장처럼 차가운 바닷물이 악천후용 옷을 뚫고 뼛속까지 스며들었다. 리브시와 구스로 둘 다 얇은 캔버스 천에 고무를 입혀 만든 멜빵바지에 허리까지 오는 같은 소재의 재킷을 입고 있었다. 웨버는 무릎 길이의 헝겊 바지에 인조 모피로 안감을 댄 모자 달린 파카를 입었다. 모두 제2차 세계대전의 조악한 유물로, 무자비한 겨울 날씨를 더 이상 막아주지 못했다. 구스로는 감기와 독감이 함께 와서 몸을 덜덜 떨었다. 리브시와 둘이서 모직 벙어리장갑을 낀 채 손을 따뜻하게 해보려고 애썼다. 장갑을 바닷물에 담갔다가 물기를 꽉 짠 뒤 양손에 꼈다. 혈액 순환을 돕고 마비를 막을 수 있을까 싶어서였다. 뱃사람들이 흔히 쓰는 방법으로, 이렇게 하면 체열 때문에 몸이 훨씬 더 따뜻해진다. 웨버는 그냥 차가운 맨손을 파카 주머니에 찔러넣고 있었다. 이런 날 벙어리장갑을 낄 순 없었다. 배의 타륜과 클러치 레버, 스로틀엔진의 실린더로 유입되는 연료를 늘리거나 줄여서 속력을 조절하는 장치 밸브를 맨손으로 직접 잡아야 기지로 무사히 돌아갈 수 있기 때문이다. 지친 세 남자가 채텀 어항 부두에 정박해 할 일을 확인하고 있는데 해안경비대 트럭 한 대가 옆에 멈쳐 섰다.

"올리언스와 노셋 해변 쪽으로 가봐요. 연안에서 난파 사고가 났는데 지원이 필요합니다." 운전자가 소리쳤다. 펜들턴호의 사고 소식을 확인해준 사람은 노셋의 작은 만에 사는 한 여성이었다. 그녀는 연안에서 뱃고동이 일곱 번 울리는 소리를 듣고는 즉시 올리언스 경찰서장 존 히긴스에게 전화했고, 서장은 노셋 구조선 기지에 사고 소식을 알렸다.

웨버와 대원들은 수륙양용차DUKW를 탄 노셋 기지 대원들과 합류해 유조선의 위치를 파악하고 가능하면 지원하라는 지시를 받았다. 오리를 뜻하는 덕이라는 애칭을 가진 수륙양용차는 제2차 세계대전 때 만들어진 6륜 트럭으로 1944년 6월 6일, 즉 디데이에 시작된 연합군의 노르망디 상륙작전 당시 가장 많이 사용됐다. DUKW는 군사장비부호로 차량의 특징을 나타낸다. D는 생산 연도인 1942년, U는 수륙양용 기능, K는 전륜구동, W는 2축 후륜구동을 의미한다. 지금 노셋 해변에서 해안경비대가 사용하는 DUKW는 모래톱을 넘어 해안의 파도를 뚫고 해안경비대원들을 실어 나르기에는 완벽한 차량이었다. 하지만 웨버와 대원들은 일단 올리언스로 가야 했다.

두꺼운 눈에 파묻힌 비포장도로를 통과해 28번 국도를 타고 코드곶 후미를 지나 올리언스로 가는 동안 세 대원의 손에는 땀이 맺혔다. 눈 아래는 살얼음판이었다. 그들은 구불구불한 도로를 따라 천천히 달려가는 수밖에 없었다. 다행히 히터가 나왔지만 몸이 편해지자 웨버는 괜히 친구 도널드 뱅스 생각이 났다. 얼음장같이 차가운 바다에 나가 있는 뱅스가 부디 살아 있기만을.

웨버, 리브시, 구스로는 마침내 올리언스에 도착해 노셋 구조선 기지에서 출동한 로이 피고트와 나머지 대원들을 만났다. 세 사람은 DUKW 안에 우르르 몰려 탄 채 다시 노셋 해변으로 향했다. 그리고 마요의 오리농장 근처 언덕에 주차했다. 이 농장은 당시 뉴잉글랜드 6개 주 내 최대의 가금류 공급업체였다. 가축들이 좁은 우리 안에 안전하게 머무는 동안 언덕 위에 선 경비대원들은 앞이 보이지 않는 거센 폭풍 속에서 배의 흔적을 찾았다. 언제 와도 이 언덕은 먼 해안선을 살피는 데 최고의 명당이었다. 그러나 불행하게도 이번만은 높은 위치가 전혀 도움이 되지 않았다. 해안선이 사실상 사라졌기 때문이었다. 파도는 이제 해변을 넘어 주차장을 지나 언덕을 반쯤 올라왔다. 하지만 몇 분 뒤 눈발이 잠시 약해졌고 그때 대원들의 눈에 잿빛 선체가 들어왔다. 바다보다 더 시커먼 선체는 높이 치솟은 파도와 함께 빠른 속도로 뒹굴고 있었다. 채텀 남쪽을 향해 빠르게 이동하고 있는 것은 배의 다른 반쪽이었다. 대원들은 DUKW로는 배를 따라잡을 수 없다는 사실을 깨달았다.

해안경비대는 현재 포트 머서호 구조 작전에 투입된 모든 배에 명령을 내렸다. 경보는 긴급 우선순위로 분류됐고 굵은 글씨로 찍혀서 나왔다.

유조선 펜들턴호가 두 동강 났다는 확실한 증거 발견. 선미는 채텀 근처 파도 사이에 있음. 선수는 폴록립 등대선 근처에서 표류

중. 사상자 정보 없음. 어제 보스턴 입항 예정이었으나 아직 도착하지 않음. 포트 머서호에 이어 조난됨.

다시 채텀 구조선 기지. 사나운 날씨 때문에 기관사 앤디 '피츠Fitz' 피츠제럴드는 상대적으로 따뜻한 채텀 구조선 기지의 '모터 창고' 안에 머물고 있었다. 이제 스무 살인 기관사 피츠는 기지에서 가장 어린 해안경비대원이었다. 그는 바닷가에서 태어나지도 않았고 사실 해안경비대에 들어오기 전까지는 수영도 잘 못 했다. 피츠는 1931년 당시 세계 신발의 수도라 불리던 매사추세츠 주 브록턴에서 태어났다. 브록턴은 남북전쟁 때 정부가 군화를 주문하면서 미국 최대의 신발 생산지가 됐다. 1929년 브록턴에는 신발 공장 60곳이 있었고, 직원들만 해도 3만 명이 넘었다. 그중 한 명이 피츠제럴드의 아버지였다. 아버지는 신발 공장 두 곳에서 일하다가 가족을 전부 데리고 블랙스톤 밸리로 이사했고, 휘틴스빌의 한 방직 공장에서 더 나은 일자리를 얻었다. 리처드 리브시와 달리 피츠는 유년기에 미국독립혁명의 망령에 둘러싸여 지내지 않았다. 휘틴스빌은 과거 퀘이커교가 정착하면서 퀘이커교 평화주의자들의 영향으로 독립전쟁에 적극적으로 가담하지 않았다. 하지만 어린 앤디 피츠제럴드에게는 싸워야 할 대상이 많았다. 그는 체중이 63킬로그램에 불과했지만 노스브리지 고등학교 미식축구팀에서 라인배커상대팀 선수들에게 태클을 걸며 방어하는 수비수로 뛰었다. 농구와 야구도 했다. 1940년대 후반 블랙스톤 밸리는 암울했다. 블랙스톤 강을 따라 늘어선 방직 공장들은 19세기 산업혁명의 활력소였지만 이제는 쇠락의 길을 걷고 있었다. 피츠제럴드는 고등학교를 졸업했지만 대학에 갈 돈도 없고 휘틴스빌은 전망이 없다는 생각에 친구와 둘이서 차를 얻어 타고 기차역으로 가 보스턴행 기차를 탔다. 그리고 해안경비대에 입대했다.

채텀에서 피츠제럴드의 아침 일과 중 하나는 기지에 세워둔 세 척의 배가 있는 곳까지 노를 저어 가는 일이었다. 11.5미터짜리 정찰선 한 척과 11미터짜리 동력 구조선 CG36383호와 CG36500호 두 척이었다. 두 구조선을 두고 대원들은 '11미터짜리 늙은이들'이라고 불렀다. 피츠는 배에 기름이 가득 채워져 있는지 확인하고 엔진에 시동을 걸어 해안으로 돌아가기 전에 충분히 가동시켰다. 오늘 아침 채텀 기지의 새로운 지휘관 대니얼 W. 클러프는 피츠제럴드에게 철수 명령을 내렸다. 폭풍이 너무 거세져서 이 어린 기관사를 손바닥만 한 배에 태워 보내기는 위험했다.

어느새 날이 어두워지고 있었고, 녹초가 된 버니 웨버와 대원들은 트럭을 몰고 노셋 해변 남쪽에서 채텀 기지로 향했다. 클러프에게 펜들턴호의 선미부가 빠른 속도로 이동 중이라고 보고해야 했다. 웨버는 상관 클러프가 바닥을 서성이며 대책 마련에 고민하는 모습을 발견했다. 클러프로서는 채텀 기지에서 준위를 단 이후 첫 비상 상황이었다. 일부 대원들은 클러프가 이 도전에 응할지 궁금해했다. 대니얼 클러프는 버지니아 주 친커티그에서 태어났다. 친커티그는 버지니아 동부 해안에 위치한 작은 어촌으로 친커티그 조랑말 수영 행사매년 7월 친커티그 조랑말들이 친커티그까지 애서티그 해협을 헤엄쳐서 건너는 행사가 열리는 장소로도 유명하다. 클러프는 기지의 구조선 관련 업무에는 거의 관여하지 않았고, 일단 채텀의 사업가들과 친분을 쌓아둬야겠다고 생각했다.

클러프는 웨버를 향해 남부 특유의 느릿한 말투로 소리쳤다. "웨버, 대원 한 명 골라봐. 자네가 CG36500호를 몰고 나가서 채텀 바를 건너 유조선을 지원하게. 알겠나?"

웨버는 심장이 튀어나올 것만 같았다. 조막만 한 목제 구조선을 몰고 위험천만한 채텀 바와 높은 파도 속으로 뛰어드는 자신의 모습이 떠올랐다. 뱃사람에게는 최악의 악몽이었다. 채텀 바는 시시각각 변하는 모래톱이 모인 곳으로 창조류밀물 때 유속이 가장 강한 방향으로 흐르는 조류가 파랑을 몰고 와 작은 배 하나 쪼개버리는 건 시간문제였다. 심해에 생긴 너울은 결국 모래톱 쪽으로 밀려들어 힘과 속도와 크기를 키워 더 얕은 바다로 굴러간다. 그리고 몸을 웅크린 채 무시무시한 쇄파해안을 향해 부서지며 달려오는 큰 파도로 변한다. 그나마 날씨가 좋을 때의 이야기다. 이제 위험은 열 배로 커졌다. 웨버는 어선들의 앞 유리가 산산조각 나고 선실이 뜯겨나간 광경을 봤다. 채텀 바에 심하게 부딪힌 결과였다. 더한 일도 목격했다. 채텀 바에서 처음 목격한 죽음은 12미터짜리 2인용 어선 캐샬럿호의 어부들이었다. 어선은 1950년 햇살 눈부신 어느 가을날 오후 모래톱을 지나는 중이었다. 이 아름다운 풍경 속에 격랑이 숨어서 해안 주변을 계속 휘젓고 있었다. 어선이 모래톱에 닿는 순간 너울은 부서지는 파도에 몸을 일으켜 빙글빙글 돌며 어선을 "벌렁 뒤집어버렸다." 마침내 배가 뒤집힌 채 근처 해변으로 밀려왔을 때 선원 둘은 실종되고 없었다. 웨버는 어부 한 명의 시신을 가까스로 찾아냈다. 어부의 이름은 얼로이 라킨이었다. 남은 어부 아치 니커슨은 끝내 찾지 못했다. 리처드 리브시 역시 시신 수색 작업을 도왔다. 당시에는 몰랐지만 리브시는 제 아내가 될 사람의 아버지를 찾는 중이었다. 4년 후, 그는 실종된 어부 아치 니커슨의 딸 베벌리와 결혼했다.

운명적인 그날의 광경은 웨버의 기억 속에 묻혀 있다. 클러프의 지시를 받은 순간 해안경비대의 공식 표어가 떠올랐다. 라틴어로 셈페르 파라투스Semper Paratus, 즉 '항상 준비된Always Ready'이었다. 하지만 지금 웨버의 머릿속에 맴도는 말은 해안경비대의 비공식 표어였다. 출동은 무조건이지만, 복귀는 무조건이 아니다. "알겠습니다. 클러프 준위님. 준비하겠습니다." 웨버는 대답했다. 속으로는 준위가 왜 이 위험한 임무에 자신을 택했는지 궁금했다. 비슷한 경력을 가진 다른 장교들도 있었는데 말이다. 그럼에도 불구하고 그는 주저 없이 임무를 수락했다. 이제는 자신을 잘 따라줄 마음 맞는 사람을 찾아야 했다. "지원자 없나?" 결국 큰 소리로 물었다. 예의상 묻는 말이었다. "해안경비대에서는 일단 질문은 하지만 대답이 즉시 나오지 않으면 이렇게 말합니다. '자네, 자네, 그리고 자네!'" 웨버가 당시를 떠올리며 이야기했다.

리처드 리브시는 적잖이 걱정됐다. 거센 파도가 노스 비치를 덮치던 광경도 봤고, 그런 임무가 지독하게 힘들다는 사실도 알고 있었기 때문이다. 아직도 온몸 가득한 공포와 피로와 오한과 싸우며 리브시가 손을 들었다. "제가 가겠습니다." 웨버는 오랜 친구 멜 구스로를 돌아봤다. 기지의 기관사 중 한 명인 구스로는 열이 펄펄 끓는 채로 간이침대에 누워 있었다. 웨버의 아내와 같은 독감이었다. 앤디 피츠제럴드 역시 그 방에 있었다. "구스로의 상태가 너무 안 좋습니다. 제가 가겠습니다." 피츠는 온종일 지루함과 싸우고 있던 터라 가고 싶은 마음이 간절했다. 아직 한 사람이 부족했다. 어빈 매스크는 식당을 서성이다가 웨버의 호출을 받았다. 그는 기지에 잠깐 들른 길이었고 마음만 먹으면 임무를 거절할 수 있었다. 스물세 살의 매스크는 그린베이 해안에 위치한 벌목도시 위스콘신 주 마리네트 출신으로, 스톤호스 등대선에서 근무하고 있었다. 그는 막 휴가를 마치고 귀대해 등대선으로 돌아갈 배편을 기다리고 있던 참이었다. 배는 모노모이 갑 동남부 끝자락에서 약 1.5킬로미터 떨어진 곳에 있었다. 매스크는 앨버트 매스크와 버사 매스크의 13형제 중 막내로 태어났으며, 부모님은 마리네트에서 큰 목장을 운영하며 말과 소를 키웠다. 형들은 모두 한 번씩은 군대에 다녀왔다. 하지만 매스크는 가족들 사이 '허니보이'로 통하던 형 클래런스를 따라 해안경비대에 입대하기로 했다. 웨버처럼 매스크 역시 집에서 기다리는 아내가 있었다. 그는 브루클린의 한 댄스홀에서 만난, 처녀 적 이름이 플로렌스 실버맨이었던 지금의 아내와 최근에 결혼했다. 생면부지의 사람들과 떠나는 이번 임무에서 잃을 건 너무 많고 얻을 건 별로 없었다. 하지만 그는 한 치의 망설임도 없이 구조 임무에 자원했다. 웨버는 매스크와 악수하며 출항 준비를 하라고 지시했다.

60
—
그들은 살아 돌아왔다

네 명의 대원은 몸도 마음도 준비를 마쳤지만 과연 그들이 해낼 수 있을까? 웨버는 스물넷밖에 되지 않았지만 팀에서 가장 연장자에 경험도 제일 많았다. 나머지 대원들은 이십대 초반이었다. 스무 살인 피츠제럴드는 해안경비대에 들어온 지 2년밖에 되지 않았고, 최근에 기관사학교를 졸업했다. 구조 작업에 나가본 적은 없지만 파도가 높을 때 채텀 바를 지나기가 얼마나 어려운지는 익히 들어 알고 있었다. 피츠제럴드가 일을 시작한 이래 가장 두려웠던 경험은 신병훈련소를 퇴소하자마자 커티헝크 섬에 정박한 등대선에 배속됐을 때였다. 닻줄이 두 동강 나며 낸 소름 끼치는 소리에 잠이 깼다. 대원들이 앞다투어 움직이는 동안 등대선은 바위 쪽으로 위태롭게 떠내려갔다. 정신없는 몇 분이 지난 뒤 대원들은 간신히 엔진을 작동시켜 바위투성이 해안에 충돌하는 사태를 막을 수 있었다. 피츠제럴드는 자신의 미숙함 때문에 동료들에게 누가 되지 않기만을 바랐다. 자기보다 연장자이고 유부남이라는 사실 말고는 웨버에 대해 아는 게 별달리 없었지만, CG36500호에서 일하던 중 웨버가 노련하게 배를 지휘해 채텀 바를 통과하는 모습을 본 적이 있다. 만약 피츠제럴드 자신이 구조선을 타고 폭풍 속에서 모래톱과 주변 바다를 함께 건너갈 대원을 뽑는 위치에 있었더라면 그는 웨버를 택했을 것이다. 하지만 이번 폭풍은 예사롭지 않았다. 배의 무전 장치로 들어오는 방송을 몇 개 들었는데, 하나같이 상상 이상의 파도에 대해 언급하고 있었다. 18미터가 넘는 곳도 있다고 했다.

매스크, 웨버, 피츠제럴드, 리브시는 한 팀으로 훈련을 받은 적이 없었다. 사실 채텀의 대원 세 명은 매스크를 그날 처음 만났다. 하지만 네 사람은 다른 점만큼이나 닮은 점도 많았다. 넷 다 아주 건장했고, 해안경비대에 들어와 생명을 구했으며, 지금 이 구조 작업을 우연히 맡았다는 것이었다. 네 사람 중 웨버의 키가 가장 컸다. 거의 190센티미터에 달하는 호리호리한 체격에 성격은 과묵했다. 리브시는 웨버보다 10센티미터가량 작았고 낙천적이며 유머러스했다. 하지만 그의 느긋한 태도는 선을 넘지 않았다. 일을 맡고 다른 사람들에게 지시하는 일을 하도 잘해 씨수소를 뜻하는 '허드 불Herd Bull'이라는 별명을 얻기도 했다. 피츠제럴드는 180센티미터가 약간 넘는 키에 늘 웃는 낯이었고 어딜 가든 금세 친구를 만들었다. 매스크는 넷 중 키가 가장 작았다. 겸손하고 상대적으로 조용한 성격이었지만 강심장인 게 분명했다. 목숨을 걸고 생전 처음 보는 사람 셋과 소용돌이 속으로 자원해서 갈 수 있는 사람은 많지 않을 테니까. 네 사람 다 폭풍에 휩쓸린 파도를 생각하며 두려움에 떨었다. 하지만 불안감을 억누르며 마음을 다잡고 각자 할 일을 했다.

위기의 채텀 바

웨버, 리브시, 피츠제럴드, 매스크는 엄청난 두려움을 안고 채텀 구조선 기지를 출발해 채텀 어항 부두로 향했다. 웨버는 트럭을 주차하고 눈밭으로 나갔다. 눈발이 내리 퍼부어 대원들은 앞으로 타고 가야 할 작은 목제 구조선조차 찾기 힘들었다. 배는 저 멀리서 앞뒤로 심하게 요동치고 있었다. 네 대원은 부두 가장자리로 걸어가 사다리를 타고 아래의 작은 도리선에 올랐다. 노를 저어 출발할 준비를 하는데 위쪽 부두에서 누군가 소리쳤다. "너무 멀리 가기 전에 진즉에 길을 잃는 게 나을 거요." 근처에 사는 어부 존 스텔로였다. 원래 말투가 그런 사람이었다. "돌아올 수 있을 때 배를 돌리쇼." 스텔로는 아내의 이름을 따서 지은 지니 S호의 선장으로 어부들 사이에서 만선으로 유명했다. 고기를 하도 많이 잡아 그 무게로 배가 아래로 처지면서 홀수선이 높아졌다. 스텔로 역시 별수 없이 뭍에 남은 채텀 어부들 틈에 끼어 있었다. 거센 폭풍이 바다 쪽으로 물러나며 소강되기 전까지 출항이 금지됐다. 스텔로와 웨버는 지난 2년 새 사이가 막역해졌다. 둘은 시뷰 스트리트를 가운데에 둔 채 서로 마주보고 살았다. "미리엄에게 전화해서 여기 상황 좀 얘기해줘." 웨버가 큰 소리로 말했다. 아내와 이틀째 통화하지 못했다. 아파서 누워 있는 아내를 생각하니 가슴이 미어지는 듯했다. 그는 도리선에 탄 세 대원의 얼굴을 바라보며 그들이 앞으로 잘 견뎌낼 수 있을지 염려했다. 다시 한번 아내를 떠올리자 만약 자신이 살아 돌아오지 못하면 과연 아내가 잘 견딜 수 있을까 하는 생각이 들었다. 웨버는 자살 임무처럼 보이는 이 일을 목숨 걸고 해낼 자신이 있었다. 하지만 미리엄과 함께 만들어가기 시작한 삶을 생각하자 오만 가지 감정이 파도처럼 밀려왔다.

웨버와 미리엄의 인연은 대단히 질겼다. 특히 미리엄에게는. 두 사람의 사랑은 2년 전인 1950년에 수화기 너머로부터 시작됐다. 웨버는 다른 대원 둘과 함께 1939년형 플리머스 쿠페를 몰고 근처에 사는 세 여성과 데이트를 하러 프로빈스타운으로 가던 중이었다. 그런데 올리언스에서 차가 갑자기 고장을 일으켰다. 웨버는 공중전화박스를 찾아 데이트 상대에게 사고에 대해 설명했다. 시내에서 저녁을 보내기로 한 계획을 망친 웨버는 견인차를 불러 낡은 플리머스 자동차를 채텀으로 보냈다. 데이트는 물 건너간 듯했다. 며칠 뒤, 젊은 여성 한 명이 채텀 구조선 기지에 전화를 걸어 웹이라는 이름의 남자를 찾았다. 비록 이름을 잘못 알고 있기는 했지만 전화는 제대로 걸었다. 웨버는 수화기를 들어 의문의 여인과 통화를 했다. 여자는 이름을 비롯해 자신에 대한 그 어떤 정보도 알려주지 않았다. 단지 장난스러운 말투로 웨버를 본 적이 있고 누군지 안다고만 했다. 이 게임은 몇 번의 통화로 이어졌고 웨버의 호기심은 커져만 갔다. 전화로 긴 대화를 하는 동안 웨버는 그녀가 수시로 전화 대기를 시켜놓는 게 이상했다. "잠깐만요"라고 말하고는 몇 분 동안 사라졌다. 수수께끼는 풀렸다. 여자가 결국 근처 웰플릿에서 전화 교환수로 일한다는 사실을 털어놓은 것이다. 사실 그녀는 프로빈스타운으로 가다가 차가 고장난 날 밤, 웨버가 데이트 상대에게 걸었던 전화를 연결해준 교환수였다. "나중에 그녀 역시 금발에 매력적인 외모의 소유자라는 사실을 알게 됐죠." 웨버는 1985년에 출간한 회고록 『채텀의 구조대원들Chatham: The Lifeboatmen』에서 이 이야기를 했다. 전화로 데이트 신청을 했지만 놀랍게도 그녀는 거절했다. 이후에도 번번이 거절당하자 화가 난 웨버가 최후통첩을 했다. "만나든가 다시는 전화하지 말든가 선택해요."

의문의 여인은 더블데이트를 조건으로 데이트 신청을 수락했다. 웨버와 친구 멜 구스로는 플리머스를 몰고 웰플릿 중심가에 있는 밥 머레이 약국당시에는 식품, 음료, 신문까지 함께 판매했다으로 갔다. 쌀쌀한 1월의 밤이었지만 웨버는 기대에 부풀어 땀까지 흘렸다. 천천히 약국 안으로 들어가자 젊은 여성 두 명이 보였다. 한 명은 카운터에, 다른 한 명은 의자에 앉아 있었다. 둘 다 웨버가 만나기로 한 베일 속 여인의 인상착의가 아니었다. 웨버는 카운터에 있는 여자에게 미리엄이라는 아가씨를 아느냐고 물었다. 여자는 가게 저쪽 끝에 있는 공중전화박스를 가리켰다. 웨버가 말없이 서 있는 사이 전화박스 문이 접혔다가 펼쳐지면서 의문의 데이트 상대가 걸어나왔다. 미리엄은 커다란 모피 코트를 입고 있었다. 그것이 그녀의 몸매는 가려주었을지 몰라도 미모는 감추지 못했다. 웨버는 기뻐 쓰러질 지경이었다. 두 사람은 첫 데이트에서 키스를 했고, 그다음 데이트에서는 미리엄의 부모님 오토 펜티넨과 올가 펜티넨을 만났다. 그들은 다정한 핀란드인으로, 몇 년 전 미국으로 이민을 왔다고 했다. 정신없이 진행된 두 사람의 연애는 2개월 후 낡은 플리머스를 타고 노셋 해변에 도착했을 때 큰 걸음을 내디뎠다. "나랑 결혼할래?" 미리엄의 청혼에 웨버는 깜짝 놀랐고 몹시 당황스러웠다. 머릿속에 떠오른 유일한 대답은 '노'였다. 그리고 그 말을 무심코 내뱉었다. 당황하는 기색 하나 없이 미리엄이 말했다. "알았어. 집까지 좀 태워다줘." 안개 속에서 웨버는 미리엄을 태우고 그녀의 부모님 집으로 향했다. 코드 곶 방식으로 지어진 집의 진입로에 들어서며 생각을 정리했다. 그녀를 사랑했고 잃고 싶지 않았다. 웨버는 차를 세우고 미리엄을 돌아보며 말했다. "좋아." "뭐가 좋은데?" 미리엄이 물었다. "좋아, 결혼하자." 웨버는 미리엄이 자신의 품으로 뛰어들기를 조용히 기다렸다. "언제?" 품에 안기는 대신 미리엄은 이렇게 물었다. 웨버는 당황한 나머지 얼떨결에 날짜를 내뱉었다. "7월 16일." 미리엄은 곧바로 승낙했다.

결혼식은 1950년 7월 16일 매사추세츠 주 밀턴에 있는 웨버의 집에서 열렸다. 웨버의 아버지 A. 버나드 웨버 목사가 사회를 맡았다. 부부가 된 두 사람은 웰플릿의 한 커튼 공장 옆에 있는 작은 아파트

2층에 신혼살림을 차렸다. 하지만 웨버는 결혼 후 한 달 동안 아내의 얼굴을 거의 보지 못했다. 열흘 내내 구조선 기지에 있다가 겨우 이틀을 집에서 보냈기 때문이다. 두 사람은 얼마 안 가 변화가 필요하다는 사실을 깨달았다. 그리고 얼마 뒤 채텀 구조선 기지 근처의 넓은 집으로 이사했다. 웨버는 틈만 나면 몰래 집에 들어가 아내 미리엄과 시간을 보냈다. 해안경비대 월급은 두 사람이 먹고살기에 빠듯했다. 그래서 미리엄은 식료품점 퍼스트 내셔널 스토어에 취직해 생활비를 보탰다. 두 사람은 채텀에서 함께 생활을 꾸려갔고 웨버에게는 감사할 일이 많이 생겼다. 하지만 더없이 행복한 결혼생활은 위험한 직업과 이어져 있었고, 그 같은 행복엔 대가를 지불해야 했다.

대원들이 노를 저어 항구 쪽으로 가는 동안 웨버는 CG36500호를 유심히 살펴봤다. 구조선이 멀리서 자신을 물끄러미 쳐다보는 것 같았다. 이 목제 구조선에 많은 것이 걸려 있었다. 웨버가 데리고 온 세 대원의 목숨, 펜들턴호 선미부의 생존자들, 미리엄과 계획한 미래의 아이들까지 모두 CG36500호에 달렸다. 준비됐나, 자네? 웨버는 속으로 생각했다. 이 모양과 크기로 만들어진 모든 구조선이 그렇듯 CG36500호 역시 메릴랜드 주 커티스 만에 있는 해안경비대 조선소에서 건조됐다. 이곳에서 1937년부터 1956년까지 배 138척이 만들어졌다. 채텀에 자리잡은 CG36500호는 1946년에 만들어져서 아직 5년밖에 안 된 데다 한창때였다. 길이가 대략 11미터에 선폭이 3미터, 흘수가 약 90센티미터였다. 무게는 족히 9000킬로그램에 달했고, 1톤 무게의 청동 용골선박 바닥의 중앙을 받치는 길고 큰 재목 덕분에 자동 복원과 배수가 가능했다. 선수와 선미를 대칭으로 설계해 대자연이 빚어내는 그 어떤 것도 견딜 수 있었다. 하지만 웨버는 배를 만든 사람들이 과연 지금 뉴잉글랜드 해안을 강타하고 있는 겨울의 허리케인까지 염두에 뒀을지 궁금했다.

구조선은 1790년 영국 잉글랜드의 사우스실즈에서 처음 만들어진 이래 크게 발전했다. 과거 조선소 도제이자 배 목수 일을 했던 헨리 그레이트헤드가 최초로 9미터 길이의 구조선을 만들었다. 배에는 노가 6쌍 달려 있어 노잡이가 12명 필요했다. 키는 없었고 대신 좌우로 저을 수 있는 기다란 키잡이 노가 달려 있었다. 그레이트헤드의 발명품은 대형 참사 이후에 탄생했다. 1789년 어드벤처호는 잉글랜드 타인머스 근처 위험한 모래톱 허드 샌즈에서 좌초됐다. 사우스실즈에 있는 그레이트헤드의 집 근처였다. 배가 해안에서 보일 정도로 가까운 곳에 있었지만 선원들은 전원 사망했다. 요동치는 파도 속에서 구조에 나설 적당한 배가 없었기 때문이다. 이 참사 이후 영국 장교들은 상금을 내걸고 구조선 설계를 공모했다. 이 공모에서 그레이트헤드가 만든 배가 우승을 거머쥐었다. 배의 설계는 진화를 거듭했고, 100년 뒤 길이 약 11미터의 라이더호1902년 템스 제철조선소에서 만든 구조선으로 1930년 퇴역했다가 표준 구조선이 됐다. 대원 3명과 노잡이 10명이 탈 수 있는 배였다. 해난 구조선은 1851년 미국에서 등장했는데 자원봉사자들이 8~9미터쯤 되는 서프보트부력이 크고 튼튼한 구명 작업용 보트의 노를 저어 좌초된 선원들을 구조하는 임무를 맡았다. 최초의 동력 구조선은 1899년에 나왔으며, 슈피리어 호에 위치한 마켓 인명구조소의 구조대원들이 10미터짜리 구조선에 가스 엔진을 장착해 완성했다. 1908년에는 11미터짜리 구조선이 미국 전역의 구조소에서 사용됐다. 매사추세츠 주의 다섯 개 구조소인 글로스터, 헐, 프로빈스타운, 커티헝크, 채텀의 모노모이도 예외가 아니었다. 1952년 배의 설계가 다시 한번 개선됐다. 가장 최근에 나온 구조선은 H-시리즈 동력 구조선으로 이중선체선체의 하부 및 측면을 공간이 있는 두 층의 강판으로 만드는 구조로 설계하며 배 중앙부에 모델 T라는 밀폐형 엔진 수납부가 있다.

웨버와 대원들은 마침내 CG36500호에 도착해 배에 올랐다. 대원들을 CG36500호로 실어 나르는 데 사용한 도리선을 부표에 잡아맨 다음 고된 항해를 앞두고 배에 자리를 잡았다. 웨버, 피츠제럴드, 리브시는 모두 CG36500호에 익숙했다. 리브시는 연안에서 1.5킬로미터가량 떨어진 곳에 세워진 폴록립 등대선과 스톤호스 등대선에 보급품을 나르러 여러 번 오간 적이 있었다. 그렇지만 누가 상관인지는 잘 알고 있었고 웨버가 조타실에 들어서자 옆으로 물러섰다. 대원들은 오후 5시 55분에 채텀 어항 부두를 출발했다. 하늘은 짙은 회색에서 칠흑같이 검은색으로 변했다. 육지의 불빛은 네 사람이 채텀 항구를 향해 갈수록 점점 작아졌다. 이제 대원들의 눈에 노스 비치에서 부서지는 파도가 보였다. 네 사람은 저마다 채텀 바를 통과할 방법을 고민했다. CG36500호는 해협에서 방향을 틀었다. 저 멀리서 채텀 등대의 빛줄기가 와 닿았다. 등대 본관에서 불빛이 희미하게 반짝였다. 무슨 일이지? 웨버는 속으로 생각했다. 잠깐 동안 무전으로 복귀 명령이 떨어지기를 기도했다. 웨버는 무전기를 쥐고 기지에 연락했다. 클러프에게 상황을 보고하고 상관의 마음이 바뀌기를 기도했다. "지시대로 진행하도록." 클러프가 콧소리 섞인 버지니아 억양으로 말했다. 웨버와 대원들은 앞으로 나아갔다. 그들은 이미 매서운 추위와 싸우고 있었다. 두 발은 얼어붙어 감각이 없었다. 죔쇠가 달린 고무덧신 안에 얼음덩어리가 든 것만 같았다. 채텀 항 외곽에 도착하자 모래톱에서 포효하는 소리가 들렸다. 파도가 부딪히면서 황갈색을 띠는 하얀 포말을 만들어냈다. 만만찮은 여정이 되겠어. 리처드 리브시는 속으로 생각했다. 모래톱에서 나는 요란한 소리가 점점 커지자 리브시는 어렴풋이 이 세상에서의 마지막 순간을 경험했고, CG36500호가 모래톱에 부딪히는 순간 죽음을 확신했다. 앤디 피츠제럴드는 앞쪽에 거북등처럼 솟은 객실에 부착된 탐조등 담당이었는데, 포효하는 파도로 인해 두려웠다. 하지만 웨버의 경험과 CG36500호의 구조술을 믿었다. 그는 CG36500호가 물 위의 탱크라고 늘 생각해왔다. 느리지만 어떤 날씨에도 항해가 가능한 배이기 때문이다. 이제 이 작은 탱크만이 웨버와 차디찬 바다 사이에 서 있었다.

가까이 다가가자 탐조등이 채텀 바의 모래톱 일부를 비췄고, 네 사람은 앞에 펼쳐진 광경을 얼핏 봤다. 웨버는 파도의 높이를 믿을 수가 없었다. 심지어 배가 그 어느 때보다도 더 작아진 듯한 느낌을 받았다. 겁에 질린 데다 거의 동사 직전이었던 웨버는 이제 대원들의 목숨을 앗아갈 수도 있는 결정을 내려야만 했다. 돌아갈까? 앞으로 갈까? 이제 뭘 어떻게 해야 하지? 돌아간다고 해서 손가락질 받지는 않을 것이다. 채텀 바에 네 사람의 송장을 더 추가해 비극을 늘릴 필요가 있을까? 그는 머리를 휘저으며 이번에는 자신이 구하려고 하는 사람들을 생각했다. 거대한 강철관 속에 갇힌 펜들턴호의 선원들이 떠올랐다. 웨버는 자신과 대원들이 그들의 유일한 희망이라는 것을 알았다.

웨버의 생각은 2년 전으로 거슬러 올라갔다. 그때도 지금과 마찬가지로 위험한 상황에서 구조 작업을 했다. 그날의 사고에 너무 빠져든 나머지 웨버는 물결이 일렁일 때마다 물마루에 죽은 선원들의 얼굴이 보이는 것만 같았다. 펜들턴호의 선원들처럼 뉴베드퍼드의 가리비어선 윌리엄 J. 랜드리호의 선원들 역시 무시무시한 동북풍에 좌초됐다. 이 사고는 1950년 이른 봄에 일어났다. 겨울은 뉴잉글랜드의 숨통을 조이던 손을 풀 생각이 없었다. 폭설이 코드 곶 근처에 장막처럼 쏟아졌다. 20센티미터가 넘게 쌓인 곳도 있었다. 성난 폭풍은 시속 110킬로미터가 넘는 바람과 거센 파도에 기세를 더해갔다. 최근 4만 달러나 들여 수리한 윌리엄 J. 랜드리호는 배에 물이 들어차는 와중에도 모노모이를 돌아 낸터킷 해협 쪽으로 가려고 시도했다. 선원들은 쉴 새 없이 일했다. 양동이를 이용해 목제 트롤선 가장자리로 바닷물을 퍼냈다. 사고를 당한 순간부터 선장 아네 핸슨은 가능한 방법을 모두 동원해 조난 신호를 보냈고, 폴록립 등대선에서 신호를 받아 채텀 구조선 기지에 전달했다.

구조 계획은 빠른 속도로 세워졌다. 그 계획이 성공하기 위해서는 등대선 대원들과 뭍에 있는 해안경비대원들이 요령과 용기를 발휘해야 했다. 구조 작전에는 두 가지 시나리오가 필요했다. 좌초된 트롤선이 어떻게든 등대선까지 오면 폴록립 대원들이 길고 굵은 밧줄을 보내 뱃머리에 잡아매서 배를 고정시킬 계획이었다. 또 이동용 펌프를 전달해 침수를 막아보려 했다. 이와 동시에 채텀 기지에서 구조선 대원들을 출동시켜 선원들을 해안으로 데려오고, 어선이 등대선까지 가지 못하면 랜드리호를 지원할 생각이었다. 작전은 간단해 보였다. 운명의 장난이 시작되기 전까지는. 폴록립 등대선의 대원들은 힘겹게 임무를 완수했다. 등대선은 계속 돌풍에 요동쳤다. 대원 한 명은 등대선 노천갑판선박 맨 위에 있는, 밖으로 노출된 갑판에 굵은 밧줄을 배치하는 작업을 하다가 배 밖으로 휩쓸려나갈 뻔했다. 채텀 대원들의 작업 역시 만만치 않았다. 버니 웨버까지 총 네 명의 대원은 프랭크 매서치의 지휘 아래 있었다. 매서치는 고참 수병으로 당시에는 채텀 기지의 갑판 중사였다. 대원들은 스테이지 항에 정박해 있는 동력 구조선 CG36383호를 몰고 출동하라는 지시를 받았다. 하지만 구조선까지 가는 일은 생사를 건 고투였다. 평소에 잠잠하던 스테이지 항은 위협적인 백파에 뒤덮여 있었다. 정신이 온전히 박힌 사람이라면 해안에 붙어 있으라는 명백한 경고였다.

웨버와 대원들은 작은 도리선의 놋좆노를 끼우는 나무못에 노를 끼우고 물가로 끌고 갔다. 그리고 배를 밀어낸 뒤 서로 도와 배에 올라탔다. 웨버와 구스로가 노를 잡고 거센 파도와 사투를 벌이는 동안 매서치와 밸러리니는 배 안에 몸을 바짝 엎드렸다. CG36383호를 향해 힘겹게 출발한 지 얼마 안 돼 작은 도리선에 물이 들어차기 시작했다. CG36500호였다면 훨씬 수월했을 것이다. 배가 올드 하버에 정박해 있었던 데다 최종 목적지에서 더 가까웠기 때문이다. 하지만 웨버의 지휘관 매서치는 CG36383호가 이처럼 거센 폭풍 속 항해에 더 적합하다고 판단했다. 안타깝게도 CG36383호는 CG36500호보다 자신이 더 우수함을 단 한 번도 증명하지 못했다. 도리선이 전복되면서 웨버와 대원들은 구조선에 도착하기도 전에 뼛속까지 시리도록 차가운 바닷물 속으로 고꾸라졌다. 바닷물의 충격이 몰려왔다. 하지만 처음의 공포는 금세 누그러졌다. 훈련이 본능적으로 효과를 발휘한 것이다. 대원들은 무거운 부츠를 벗어던지고 뒤집힌 배의 바닥을 잡고 기다렸다. 훈련에서 배운 대로라면 지금처럼 지독한 상황에서 수영은 아무 소용이 없다. 이 같은 육체활동은 가만히 있을 때보다 체온을 훨씬 더 빠른 속도로 떨어뜨린다. 대원들은 파도를 타고 해안 쪽으로 갔다. 도리선이 스테이지 항 맞은편 모리스 섬으로 떠내려 온 것이다. 웨버와 대원들은 낡은 보트 창고에서 쉬고 싶었지만, 프랭크 매서치는 혹독한 추위와 다리를 타고 올라오는 마비 증상을 참아가면서 구조 작업을 포기하지 않겠다고 했다. 매서치는 버니 웨버를 비롯한 젊은 경비대원들의 존경을 한 몸에 받는 사람이었다. 그는 대원들에게 약 6미터짜리 도리선을 돌려세우고 노를 찾아 다시 CG36383호를 향해 가라고 지시했다. 대원들의 용감한 시도는 또 한 번 난관에 부딪혔다. 이번에는 놋좆이 툭 하고 부러지면서 배가 뒤집혔고, 대원들은 또다시 얼음장 같은 물속으로 내던져졌다. 모리스 섬에 가까스로 도착한 그들은 마침내 보트 창고 안에서 몸을 녹이기로 했다.

대원들은 곱은 팔과 다리를 문지르고 콜러 사에서 만든 낡은 휘발유 발전기를 켰다. 프랭크 매서치는 구식 자석식 전화기핸들을 돌리면 발전기가 회전하면서 신호가 송출되는 전화기를 돌려 채텀 기지 전화 교환대에 연락을 취했다. 매서치는 참혹한 상황을 전달한 뒤, 윌리엄 J. 랜드리호가 여전히 표류 중이며 폴록립 등대선 쪽으로 가던 중 선체에 상당량의 물이 들어찼다는 소식을 들었다. 해안경비대 선박 두 척이 구조 작업에 새롭게 합류했다. 약 38미터 길이의 경비함 레거리호와 약 70미터 길이의 부표 설치선 혼빔호였다. 두 배는 각각 버저즈 만과 우즈홀 기지에서 출발했고, 80킬로미터가량 떨어진 거리에 있었다. 이런 악천후 속에서라면 어느 쪽이 됐든 좌초된 랜드리호에 접근하는 데 몇 시간은 걸릴 터였다. 그러나 아네 핸슨 선장과 선원들은 여전히 생존해 있었다. 이 한 줄기 희망에 다시 힘이 생긴 듯, 프랭크 매서치는 대원들에게 구조선으로 가는 세 번째 시도를 할 계획이라고 말했다. 웨버와 나머지 대원들은 빗자루대 몇 개를 찾아낸 뒤 잘게 잘라 부러진 놋좆 대용으로 사용했다. 몸이 꽁꽁 얼고 지친 대원들은 아픈 다리를 이끌고 차디찬 물속으로 들어갔다. 하지만 세 번째에도 그냥 돌아와야 했다. 노가 부러지고 배가 뒤집히면서 대원들은 컴컴한 바닷속에 빠졌고, 다시 한번 힘겹게 모리스 섬으로 돌아왔다. 더 이상 랜드리호의 선원들을 구할 처지가 아니라는 냉혹한 현실을 받아들여야 했다. 그 순간 채텀의 대원들은 이미 세 번이나 그들을 죽일 뻔한 자연으로부터 자신들을 구조해야 했다.

매서치는 대원들을 이끌고 모리스 섬과 채텀을 가로지르는 해협을 통과했다. 썰물이었다. 아니면 대원들이 그렇다고 믿었거나. 해협을 지나는 긴 행군을 시작하자 물이 더 따뜻해진 것 같았다. 하지만 거센 물살이 추위로 감각이 마비된 다리를 때렸고 걸음을 옮길 때마다 대원들을 쓰러뜨렸다. 대원들은 계속해서 앞으로 나아갔고 물은 점점 더 깊어졌다. 상상을 초월할 정도였다. 물은 이제 웨버의 목까지 차올라 턱 부근에서 맴돌았다. 웨버와 멜 구스로가 대원들 중 제일 키가 컸기 때문에 프랭크 매서치와 앤토니오 밸러리니가 건널 수 있도록 도와야 했다. 기지로 돌아가는 동안에도 매서치는 여전히 패배를 인정하려 들지 않았다. 웨버와 나머지 젊은 대원들에게는 몹시 당혹스럽게도, 매서치와 당시 채텀 기지의 책임장교였던 앨빈 E. 뉴컴은 CG36500호를 몰고 좌초된 랜드리호로 가는 계획을 상의했다. 지친 대원들은 기지로 돌아가 당직실로 터덜터덜 걸어 들어가자 이내 랜드리호의 사고 소식이 전해졌다. 무전 장치에서 랜드리호와 폴록립 등대선 사이를 오가는 신호가 들렸다. 랜드리호의 선장 아네 핸슨은 이제 배가 등대선에서 1.5킬로미터가량 떨어진 지점까지 왔다고 전했다. 하지만 선원들의 갖은 노력에도 불구하고 높은 파도가 배를 덮쳤다. 등대선의 함장 가이 엠로는 랜드리호 선장에게 배가 더 가까이 오면 대원들이 밧줄을 던질 거라고 말했다. 핸슨은 파도가 이렇게 높은데 밧줄을 쓰면 배가 뜯겨나가지나 않을까 두려웠다. 하지만 지금으로서는 등대선을 향해 가는 수밖에 없음을 알았다.

여전히 선원들을 구할 가능성은 있었다. 매서치는 대원들에게 몇 분간 몸을 녹이고 옷을 갈아입게 한 다음 올드 하버로 가라고 지시했다. 그곳에서 CG36500호가 네 번째 구조 작업에 나가기 위해 대기 중이었다. 이제 폴록립 등대선 대원들의 눈에 랜드리호가 들어왔다. 기쁜 소식이었다. 한편 나쁜 소식은 폭풍이 거세지면서 파도가 있는 대로 높아졌다는 사실이었다. 랜드리호 선원들이 등대선으로부터 밧줄을 받으려고 했을 때, 거센 파도가 배 두 척을 한꺼번에 강타했다. 어선 쪽 피해가 더 컸다. 24시간 동안 사투를 벌인 랜드리호 선원들은 심신이 지쳐 있었다. 선장은 폴록립 등대선에 배를 연결하는 시도를 멈추겠다는 의사를 전했다. 대신 선원들은 사그라져가는 희망을 채텀 구조선 대원들에게 걸었다. 엠로는 무전으로 핸슨 선장에게 알아들었다는 뜻을 전했고, 불안해하는 답신을 받았다. "맙소사"라는 말이 들린 뒤 조용해졌다. 그리고 눈 깜짝할 사이에 엠로의 세상이 뒤집혔다. 집채만 한 파도가 등대선을 180도 회전시켰다. 그가 방향감각을 찾으려고 애쓰는 동안 랜드리호로부터 마지막 메시지가 들어왔다. 선장은 기관실이 침수되어 싸움을 포기할 생각이라고 말했다. 마지막 파도가 비수가 되어 선원들의 심장을 찔렀다. "내려가서 기도하고 뭘 좀 먹어야겠소. 우리가 여기서 죽으면 배가 잔뜩 불러 있겠지. 고마웠소. 신의 가호가 있기를." 지친 선장이 말했다. 엠로는 이 메시지를 채텀 기지에 보고했고, 파도가 윌리엄 J. 랜드리호를 삼키는 모습을 지켜봤다. 나머지 선원들은 끝내 찾지 못했지만 불운한 어선의 잔해는 나중에 낸터킷 해안으로 밀려왔다.

그들은 살아 돌아왔다

랜드리호의 비극을 생각하면 버니 웨버는 입맛이 썼다. 그후의 어리석은 행동 역시 그랬다. 해안경비대 장교들은 보스턴에서 불시에 내려와 실패한 구조 작업에 참가한 모든 사람을 심문하고 비난했다. 그날 밤 프랭크 매서치의 두 눈에 담긴 결의만 봤더라도 랜드리호의 선원들을 구하기 위해 최선을 다했다는 걸 알 수 있었을 텐데. 프랭크 매서치는 1950년 4월 7일 밤, 인간의 용기를 뛰어넘는 무언가에 이끌려 움직였다.

그로부터 2년이 채 지나지 않은 지금, 매서치의 후배들이 그때와 비슷한 절망적인 임무를 앞두고 있었다. 버니 웨버는 대원들을 극한의 상황으로 몰고 가 펜들턴호의 좌초된 선원들을 구할 준비가 됐을까?

버니 웨버는 불길한 채텀 바를 내다보면서 문득 깨달았다. 신의 섭리가 자신을 이 시간, 이 장소로 데려왔다는 것을. 그는 프랭크 매서치가 보여준 불굴의 의지를 생각했다. 자라면서 아버지에게 들었던 수천 번의 설교도 떠올렸다. 그 모두가 이 일을 위해 자신을 준비시킨 것이었다. 정처 없이 방황하던 어린 시절 성직자의 길로 돌아왔을 때 아버지의 눈에 비친 실망감이 떠올랐다. 웨버 목사는 막내아들이 하느님을 섬기는 사람이 되기를 바랐다. 폭풍우가 몰아치던 그날 밤, 웨버는 자신이 하느님을 섬기고 있다는 믿음이 들었다. 그는 그때의 심정을 이렇게 말했다. "힘과 용기가 생기고 자신이 할 일이 무엇인지를 알게 됩니다. 구조를 시도해야 한다는 걸 깨닫죠. 타고난 운명이자 소명입니다."

구조선이 파도의 협곡을 따라 곤두박질치는 동안 웨버와 대원들은 자기도 모르게 노래를 부르기 시작했다. 결의와 두려움이 뒤섞인 노래가 눈과 차가운 파도의 물거품 사이로 터져나왔다. 네 사람의 목소리가 화음을 이루며 윙윙대는 바람 위로 떠올랐다. 웨버는 자신들이 처한 상황에 이처럼 딱 들어맞는 가슴 아픈 찬송가는 없을 거라고 생각했다.

나의 반석 예수여

나를 숨겨주소서

흘리신 물과 피로

내 죄 씻어주시고

죄의 힘 그 벌에서

나를 건져주소서

나의 노력으로는

주의 법 순종 못 해

쉼 없이 힘쓰고

끊임없이 울어도

오직 주님 외에는

내 죄 씻지 못하네

빈손 들고 나아가

주 십자가 붙잡네

주의 옷 입히시고

주 은혜 베푸소서

주의 피 샘물에서

씻어 살려주소서

노랫소리가 잦아들고 대원들은 말이 없어졌다. 웨버는 CG36500호를 모래톱 쪽으로 몰고 갔다. 탐조등이 눈과 어둠 사이를 갈랐다. 피츠제럴드는 파도가 사방에서 다가오고 있음을 보고 느낄 수 있었다. 그는 다가올 충돌에 대비해 마음의 준비를 했다.

모래톱에 닿는 순간 작은 목제 구조선은 18미터에 달하는 거대한 파도를 비집고 들어갔다. 높이 솟은 콘크리트 벽에 빠른 속도로 달려가 부딪힌 느낌이었다. 잔인하리만치 차가운 태산 같은 파도가 배를 들어올려 작은 장난감을 다루듯 공중에 내동댕이쳤다. 잠깐 동안 모두 공중으로 떠올랐다.

배와 대원들은 단단한 바닷물 표면에 쿵 하고 떨어졌다. 그 순간 다시 한번 거대한 파도가 몰려왔다. 이번에는 바닷물이 마구 쏟아져 대원들을 덮쳤고 그들을 갑판 위로 때려눕혔다. 거센 파도가 배의 앞 유리를 산산조각 냈다. 웨버가 뒤로 넘어지는 순간 날카로운 유리 조각이 웨버의 얼굴과 머리카락 속으로 날아들었다.

파도가 CG36500호를 180도 회전시키는 바람에 뱃머리가 해안을 향해 있었다. 배와 대원들에게는 가장 위험한 위치였다. 웨버는 갑판에서 몸을 일으켜 배를 파도 쪽으로 돌리려 애썼다. 그렇지 않으면 풍파를 뱃전으로 들이받아 전부 목숨을 잃을 수도 있었다. 그는 한 손으로 얼굴에 붙은 유리 조각을 쓸어내면서 다른 손으로는 타륜을 꽉 붙잡았다. 부서진 앞 유리로 파도의 물거품이 조타실 안으로 밀려 들어와 웨버의 맨살을 후려치고 벌어진 상처를 할퀴었다. 얼굴에 눈발이 쏟아지는 통에 눈을 뜨기조차 힘들었다. 그는 방향감각을 찾으려 애쓰면서 나침반이 있던 자리를 내려다봤다. 그에게 남은 유일한 항해 장비인 나침반이 사라지고 없었다. 받침대에서 뜯겨나간 것이다. 이제 의지할 데라곤 본능밖에 없었다.

웨버는 앞이 보이지 않는 상태에서 다가오는 파도 쪽으로 배를 돌렸다. 파도가 덮쳤을 때 리브시는 작은 구조선이 바닷물 벽에 삼켜지는 느낌을 받았다. 배가 옆으로 눕는 게 느껴졌고, 소름끼치는 찰나 동안 배가 다시 일어설 수 있을지 걱정됐다.

파도는 배를 손아귀에서 풀어줬다. 웨버는 다시 한번 배를 바로 세우고 속도를 늦춰 귀중한 걸음을 조금이라도 더 내딛기 위해 젖 먹던 힘까지 다 냈다. 몇 분 뒤 파도가 또다시 배를 강타했고 배는 45도 각도로 누운 채 위태롭게 달렸다.

웨버는 구조선을 제어하려고 안간힘을 썼다. 그 순간 대원들은 요란한 파도 소리 사이에서도 한 가지 소리가 들리지 않는다는 사실을 깨달았다. 모터가 멈춘 것이다. 또 다른 파도가 그들을 향해 돌진해 오고 있었다.

채텀이 나서다

하지만 거친 파도가 없다면 바다에 관한 시는 어떻게 탄
생한단 말인가?　　　　　　　　　_조슈아 슬로컴, 1900년

묘한 우연의 일치로 1952년 2월 18일자 『뉴욕타임스』 1면에는 제2
차 세계대전에 동원된 유조선에 대한 기사가 실렸다. 하지만 채텀 해
안 근처에서 일어나고 있는 극적인 사고와는 아무 관련이 없었다. 기
사는 "전국적으로 유명한 사람들"이 제2차 세계대전에 참전했던 유조
선 5척을 10만 달러에 사들인 뒤 280만 달러의 임대 수익을 올린 내
용을 다룬 것이었다. 상원 수사분과위원회에서 유조선과 정부의 부
패에 대한 공개 청문회를 시작할 예정이었다. 하지만 그날의 가장 큰
뉴스는 냉전, 세계의 정치적 긴장, 군비 경쟁 심화였다. 영국은 호주
어딘가에서 핵무기 실험을 할 예정이라고 발표했고, 북한은 휴전협정
에서 소련에게 협정 감시국이 되어줄 것을 요구했다. 드와이트 D. 아

이젠하워 장군은 나토NATO에서 더 많은 힘을 얻을 예정이었고, 프랑스, 영국, 미국은 나토 내에서 서독의 역할에 대해 고민하고 있었다. 뉴잉글랜드를 강타한 눈보라에 대한 기사는 신문 저 뒤쪽에 데일 카네기의 화술교실, 험프리 보가트와 캐서린 헵번이 주연한 영화 「아프리카의 여왕」 광고 틈에 묻힌 채 단신으로 조그맣게 실렸다. 아직 현장 중계 기술이 나오기 전이라 그때까지 유조선 두 척의 조난 소식을 자세히 아는 이들은 해안경비대원들과 채텀 주민들뿐이었다.

에드 셈프리니는 코드 곶의 라디오 방송국 WOCB 방송실에서 고된 하루를 막 마친 참이었다. 방송사들은 일제히 뉴욕의 주요 소식을 전했다. 전설의 은행 강도 윌리 '액터Actor' 서턴이 브루클린 경찰본부 근처에서 체포됐다는 소식이었다. 이로써 미국에서 가장 유명한 은행 강도에 대한 5년간의 지명수배가 막을 내렸다. 서턴은 수많은 강도짓을 벌이는 동안 변장을 워낙 정교하게 한 덕분에 액터라는 재미있는 별명까지 얻었다. 이 뉴스가 뉴잉글랜드에서 화제가 된 까닭은 FBI가 서턴에게 보스턴에서 있었던 브링크스 대절도 사건11명의 절도범이 18개월간 준비한 끝에 철통 보안을 자랑하는 브링크스 건물에 들어가 270만 달러를 훔친 사건에 대해 심문할 예정이었기 때문이다. 사건은 그때까지 미제로 남아 있었다. 서턴 체포는 중요한 뉴스였지만, 그 지역을 아수라장으로 만들고 있는 눈보라만큼은 아니었다. 셈프리니는 거의 온종일 휴교와 강설량 소식을 전했다. 그리고 그날 밤 마침내 집에 돌아온 셈프리니는 동료 기자 루 하우스의 전화를 받았다. 하우스는 당시 『보스턴포스트』1956년 폐간되기 전까지 뉴잉글랜드 지역에서 가장 대중적인 신문이었다에서 비상 근 기자로 일하고 있었다. "저녁 먹을 생각이었다면 관둬. 채텀 근처 에서 유조선이 침몰했다는 소식이 들어왔어." 하우스가 충고했다. 셈 프리니가 뭐라고 대꾸하기도 전에 하우스는 사태의 심각성에 대해 이 야기했다. "유조선 한 척이 아니라고. 두 척이야!"

하우스는 채텀 구조선 기지로 가는 길이라고 말했다. "나 좀 태워 갈 수 있어?" 셈프리니가 물었다. "같이 가자." 셈프리니는 전화를 끊 고 엔지니어 웨스 스티드스톤에게 연락했다. "장비 챙겨서 채텀에서 만납시다. 큰 거 하나 잡은 거 같아요."

셈프리니의 아내 베티는 통화 내용을 우연히 듣곤 창밖의 가로등 아래로 쏟아지는 눈을 내다봤다. "오늘 같은 날씨에 꼭 나가야 돼?" 걱정이 담긴 목소리였다. 셈프리니는 지쳐서 고개를 끄덕이고는 모직 코트와 모자를 챙겨 입었다. 그는 오늘 밤 과연 어떤 일이 벌어질지 궁금했다.

셈프리니는 펜실베이니아 주 앨런타운에서 자랐다. 그곳의 작은 주 간신문사에서 일하다 1940년 『케이프코드 스탠더드타임스』의 수습기 자로 들어갔다. "다른 행성에 온 기분이었습니다." 앨런타운의 제철소 를 빠져나와 크랜베리 습지가 있는 코드 곶으로 향하면서 셈프리니 가 말했다. 예스러운 모텔들이 곶 외곽의 모래언덕 사이로 난 도로를 따라 늘어서 있었고, 저속한 가게들은 분주한 28번 도로를 통과하는 관광객들에게 호객 행위를 했다. 28번 도로는 본에서 프로빈스타운 외곽으로 통하는 주요 도로였다. 코드 곶은 노동자들뿐 아니라 상류

층도 즐겨 찾는 여름 휴양지였다. 채텀만큼 이런 현상이 두드러지는 곳도 없었다. 해변의 작은 모텔들은 상류층이 묵는 채텀 바즈 인이라는 호텔과 바다 전망을 공유했다. 1914년에 문을 연 채텀 바즈 인은 포르티코대형 건물 입구에 기둥을 받쳐 만든 현관 지붕를 길게 달아 플레전트 만을 한눈에 내다볼 수 있었다. 플레전트 만은 록펠러, 모겐소, 포드 등 미국에서 가장 유명한 가문들이 즐겨 찾는 곳이었다. 이 호화로운 호텔은 제2차 세계대전 당시 망명한 네덜란드 귀족가문의 은신처로 사용되기도 했다.

에드 셈프리니는 1941년 3월 제2차 세계대전 전투에 징집됐을 때 코드 곶에 발 한번 담가볼 새가 없었다. 미 육군에서 5년을 복무하며 중국, 미얀마, 인도 전역을 돌다가 제2의 고향인 펜실베이니아로 돌아왔다. 그후 몇 년간 셈프리니는 코드 곶에서 펜실베이니아까지 이리저리 떠돌았다. 펜실베이니아의 일간신문사에서 잠깐 일하다가 군복무 기간에 만난 베티와 코드 곶에 영원히 정착했다. 펜실베이니아에서 일할 때 WOCB 라디오국에서 근무하던 친구로부터 전화가 걸려왔다. "나 캘리포니아로 이사 간다. 라디오 방송국을 키운다던데 넌 코드 곶도 알고 뉴스도 알잖아. 관심 있으면 연락해봐." 그가 셈프리니에게 말했다. 셈프리니는 라디오 방송국에 전화했고, 이렇게 해서 라디오 방송계에 발을 들여놓게 됐다.

루 하우스는 셈프리니의 집 앞에 차를 대고 경적을 울렸다. 낡아빠진 고물 시보레는 경적과 엔진만 제대로 작동하는 것 같았다. 요란한 경적 소리를 들은 셈프리니는 눈 사이를 뚫고 자동차까지 터벅터벅 걸어갔다. 그는 조수석에 올라타 차가운 손을 히터 앞에 대고 문질렀지만, 히터가 고장 났다는 사실을 금세 깨달았다. 그만한 가치가 있는 출장이겠지. 고물 자동차가 자신의 집에서 퍼붓는 눈 속으로 출발하는 순간 셈프리니는 속으로 생각했다.

밖에서 눈보라가 구슬픈 소리를 내며 휘몰아치는 동안 코드 곶 주민들은 따뜻한 집 안에서 라디오 주변에 옹기종기 모여 앉았다. 구조작업에 대한 뉴스가 전파를 타기 시작했다. 단파 라디오가 있는 사람들은 해안경비대 기지와 구조대원들 사이의 숨 막히는 무전 내용을 실시간으로 들을 수 있었다. 채텀 의원들은 연간 예산 회의 시간에 채텀 해안 주변에서 벌어진 극적인 사고 소식을 처음으로 접했다. 그들은 겨울 코트에 쌓인 눈을 털어내면서 천천히 들어오다가 선원들이 처한 끔찍한 상황을 전해 들었다. 행정 업무는 뒤로 미뤄야 했다. 전문 사진사 딕 켈시는 사건의 심각성을 즉시 깨달았다. 그는 집으로 달려가 대형 스피드 그래픽 카메라와 플래시 전구 2개, 필름 용기 몇 개를 챙겨 어항 부두로 향했다.

구조대원들이 어떻게든 살아 돌아온다면 그들은 아마 춥고 배고프고 몸도 성치 않을 것이다. 시 의류상에 전화를 돌려 따뜻한 옷을 모으라는 지시가 떨어졌다. 지역 적십자 대표 역시 연락을 받았다. 시민들은 집으로 가 선원과 대원들이 돌아오기를 바라며 그들에게 줄 따뜻한 음식을 준비했다. 채텀 주민들은 바다에서 자란 터라 난파선의 선원들뿐 아니라 목숨을 걸고 선원들을 구한 대원들에게 무엇이 필요한지 잘 알고 있었다.

채텀이 바다에 의지하며 살아가기 시작한 것은 채텀의 설립자 시절로 거슬러 올라간다. 잉글랜드 노퍽 출신의 윌리엄 니커슨이 처음으로 채텀에 정착했다. 그는 배 한 척으로 이 땅을 사들였다. 1656년 니커슨은 모노모익 족 족장 마타퀘이슨에게 작은 배 한 척과 바위투성이의 땅 6400여 제곱미터를 교환하자고 제안했다. 그곳에 농가를 지을 생각이었다. 계약 체결을 위해 니커슨은 도끼 12자루, 괭이 12자루, 칼 12자루, 조가비 구슬 40실링(과거 북미 인디언이 사용하던 화폐까지 얹어줬다. 수 세기 동안 모노모익 족은 배스 강에서부터 프로빈스타운으로 이어지는 코드 곶 남쪽을 다른 두 부족, 노셋 족, 소쿼터킷 족과 공유했다. 모노모익 족의 경계는 코드 곶의 굽이 부분을 따라서였다. 하위치포트에 있는 앨런 항에서 시작해 모노모이 주변, 이스트 올리언스에 있는 포쳇 하일랜즈 남쪽까지 뻗어 있었다. 노셋 족은 거기서부터 북쪽에 있는 땅을 모두 소유했고, 소쿼터킷 족은 브루스터의 가장 큰 마을과 서쪽의 땅을 모두 소유했다. 마타퀘이슨은 그 지역에서 목소리가 가장 큰 족장이었고 니커슨에게 자신의 통나무집 근처에 집을 지을 수 있도록 허락했다.

물론 니커슨은 50년 전 다른 백인이 저지른 실수로부터 교훈을 얻었다. 프랑스인 탐험가 사뮈엘 드 샹플랭은 1606년 10월 유럽인으로서는 처음으로 스테이지 항 근처에 있는 이 지역을 방문했다.(영국인 항해사 바살러뮤 고스널드 선장은 4년 더 앞선 1602년 노스 채텀 근처에 잠깐 정박했다.) 샹플랭에게 그 지역은 무한한 가능성의 땅이었다. 그래서 이름도 포춘Fortune 항이라고 지었다. 그는 선장일지에 이렇게 기록했다. "해변을 따라 인디언들이 피워 올리는 연기가 보였다. 그래서 그들을 찾아가기로 결심했다. 개간된 땅과 작은 언덕이 많다. 인디언들은 이곳에 옥수수와 다른 곡물들을 재배해 먹고산다. 포도나무 밭이 빽빽하게 있고, 개암나무, 떡갈나무, 참나무가 많다. 소나무도 좀 보인다. (…) 한 나라의 토대를 쌓고 세우기에 최적의 장소라는 증거다. 다만 항구가 좀더 깊숙한 곳에 있고 입구가 더 안전하면 좋겠다."

그는 나중에 폴록립이라는 이름이 붙은 여울에 대해서도 묘사했다. 여울에 들어선 순간 쇄파가 배의 키를 망가뜨렸다. 해안 근처에서 표류하는 큰 배를 본 모노모익 족은 통나무배의 노를 저어 샹플랭의 파손된 배 쪽으로 다가갔고, 이 프랑스인 선원들에게 위험한 여울을 통과해 스테이지 항으로 가는 방법을 알려줬다. 코드 곶의 역사학자 워런 시어스 니커슨은 이렇게 기록한다. "모노모익 족이 프랑스인들을 뭍으로 불러들여 배의 텅 빈 빵 보관함을 채우고 키의 부서진 철제 부품을 고칠 수 있도록 천막과 대장간 짓는 일을 허락했다." 샹플랭은 부족민들의 환대에 감동해 그들을 칭찬하기에 이르렀다. 그는 "몸의 비율이 좋고 피부는 올리브색이었다"라고 모노모익 족을 묘사했다. 그들은 남녀 가릴 것 없이 새털과 구슬을 주렁주렁 매달고 있었고, 사슴가죽이나 물개가죽으로 만든 허리싸개를 단정하게 두르고 있었다. 원주민들의 천막은 커다란 원형에 풀줄기와 잎사귀, 옥수수 껍질로 빽빽하게 덮여 있었다. 부족민들은 겨울에 먹을 식량을 커다란 모래언덕 가장자리에 구멍을 파서 보관했다. 프랑스인과 부족민들은 2주간 사이좋게 물물교환을 했다. 원주민들은 옥수수, 콩, 물고기를 배에 있던 물건들과 바꿨다. 그러던 어느 날 무언가에 화가 난 선원들이 모노모익 족을 공격하면서 싸움이 벌어졌다. 프랑스인들은 이를 두고 포춘 전투라 불렀다. 마침내 머스킷총과거 병사들이 쓰던 장총의 연기가 잦아들었을 때는 프랑스인 3명이 사망하고 여러 명이 중상을 입은 후였다. 모노모익 족은 7명이 전사했다. 전사자들의 머리 가죽은 샹플랭 쪽의 미크맥 족 원주민 가이드 세콘돈이 벗겼다. 피를 많이 보기는 했지만 기세가 꺾이지 않은 샹플랭은 얼마 후 원주민들을 역습했고, 그들을 생포해 노예로 팔아치우려 했으나 실패로 돌아갔다. 모노모익 족은 용감하게 맞섰고 샹플랭은 결국 더 큰 손실을 막기 위해 닻을 올려 대서양 항해를 이어갔다.

코드 곶 남쪽에 사는 모노모익 족은 그후 수십 년간 유럽인 선원들과 소규모 전투를 계속해나갔다. 전투는 윌리엄 니커슨이 라이더스만 어귀에 널찍한 농가를 짓고서야 중단됐다. 니커슨은 모노모익 족에게서 땅을 직접 구입했고 플리머스 식민지 당국의 허가를 따로 받지 않았다. 이 토지매매계약은 소유권 분쟁에 휩쓸렸다가 16년이 지난 뒤에야 법정에서 합의가 이루어졌다. 니커슨은 내키지 않았지만 벌금 90파운드를 내고 마타퀘이슨 족장과 그의 아들 존 퀘이슨에게 매매증서를 받아야 했다. 니커슨이 소유한 땅은 이제 16제곱킬로미터가 넘었다. 나머지는 모노모익 족 소유였다. 니커슨은 곧장 모노모이Monomoit를 도시로 인정해달라고 법원에 청원했지만, 법원은 상주 목사가 없다는 이유로 청원을 기각했다. 모노모이는 교회를 세울 수 있을 정도로 주민 수가 늘어나기 전까지 경찰관 관할 하에 있었다. 니커슨은 자식들에게 땅을 나눠줬고 곧 다른 정착민들도 합류했다. 땅이 윤택해 다양한 농산물이 수확됐다. 샹플랭은 수확물을 모두 선장 일지에 기록했다. 한편 이 땅은 가혹하기도 했다. 해안의 거센 바람은 강인한 정착민들을 향해 끝없이 휘몰아쳤다. 주민들은 그들의 작은 집을 말린 해초로 단열했다. 지붕을 나지막하게 만들어 허리케인과 눈보라를 견뎠고, 집을 남향으로 지어 일조량을 최대한 높였다. 1711년 정착민들은 최초의 상주 목사 휴 애덤스를 맞이했다. 이제 스무 가구로 늘어난 모노모이의 주민들은 도시 설립 청원서를 다시 제출했다. 청원서는 매사추세츠 식민지의 통치자 조지프 더들리에게서 승인받았다. 단, 원주민식 이름을 영국식 이름으로 바꾼다는 단서가 붙었다. 이렇게 해서 모노모이는 영국의 항구도시에서 이름을 따와 채텀으로 바뀌었다.

18세기 중반 채텀의 정착민들은 여전히 바다가 아닌 육지에서 나는 수확물에 의지하고 있었다. 농부들은 담배, 호밀, 밀을 재배했다. 하지만 앞서 모노모익 족이 그랬던 것처럼 주식은 옥수수였다. 농작물이 워낙 중요하다보니 모든 집주인은 옥수수를 쪼아 먹는 새를 보면 무조건 죽여야 한다는 법이 통과되기도 했다. 그 증거로 매년 까마귀 세 마리, 찌르레기 열두 마리의 머리를 도시행정위원에게 보내야 했다. 법을 어기는 주민에게는 벌금 6실링이 부과됐다. 하지만 독립전쟁을 겪으면서 채텀의 경제 흐름은 농업에서 어업으로 옮겨갔다.

농부들은 옥수수 재배량을 줄였다. 계속되는 농사로 한때 비옥했던 땅의 영양분이 고갈됐다. 채텀 주민들은 바다 밑바닥에 사는 물고기를 낚기 시작했다. 고기가 어찌나 많던지 어망과 낚싯줄로 알아서 걸려드는 것만 같았다. 곶 외곽 부근의 수역은 얼마 안 가 세계에서 가장 붐비는 선박 항로 중 한 곳이 됐다. 영국해협에 이어 두 번째였다.

어업과 함께 조난 사고도 생겨났다. 매사추세츠 인도주의협회는 해상 조난자들을 지원하기 위해 만들어진 최초의 단체로 난파선 생존자들이 해안에 도착했을 때 쉴 수 있도록 해안의 외딴곳을 따라 막사를 지었다. 최초의 생존자용 막사는 1807년 보스턴 항 러벌스 섬에 만들어졌다. 협회는 나중에 코하셋이라는 도시에 최초의 구조선 기지를 세웠다. 또 사우스 쇼어보스턴 동남쪽에서부터 코드 곶까지 뻗어 있는 해안를 따라 자원봉사자 기지를 계속해서 만들었고 마침내 코드 곶에도 기지가 들어섰다. 트루로의 작은 만 스타우츠 크리크에 지어진 코드 곶 최초의 막사는 해변보다는 황야에 더 어울려 보였다. 풀 한 포기 자라지 않는 땅과 굴뚝에 잘 들어맞는 듯했다. 얼마 안 가 거센 바람이 막사를 받치고 있던 모래를 날려 보내면서 굴뚝이 무너졌고 막사도 완전히 쓰러져버렸다.

1845년 인도주의협회는 매사추세츠 해안선 곳곳에 거의 스무 곳에 달하는 인명구조소를 세우고 배를 구비했다. 4년 뒤, 웰플릿에 세워진 자원봉사자 기지의 대원들이 저주받은 배 프랭클린호에 타고 있던 승객 수십 명의 목숨을 구했다. 이민자들을 태운 배는 늦은 겨울 잉글랜드의 도시 딜을 출발해 보스턴으로 향하던 중이었다. 배는 카

훈즈 홀로 기지 근처에서 난파되었다. 기지 사령관인 멀퍼드 리치와 그의 아들 벤저민이 지원할 준비를 했다. 그들은 구조선을 띄우고 파손된 배를 몇 번이나 오갔다. 벤저민은 고생 끝에 아기를 구해내기도 했다. 아기의 어머니는 이미 사망한 뒤였다. 승객 10명 중 한 명과 승무원 여러 명이 1849년 3월 초의 혹한 속에서 사망했다. 하지만 비극의 원인은 험한 날씨도, 형편없는 항해술도 아니었다. 사망자들의 운명은 몇 주 전 영국에서 이미 정해져 있었다. 아기를 구하면서 벤저민은 해안가로 쓸려온 선장의 작은 여행가방을 찾았다. 가방 속에는 선주들이 보낸 편지 한 장이 들어 있었는데, 미국에 도착하기 전 배를 난파시키라는 통보가 담겨 있었다. 프랭클린호는 선박 가치의 두 배를 보장받는 보험에 들어 있었다. 선주들은 나중에 살인공모죄로 기소됐지만 누구도 징역형을 선고받지 않았다.

1847년 미 의회는 마침내 수천 달러의 예산을 책정해 미국의 넓은 해안선을 따라 인명구조소를 설치하기로 했다. 선원들을 보호하기 위한 조치였다. 하지만 그로부터 27년이 지나고 나서야 정부가 허가한 첫 번째 인명구조소가 코드 곶에 들어섰다. 프로빈스타운의 레이스 갑에서 채텀의 모노모이 섬까지 총 아홉 곳의 구조소가 들어섰다. 2층짜리 목조 구조소는 최고수위선 표지에서 멀리 떨어진, 햇볕이 쨍쨍 내리쬐는 모래언덕에 세워졌다. 침수를 막기 위해서였다. 진한 빨간색으로 페인트칠을 하고 18미터 높이의 깃발을 달아 바다에서도 쉽게 찾을 수 있도록 했다. 구조소에는 8월 1일부터 다음 해 6월 1일까지 최대 7명의 구조대원이 배치됐다. 구조소 감시원은 구조대원이 없는 6, 7월 두 달 동안 삼엄한 경비를 했다. 감시원은 연 200달러를 받았고, 구조대원은 월 65달러를 벌었다. 구조대원들은 근무 연수와 상관없이 새로운 계절이 돌아올 때마다 가혹한 체력시험을 의무적으로 치러야 했다. 작가 J. W. 돌턴은 1902년 출간된 『코드 곶의 인명구조대원들The Life Savers of Cape Cod』에서 구조대원들의 한 주를 이렇게 기록했다. "월요일에는 기지를 정리한다. 화요일에는 날씨가 좋으면 파도를 헤치고 구조선을 타고 나갔다가 돌아오는 연습을 한다. 수요일에는 국제신호법을 반복해서 익힌다. 목요일에는 해변의 장비와 바지 모양의 구명대를 가지고 훈련한다. 금요일에는 물에 빠진 사람들을 살려내는 소생법을 연습한다. 토요일은 빨래하는 날이다. 그리고 일요일은 온전히 종교활동에 바친다."

채텀 구조소는 코드 곶에 처음 세워진 구조소 아홉 군데 중 하나였다. 순찰선은 남북쪽으로 6킬로미터 이상 순찰을 돌았다. 구조소는 구명보트 4척, 도리선 1척, 해변용 카트 2대, 베이비라는 이름의 말 한 마리를 구비하고 있었다. 베이비는 구명장비를 해변에서 난파선 쪽으로 당길 때 투입됐다.

채텀 해안은 통행량이 많은 만큼 위험했다. 뱃사람들은 생명을 위협하는 여울만큼이나 해적 짓을 일삼는 사람들도 신경 써야 했다. 이런 해적들을 두고 문커서mooncusser라 불렀는데, 그들은 모래언덕에서 미친 듯이 손전등을 흔들어 선장의 방향감각을 교란하고 배를 좌초시켰다. 그런 뒤 이 모래언덕의 강도들은 선원들을 구해주고서 물건을 훔쳤다. 문커서는 달 밝은 밤에 달에 대고 '욕을 했다고cussed' 해서 생긴 별명이었다. 하늘이 칠흑같이 어두운 밤에만 위험한 도둑질을 할 수 있었기 때문이다. 헨리 데이비드 소로는 1849년에서 1857년 사이에 코드 곶을 수차례 여행하는 동안 이 비밀스러운 문커서들에게 매료됐다. "우리는 얼마 안 가 해적 한 명을 만났다. (…) 전형적인 코드 곶 사람이었다. (…) 햇빛에 바래고 비바람에 거칠어진 얼굴과 자글자글한 주름 사이로 별 특이한 점은 보이지 않았다. 마치 낡은 돛에 생명이 붙은 것 같았다. 너무 진지해서 웃을 수도 없고 너무 강인해서 울 수도 없는, 조개처럼 무심한 (…) 그 해적은 난파선의 잔해와 낡은 통나무 (…) 널빤지 조각과 들보를 찾고 있었다. 통나무가 너무 커서 멀리 옮기기 힘들 땐 마지막 파도가 남기고 간 자리에서 나무를 잘게 자르거나 앞으로 약간 굴렸다. 나무 위에 꼬챙이 두 개를 십자형으로 교차되게 꽂아 자기 소유임을 표시했다."

문커서들이 배의 잔해를 뒤지는 전통은 그후 100년 동안 지속됐다. 채텀 해변에서는 1950년대까지도 오래된 난파선의 나무 뼈대가 발견됐다. 그것은 움직이는 모래 속에 자취를 감췄다가 다시 나타나곤 했다. 여든두 살 된 '선량한' 월터 엘드리지는 채텀 바에서 유명을 달리한 난파선 17척의 잔해에서 가져온 나무로 오두막집을 지었다.

그리고 지금 채텀 주민들은 버니 웨버와 대원들이 타고 나간 CG36500호가 으르렁대는 채텀 바의 파도가 만들어낸 잔해에 나무 늑재와 판자를 더 보태지 않기를 기도하고 있었다.

"그가 수면 위로 떠올랐다"

우리는 모든 죽음 앞에서 조금씩 작아지기 때문에 슬퍼한
다. 물론 우리 자신의 죽음에 비할 바는 아니지만.

_린 케인

채텀 기지를 나선 웨버와 대원들이 채텀 바에서 만신창이가 되고
있는 동안 이스트윈드호는 포트 머서호의 동강 난 반쪽 선체를 향해
북쪽으로 가는 중이었다. 어둠이 내리고 있었고, 배의 격렬한 요동은
통신사 렌 휘트모어가 여태까지 경험해보지 못한 것이었다. 하지만
어떤 대원도 지금의 상황을 전혀 두려워하지 않았다. 오랜 훈련이 빛
을 발하는 순간이었다.

이스트윈드호에서 두려움은 별 문제가 아니었지만 긴장감은 적지
않았다. 대원들은 쇼트 스플라이스호의 구조 시도가 모두 실패했다
는 사실을 알고 있었다. 휘트모어는 자신들이 탄 구조선이 도착하기

전까지 머서호의 동강 난 두 선체가 똑바로 떠 있을지, 아니 물 위에 떠 있기나 할지 걱정스러웠다. 그는 아침 8시부터 비좁은 통신실을 떠나지 않았고 스트레스는 매시간 쌓여갔다. 하지만 초조한 상황 속에서 한숨 돌리는 순간도 있었다. 함장이 통신실에서 머서호 선주들에게 무전을 보내는 순간 비둘기 한 마리가 송신기 뒤에서 날개를 펼치고 나와 말문이 막힌 함장 옆을 유유히 걸어갔다. 휘트모어는 당황했다. 자신의 비둘기였기 때문이다. 그는 구조선이 뉴욕에 정박해 있는 동안 날개가 부러진 비둘기를 발견했고, 그 비둘기를 배에 몰래 태웠다. 치료해주고 싶어서였다. 함장은 통신실에 있는 사람들을 차례로 쳐다봤다. 모두 말이 없었다. 휘트모어는 함장이 배에 비둘기를 태운 게 누구인지 물어보기만을 기다렸지만 함장은 머서호 선주와 무전을 이어갔다. 그는 조용히 안도의 한숨을 내쉬었다.

휘트모어는 머서호의 분리된 반쪽에 탄 선원들이 잘 견디고 있을지 궁금했다. 그는 선원들이 해안경비대가 조난 신호에 응답한다는 사실에 희망을 걸고 있음을 알았지만 그것만으로 구조를 장담할 수는 없었다. 불과 몇 주 전인 1952년 1월 9일, SS 펜실베이니아호의 선원들은 이 쓰라린 진실을 깨달았다. SS 펜실베이니아호는 1944년 건조된 총톤수 7600톤의 화물선이었다. 선원 46명은 그날 아침 머서호와 펜들턴호가 마주친 것과 비슷한 폭풍 속에서 깨어났다. 아침 6시 45분, 선장 조지 플로버는 해안경비대에 무전을 보내 펜실베이니아호 좌현에 14미터 길이의 균열이 생겼으며 기관실에 물이 차고 있다고 설명했다. 갑판에 실린 군용 트럭들이 자리를 벗어나 갑판에 부딪히면서 앞쪽 해치의 방수포를 찢어놓았다. 플로버 선장은 해안경비대에 다시 무전을 보내 침로가 바뀌어 시애틀로 향하는 중이라고 말했다. 그러나 그는 곧 새로운 메시지를 보내야 했다. 이번에는 조종 장치에 문제가 생겼고 앞쪽 짐칸에 물이 너무 많이 들어와 키가 수면 밖으로 나와 있다고 했다. 배는 이제 조난 상황이었다.

펜실베이니아호는 아침부터 밤늦게까지 항해 중이었다. 선원들은 배가 다음 날까지 무사하기를 기도했다. 그다음 날 해안경비대가 도착하기로 돼 있었다. 하지만 밤 10시가 되자 상황이 급변했다. 플로버 선장은 선원들 전원이 배에서 탈출 중이라는 마지막 메시지를 보냈다.

마지막 메시지를 보낸 뒤 정확히 어떤 일이 있었는지는 영영 알 수 없을 것이다. 얼마 뒤 해안경비대의 경비함과 해군 함정 및 항공기가 펜실베이니아호가 마지막으로 있던 위치에 도착했다. 몇 날 며칠을 수색했지만 선원은 단 한 명도 찾지 못했다. 그뿐만이 아니었다. 펜실베이니아호 자체가 사라져버렸다. 배의 구명보트 딱 한 척이 뒤집힌 채 발견됐을 뿐이었다. 해안경비대는 나중에 "바람, 바다, 선체 균열, 침수 등의 상태 때문에 구명보트를 띄우기 전에 배가 침몰했고 선원들은 끝내 배를 탈출하지 못했다"고 추정했다. 그 말이 사실이라면 선원들이 구명보트에 타는 동안 펜실베이니아호가 옆으로 구르고 전복하면서 선원들을 요동치는 파도 속으로 내동댕이쳤을 것이다. 몇 분만 더 버텼더라면 살 수 있었을 텐데.

해안경비대 조사보고서의 결론 역시 비슷했다. "악천후에 선창 화물이 나뒹굴면서 1, 2번 화물실이 침수되고 조타 장치가 고장 났다.

또한 배가 기센 파도 속에서 통제 불능 상태가 되었다는 점이 구조적 결함보다 펜실베이니아호의 침몰에 훨씬 더 결정적인 원인을 제공한 것으로 보인다."

배가 침몰한 것은 해안경비대가 지적한 문제들 때문이기는 했지만 처음부터 선체에 균열이 생기지 않았더라면 그중 어떤 일도 일어나지 않았을 것이다. 부러지기 쉬운 금속은 펜실베이니아호가 침몰하는 기폭제가 됐다. 여러모로 펜실베이니아호 사고는 코드 곶 주변 상황을 잘 보여주는 사건이었다. 펜실베이니아호는 제2차 세계대전 동안 화물을 전선으로 수송하기 위해 급하게 건조된 '리버티선Liberty ship'을 개조한 선박이었다. 전시에 지속적인 선박 공급은 상당히 중요했다. 특히 전쟁 초기 미국 함정이 만들어지는 족족 독일 잠수함이 이를 침몰시켰기 때문이다. 그렇게 해서 리버티선은 (T2 유조선처럼) 최대한 신속하게 건조됐다. 즉, 조악한 철로 만들어진 선체를 대갈못대가리가 두툼한 굵은 못으로, 철판을 고정할 때 쓴다으로 박기보다는 용접해서 이어 붙였고, 때문에 견디는 힘이 더 약했다.

펜실베이니아호 사고는 그야말로 예견된 사고였다. 배를 죽음으로 이끌 폭풍만 일어나면 되는 일이었다. 펜들턴호와 머서호가 그랬던 것처럼.

저녁 6시 30분, 메인 주 야머스 출신의 J. W. 나브가 지휘하는 경비함 야쿠테이트호가 머서호 선수부에 도착했다. 파도, 바람, 눈에 더해 이제는 어둠까지 발목을 잡았다. 머리 위로 뉴욕 브루클린의 플로이드 베넷 필드 해군항공 기지에서 출동한 항공기 한 대가 조명탄을 떨어뜨리며 밑에서 일하는 대원들에게 불빛을 조금이라도 제공하기 위해 최선을 다하고 있었다.

나브 함장은 대원들에게 유조선 주변에 줄을 쏘라고 지시했다. 하지만 바람 때문에 거의 불가능했다. 야쿠테이트호의 대원 길 카마이클은 유조선에 줄을 쏠 당시 얼마나 추웠는지 회상했다. "머서호에 줄을 쏘는 동안 파카 모자가 휘날리며 계속 제 머리를 후려쳤습니다. 어느 순간 머리가 너무 얼얼해서 손으로 문질렀는데 뭔가 만져지더라고요. 커다란 얼음 무더기였습니다. 얼음을 떼어내자 머리카락이 한 움큼 딸려나왔죠. 너무 추워서 별 느낌도 없었습니다."

줄이 짧아서 유조선까지 닿지 않자 나브 함장과 대원들은 경비함을 머서호의 뱃머리 쪽으로 위태롭게 움직이기 시작했다. 하지만 배에 다가가는 동안 함장은 깨달았다. 머서호 선수가 거칠게 밀려들어 두 배가 충돌할 수도 있음을. 모두 다 죽을 수도 있었다. 그는 천천히 후진하기로 했다. 구조를 재개하기 전에 폭풍이 잦아들기를 기도했다. 야쿠테이트호는 그후 다섯 시간 반 동안 머서호 뱃머리 옆을 지키면서 변화의 조짐이 없는지 주시했다.

야쿠테이트호가 현장에 도착해 구조를 시도하는 동안 랠프 옴스비가 지휘하는 11미터짜리 동력 구조선에는 운이 별로 따르지 않았다. 옴스비와 앨프리드 로이, 도널드 피츠, 존 던 대원은 임무를 받은 뒤 4시간 동안 파도에 부딪히면서 머서호를 향해 갔다. 하지만 펜들턴호가 발견되자 그쪽으로 방향을 바꿨다. "아무것도 보이지 않았습니다. 눈을 동반한 광풍이 불었고 파도가 대단히 높았습니다." 옴스비가 말했다.

밤이 되자 명령이 다시 한번 바뀌었다. 상급 장교들은 11미터짜리 배로 망망대해를 몇 시간 동안 항해하는 것 자체가 자살 행위임을 그제야 깨달았는지 대피하라는 지시를 내렸다. 옴스비는 배와 꽁꽁 언 대원들을 이끌고 폴록립 등대선으로 향했다. 그는 지금 대서양 연안에서 가장 위험한 수역, 즉 낸터킷 섬과 코드 곶 굽이 사이, 모래톱이 미로처럼 얽혀 움직이는 곳으로 들어가는 중이었다. 조류가 수심이 얕은 이곳을 아수라장으로 만들고, 물이 낸터킷 해협과 외해 사이를 오가며 잔잔한 날에도 위험할 수 있는, 모래로 가득 찬 격랑을 일으킨다. 집채만 한 파도와 바람, 부서지는 물결 앞에서 옴스비의 작은 구조선은 표류하는 쓰레기마냥 내동댕이쳐지는 중이었다. 격랑이 몰려올 때 배가 전복되면 옴스비와 대원들은 몇 분 안에 사망할 것이다. 해안경비대의 다른 구조선이 도착하기도 전에 말이다.

옴스비는 어떻게든 모래톱의 미로를 뚫고 나가 등대선 옆에 배를 멈춰 세웠다. 앨프리드 로이는 구조선 뱃머리에 서서 줄 끝을 '원숭이 주먹 매듭monkey's fist'이라 불리는 공 모양으로 묶은 후 등대선 대원들에게 던졌다. 그 순간 파도가 구조선을 덮쳤다. 로이는 공중으로 튀어오르면서 뱃머리의 떡갈나무 판자에 얼굴을 부딪혔다. 옴스비는 뒹구는 배의 균형을 잡으려고 애썼다. 로이는 자리에서 일어나 줄을 다시 한번 힘껏 던졌다. 이번에는 등대선의 대원이 줄의 반대쪽 끝을 잡았고 야쿠테이트호는 더 큰 배에 단단히 고정됐다. 대원들이 배에 올라탔고, 로이는 눈 위쪽에 입은 깊은 상처를 치료했다.

두 번째 11미터짜리 구조선이 그날 아침 일찍 출발했다. 도널드 뱅스가 지휘하는 이 구조선 역시 험난한 임무를 맡았다. 뱅스와 대원들은 배를 띄운 지 몇 분 만에 목숨을 잃을 뻔했다. 모노모이 갑을 돌 때 거대한 쇄파의 공격을 받은 것이다. 뱅스는 배가 파도 위에 올라타면 뱃머리가 위로 들렸다가 아래로 떨어지면서 전복될 수 있겠다는 생각을 했다. 시간이 별로 없었지만 그는 엔진 속도를 높여 물결 사이를 힘차게 뚫고 들어갔다. 반대편 끝으로 나왔을 때 뱅스와 대원들은 거의 공중에 떠 있었다. 그러고는 그대로 자유낙하하면서 파도의 골 속으로 쾅 하고 떨어졌다.

비록 파도와 바람은 뱅스의 편이 아니었지만 한 가지만은 뱅스에게 도움이 됐다. 경험이었다. 뱅스가 태어난 곳은 보스턴 북쪽으로 불과 5킬로미터 떨어진, 육지로 둘러싸인 마을 서머빌이었지만 어릴 때 남해안에 있는 시추에이트로 이사했다. 그는 그곳 바다에서 많은 시간을 보내며 아버지의 뒤를 이어 해안경비대에 들어가기로 결정했다. 고등학교를 졸업하고 1년 뒤인 1936년 해안경비대에 입대해 제2차 세계 대전이 터졌을 당시에도 여전히 복무 중이었다. 해군은 해안경비대원들을 잘 활용했다. 뱅스는 작은 해군 유조선에서 일하며 디젤을 남태평양으로 실어 날랐다. 태평양에서 근무하는 동안 두 번의 태풍을 겪었고 보통 사람들은 대개 짐작만 하는 높이의 파도를 만나기도 했다.

지금, 2월의 폭풍 속에서 뱅스는 만신창이가 된 유조선의 선원들을 구하는 동시에 자신이 데려온 대원들의 생명도 걱정해야 했다. 이 임무는 위험할 뿐만 아니라 좌절감을 안겨줬다. 원래는 대원들과 함께 머서호를 지원하라는 임무를 받고 출동했지만, 오후 4시경 폴록립 등대선에 도착하자 등대선 대원들이 방향을 돌려 채텀으로 돌아가라고 말했다. 레이더에 두 개의 물체가 잡혔다는 것이다. 등대선 대원들은 두 물체가 펜들턴호의 두 동강 난 선체인지 모른 채 그것이 머서호일 거라고 추정했다. 그들은 배를 제대로 몰라고 소리치면서, 채텀 기지에서 뱅스를 엉뚱한 곳으로 보냈다는 듯이 말했다.

도널드 뱅스는 과묵하고 침착한 사람이었지만 짜증을 참을 수가 없었다. 몇 시간을 파도와 싸우며 머서호를 향해 배를 몰고 왔는데 이제 와서 새로운 곳으로 가라니. 옴스비와 대원들처럼 뱅스의 대원들 역시 갖은 고생을 다 했다. 덮개 없이 개방된 조타실은 난방이 되지 않았고, 대원들은 부서지는 파도와 파도의 물마루에서 떨어지는 물거품 때문에 계속 몸이 젖어 있었다. 여전히 눈과 진눈깨비가 내리고 있었다. 대원들의 귀와 손발은 추위에 얼어붙었다. 장화에 물이 가득 찼지만 배가 하도 요동치는 통에 물을 빼낼 틈도 없었다. 눈과 물보라, 바람을 막아주는 유일한 보호막은 악천후용 재킷이었지만 그마저도 흠뻑 젖었다.

항해를 이어가던 중 대원 한 명이 뱅스에게 큰 소리로 물었다. "우리가 무사히 돌아갈 수 있을까요?" 뱅스는 다시금 몰려오는 파도에 집중하면서 큰 소리로 대답했다. "내가 무슨 수로 알겠어! 이런 건 생전 처음 본다고!"

물결에 쓸려 흔들리면서 채텀으로 돌아가는 길, 뱅스는 레이더에 잡힌 물체가 머서호가 아닌 펜들턴호라는 사실을 무전으로 전해 들었다. 펜들턴호의 반쪽은 뱅스가 있는 등대선 부근에서 상당히 가까운 곳에 있었다. 날이 어두워지자 뱅스는 구조선의 속도를 늦췄다. 어둠 속에서 펜들턴호의 시커먼 선체에 부딪히기라도 하면 죽음을 면치 못할 테니까.

몇 분 뒤, 위로 들려 어두운 밤을 향해 치솟아 있는 펜들턴호의 뱃머리가 눈에 들어왔다. 배는 파도 위에서 으스스하게 들썩이고 있었다. 부서진 선체의 뒤쪽 끝부분 상부 구조와 선교는 소용돌이치는 파도에 뒤덮였고, 얼어붙은 갑판의 경사면은 갑판 뒷부분 끝에서 뱃머리까지 45도 각도로 가파르게 기울어 있어 기어오르기가 불가능해 보였다.

뱅스는 닻줄이 배에서 아래로 떨어진 것을 발견하고 프로펠러가 줄에 걸리지나 않을지 걱정했다. 뱃머리가 좌현으로 기울고 있었다. 그는 선체 주변을 천천히 돌며 움직임이나 깜빡이는 손전등 불빛이 보이지 않는지 수색했다. 짧은 간격으로 경적을 울리면서, 누구든 갑판에 나타나기를 기대했다. 뱅스와 대원들은 유조선 선체에서 바람이 불어오는 방향으로 구조선을 댄 후 배에 갇힌 선원들의 고함소리가 들리지는 않는지 열심히 귀를 기울였다. 그러나 들리는 건 바람 소리뿐이었다. 뱃머리 쪽에는 사람이 없는 것 같았다.

선원들은 어딜 간 거지? 배에서 휩쓸려나갔나? 구명보트를 탄 건가? 궁금했지만 전혀 알 도리가 없었다. 동강 난 채 거센 파도 틈에서 나뒹굴고 있는 선수는 흡사 유령선처럼 보였다. 언제든 물밑으로 가라앉을 준비가 된 듯했다.

몸이 꽁꽁 언 뱅스의 대원들, 밸러리니, 헤인즈, 시콘은 배를 채텀 쪽으로 돌렸다. 펜들턴호의 선미를 찾는 데 도움을 줄 수 있을 것 같아서였다. 선미까지 절반 이상 왔을 때 무선 장치에서 치직대는 소리가 들렸다. 경비함 매컬러호의 함장이 소리쳤다. 펜들턴호의 선수에 와 있는데 방금 불빛이 깜빡였다고. 배에 생존자가 있었다!

뱅스는 침로를 세 번째로 바꾸곤 속도를 최대한 높여 12미터 높이의 파도를 뚫고 뱃머리 쪽으로 달려갔다. 이번에는 선체에 더 가까이 다가갔다. 파도의 물마루가 뱅스의 작은 배를 위로 들어올리면서 부서진 배의 갑판이 뱅스와 대원들의 눈높이 근처에 왔다. 그때 선교의 우현 날개 쪽에 한 남자가 보였다.

"남자 한 명이 선교 위에 서 있었어요. 우리를 향해 뭐라고 소리쳤지만 한마디도 들리지 않았죠. 가까이 다가갔더니 선교 끝에 서 있는 게 보이더군요. 바람과 파도가 배를 심하게 내동댕이쳤습니다. 배 위로 줄을 보내려고 했지만 포기해야 했죠. 그때 남자가 바다에 뛰었던가 빠졌던가 그랬어요. 물 위에 떠올랐는데 우리 배와 한 척 반쯤 되는 거리였죠. 그 사람을 막 건져 올리려는 순간 그날 밤의 가장 큰 파도가 갑판을 덮쳤습니다."

충격에서 회복된 뱅스는 탐조등을 이용해 거친 파도 속에서 선원을 찾아냈다. 조명 빛줄기 너머로 몇 미터 떨어진 곳에 남자가 보였다. 남자는 미동도 없이 누워 있었다. 그리고 사라졌다. 바다가 남자

"그가 수면 위로 떠올랐다"

를 집어삼켰고, 남자의 사투는 그걸로 끝이 났다. 뱅스와 대원들이 밤새도록 수색하고 주변을 빙빙 돌았지만 남자는 다시 볼 수 없었다. 믿을 수 없게도 몸이 꽁꽁 언 대원 네 사람은 그후 몇 시간 동안 생존자를 수색하며 폭풍에 휘둘리는 파도 속에서 총 22시간을 보냈다.

펜들턴호 선수에 탔다고 알려진 피츠제럴드 선장을 포함한 나머지 선원 7명 중 누구도 배 난간에 나타나거나 신호탄을 쏘지 않았다. 그들은 뱅스가 배에서 뛰어내린 남자를 구하려고 용감한 시도를 하기 훨씬 더 전에 이미 배에서 휩쓸려나간 듯했다.

머서호 선수에 탄 페첼 선장과 선원들은 점점 희망을 잃어갔다. 선수 앞부분은 물 밖에 완전히 나와 있었지만, 뒷부분은 바다로 가라앉고 있었다. 페첼 선장과 선원들은 난방도 안 되는 해도실항법 계산 등을 하는 작업실에 갇혀 있었다. 야쿠테이트호에 신호를 보낼 조명이나 장비가 전혀 없었고, 설상가상으로 천천히 물이 들어차고 있었다. 자정이 되기 직전, 그들은 해도실에서 배 앞부분에 있는 선원 선실로 자리를 옮기기로 했다. 차오르는 물을 피해 또 신호 장비를 찾을 수 있을까 싶어서였다. 하지만 선실로 가려면 일단 어떻게든 해도실 밖으로 나가 노천갑판 위로 올라가야 했다. 갑판은 물보라와 눈, 그리고 가끔씩 바닷물로 뒤덮였다. 해도실에서 갑판으로 통하는 문은 물에 잠긴 선체 끝부분과 너무 가까웠고, 현창에서 갑판까지는 뛰어내리기에 너무 높았다. 선원들은 닥치는 대로 뭔가를 만들어냈다. 신호용 깃발을 모조리 찾아내 한 줄로 묶은 뒤 해도실 앞쪽 현창 밖으로 내렸다. 한 명씩 출발했다. 우선 깃발로 만든 줄을 잡고 내려간 뒤 생애 가장 고통스러운 걸음을 내디디며 얼음으로 뒤덮인 경사진 통로를 걸어나갔다.

배는 사방으로 요동쳤고 선원들은 선원 선실 쪽으로 내달렸다. 하얀 파도가 소용돌이치며 선원들의 발 주변으로 밀려들었다. 그날 아침 렌 휘트모어에게 무전을 했던 통신사 존 오라일리가 미끄러져 넘어지면서 배 밖으로 쓸려나갔다. 그는 곧 소용돌이치는 심연으로 자취를 감췄다. 나머지 선원 8명은 무사히 선실에 도착했다. 함께 도착한 페첼 선장은 맨발 차림이었다. 슬리퍼를 신고 있던 중에 유조선이 두 동강 난 탓이었다.

야쿠테이트호 나브 함장의 눈에 선원들이 통로를 건너는 모습이 보였다. 그는 유조선 선원들이 무슨 일이든 할 만큼 필사적이라는 사실을 알아차렸다. 그래서 다른 구조 방법을 쓰기로 결심했다. 함장은 경비함을 유조선에서 바람이 불어가는 쪽으로 몰았다. 대원들은 구명보트 여러 대를 한 줄로 묶어 배 밖으로 던졌다. 그리고 바람이 보트를 유조선 쪽으로 밀도록 내버려뒀다. 구명보트마다 전등과 구명조끼를 매달았다.

머서호 선수에 탄 생존자들은 구명보트가 자기들 쪽으로 다가오는 것을 봤다. 결정의 순간이었다. 얼마나 고통스러운 결정인가. 선원들은 짧은 시간 내에 저마다 선택을 해야 했고, 어떤 선택을 하느냐에 따라 생사가 갈릴 수 있었다. 지침이나 확신을 주는 사람도, 확률이 어느 정도인지 알려주는 사람도 없었다. 어느 누구도 그다음에 어떤 일이 일어날지 알지 못했기 때문에. 부서진 배에 남으면 어느 순간 배가 전복되어 바다 밑으로 가라앉아 차갑고 캄캄한 물속에 갇힐 위험이 있었다. 하지만 배에서 뛰어내리는 선택 역시 나름의 위험이 따랐다. 이를테면 구명보트 안에 떨어지지 못하는 경우였다. 그때 바다가 선원들에게 무슨 일을 저지를지는 알 수 없다. 구명보트까지 헤엄쳐가서 몸을 일으켜 보트 안으로 들어가려면 힘이 있어야 한다. 아니면 차디찬 바닷물에 탈진해 보트에 오르는 건 고사하고 보트 옆에조차 갈 수 없을 것이다.

유조선 선원 세 명은 구명보트가 폭풍으로부터 살아서 탈출할 가능성이 가장 높다고 생각했다. 세 사람은 갑판 가장자리 쪽으로 기어간 뒤 배에서 차례로 뛰어내려 구명보트를 향해 갔다. 그러나 셋 모두 구명보트에 타지 못했다. 얼음장같이 차가운 물의 충격으로 수영이 거의 불가능했다. 어떻게든 보트까지 가보려 했지만 집채만 한 파도가 선원들을 덮쳤고 그들은 시야에서 사라져버렸다. 나브 함장은 망연자실한 채 파도가 선원들을 집어삼키는 모습을 지켜봤다.

그 순간 아직 머서호에 남아 있던 선원 제롬 히긴스가 야쿠테이트호와의 거리를 가늠해보고는 운명을 가르는 선택을 했다. 그는 난간을 훌쩍 뛰어넘어 물속으로 뛰어든 뒤 경비함까지 헤엄쳐가려 했다. 칠흑 같은 어둠 속에서 파도가 제롬을 휩쓸었다. 제롬은 눈 깜짝할 사이에 사라졌다. 나브는 더 이상 익사자를 보고 싶지 않아 배를 후진시켜 유조선에서 멀어졌다. 그는 야간 구조가 유조선 선원들에게는 몹시 위험한 행위임을 깨닫지 못했다. 동이 틀 때까지 기다리는 게 최선이었다.

나중에 나브는 선원들이 배에서 뛰어내려 바다에 삼켜지는 모습을 지켜보던 때가 "내 인생에서 가장 고통스러운 시간"이었다고 고백했다.

이제 머서호의 부서진 선수에는 불과 네 사람이 남아 있었다. 페첼 선장, 사무장 에드워드 터너, 삼등 항해사 빈센트 굴딘, 일등 항해사 윌러드 파너였다. 네 사람은 겁에 질린 채 보온을 위해 옹기종기 모여 앉아 있었다. 동료 선원 다섯 명이 차가운 바닷속에서 죽었거나 홀로 죽어가고 있다는 사실이 믿기지 않았다.

남은 생존자 네 명은 통로를 건너오면서 온몸이 젖은 데다 저체온증과 동상이 큰 문제였다. 선원들은 기도를 했고 또 페첼 선장의 언 발을 함께 문질렀다. 파도가 그들이 타고 있는 금속 선체를 계속 두들겼다. 뱃머리가 완전히 뒤집히는 듯한 느낌이 여러 번 들었다. 하지만 선원들은 오도 가도 못하는 신세였다. 배에서 탈출하려던 동료들에게 무슨 일이 일어났는지 두 눈으로 똑똑히 본 터였다. 나브 함장은 무력감을 느꼈다. "별달리 할 수 있는 일이 없었습니다. 그래서 날이 밝을 때까지 구조 작업을 중단했습니다. 선체가 무사히 버텨주기만을 기도하는 수밖에 없었죠."

"그가 수면 위로 떠올랐다"

모든 희망이 사라지다
: 펜들턴호 선미에서

두려움. 해안을 눈에서 지울 용기를 갖기 전까지는 바다에
서 영원히 길을 잃는 두려움을 결코 알지 못할 것이다.

_래리 커스틴

거의 14시간째 표류 중인 펜들턴호 선미의 선원들에게는 아직 음
식과 물, 난방 장치가 있었다. 하지만 희망은 점점 사라져갔다. 포
트 머서호의 구조 작업은 한창 진행 중이었지만 자신들의 난파 소식
은 라디오에서 전혀 들리지 않았다. 사실상 선미부의 선장이 된 기관
장 레이먼드 사이버트는 두려웠다. 자신에게 맡겨진 막중한 책임, 자
신과 선원들이 살아 돌아갈 수 없을 거라는 느낌이 점점 커져서 겁이
났다. 세계 7대양을 모두 다녀봤지만 지금은 낯선 대륙 근처 낯선 바
다 위에 떠 있었다. 그는 마음을 진정시키고 두려움을 드러내지 않으
려 애쓰면서 선원들에게 프로펠러를 선미 쪽으로 돌리라고 지시했다.

절단된 끝 부분의 약해진 격벽이 사나운 날씨의 영향을 받지 않도록 하고, 파손된 배를 연안에서 가능한 한 멀리 떨어트려놓기 위해서였다. 선원들은 급히 24시간 호각 불침번을 정했다. 선미에는 아직 버틸 힘이 남아 있었다. 생존자들은 12시간 동안 쉼 없이 호각을 불었다. 하지만 아무 응답이 없었다.

선원들은 힘든 시간을 보내는 동안 사이가 훨씬 가까워졌지만 모두 엄청난 중압감을 드러내기 시작했다. 윌리스 퀴리는 성경책이 있으면 좋겠다고 생각했다. 어머니의 온화한 음성이 귓전에 울리는 것 같았다. "어딜 가든 들고 다녀라. 널 지켜줄 거야." 어떻게든 이 지옥에서 자신들을 구해달라고 기도하는 사람은 퀴리만이 아니었다. 프레드 브라운 역시 살려달라고 기도했다. 하지만 메인 주 포틀랜드 출신인 브라운은 현실적인 사람이기도 했다. 그는 해질 무렵 끝없이 요동치는 선미에서 당직을 서고 있었다. 하늘이 점차 어두워져서 수평선이 보이지 않았다. 이제 모든 것이 똑같아 보였다. 파도의 비말은 비비탄 총알처럼 우수수 떨어졌고, 브라운은 누군가가 또는 무언가가 사방으로 요동치는 파도를 뚫고 자신들을 구하러 온다는 게 상상이 되지 않았다. 그는 과거 어부로 일할 때 캐스코 만에서 거센 돌풍을 만난 적이 있다. 바람은 배를 물 위로 들어올렸고, 그렇게 높은 파도를 다시 볼 수 있을 거라고는 생각도 못 했다. 지금까지는. 그 순간 모든 게 끝났음을 직감한 그는 펜들턴호의 갑판 위에서 죽음을 맞는 대신 하갑판에 있는 그나마 안락한 자신의 침대로 돌아가서 가족들에게 작별 인사를 하고 최후를 기다리기로 했다.

윌리엄 J. 랜드리호의 선원들처럼 폭풍과 맞서 싸운 펜들턴호의 선원들에게는 더 이상 싸울 힘이 남아 있지 않았다. 선원들은 프레드 브라운과 마찬가지로 거대한 파도가 한 번만 더 덮쳐오면 죽을 수도 있다는 사실을 받아들였다. 그들은 펜들턴호가 두 동강 난 이후부터 어마어마한 스트레스를 받고 있었다. 그럴 때 인간의 몸은 지방과 당분과 같은 미리 비축해둔 연료를 내보내 재빨리 에너지를 얻는다. 선원들의 심박수와 혈압이 높아지면서 근육으로 더 많은 혈액이 공급됐다. 또 스트레스에 대한 몸의 생리 반응으로 감각이 예민해졌다. 특히 청각과 후각이. 심리학자들은 이 반응을 '방어 태세'라 부른다. 이때 사람들은 잠재적 위험에 더 잘 대처한다. 하지만 시간이 지나면 이 높은 경계 태세를 유지하기가 힘들어진다. 계속되는 스트레스와 불안감은 낙담으로, 극도의 피로감으로 이어지기 때문이다. 바로 그 상태를 펜들턴호의 선원들이 경험하고 있었다.

선원 한 명은 여전히 확신을 품고 있었다. 적어도 겉으로는 그랬다. 조지 마이어스는 거의 하루 종일 신호탄을 쏘며 선미의 위치를 육지에 알렸다. 마이어스는 펜실베이니아 주 아벨라 출신으로 아벨라는 피츠버그에서 한 시간도 안 걸리는 탄광도시였다. 그는 급유원인 동시에 시간제 조리수였다. 자신이 준비한 음식을 말할 것도 없이 맛있게 먹었다. 몸무게가 족히 140킬로그램은 나갔지만 선원들 사이에서는 '꼬마'라는 애칭으로 불렸다. 워낙 싹싹해서 한 선원은 꼬마 마이어스가 "세상에서 가장 착한 사람"이라며 칭찬을 퍼붓기까지 했다. 최고의 칭찬을 한 사람은 미시간 주 캘러머주에서 온 스물세 살짜리 선원 롤로 케니슨이었다. 케니슨은 비대한 친구 마이어스가 그날 온종일 선원들의 사기를 북돋우는 모습을 지켜봤다. 이제 마이어스는 신호총을 바람이 소용돌이치는 캄캄한 어둠 쪽으로 겨누고 있었다. 그는 신호탄을 한 번 더 쏘더니 총을 케니슨에게 건넸다. "가지고 있어. 육지에 도착할 때 기념품으로 챙겨갈 거야."

열여덟 살의 찰스 브리지스는 구조선이 오기를 기다리며 수시로 갑판을 오르내리다가 한번은 거의 죽을 뻔했다. "물보라가 갑판 위에서 얼어붙었습니다. 큰 너울이 배를 덮쳤을 때 균형을 잃고 넘어져서 갑판 반대쪽으로 미끄러졌죠. 멈출 방법이 없었어요. 마지막 기회는 배의 난간을 잡는 것뿐이었는데 만약 실패했다면 난간 아래로 휩쓸려 배 밖으로 떨어졌을 거예요. 다행히 난간을 붙잡았습니다. 앞쪽으로 미끄러졌다면 배가 절단된 부분에서 밖으로 바로 튕겨나갔겠죠."

브리지스는 하갑판에서 선원들과 모여 작은 휴대용 라디오로 해안경비대 방송을 들었던 일을 이야기해주었다. "아침부터 오후까지 온통 머서호 이야기만 했어요. 우리 배 이야기는 한마디도 없어서 아무도 우리 상황을 모른다는 걸 알게 됐죠. 해안경비대가 레이더에서 우리를 발견하기를 기도했지만 시간이 갈수록 그 전에 전부 죽겠구나 하는 생각이 들기 시작했습니다."

브리지스는 오후 서너 시쯤이 가장 우울했다고 말했다. "배가 여울에 닿는 순간 그 자리에 멈췄어요. 파도가 배를 강타할 때마다 우리를 조금씩 밀어 쓰러뜨렸죠. 얼마 안 가 배는 심하게 기울었고 선원들은 구명보트를 띄우는 문제를 상의했어요. 이어서 구명보트까지

가는 이야기를 했습니다. 저는 이렇게 말했죠. '미치지 않고서야 내가 구명보트를 탈 거 같아? 이 배가 물에 떠 있는 한 난 여기 있을 거야.' 우리가 구명보트를 탔다면 배에서 나가지도 못했을 거예요. 파도가 우리를 선체 쪽으로 밀어붙였을 겁니다. 설령 구명보트를 타고 배에서 나간다고 해도 해안을 찾을 수 있었을까요? 해안이 얼마나 먼지, 몸을 씻을 만한 곳은 있을지 누구도 알지 못했습니다. 갑판이 계속 기울고 있었지만 끝내 아무도 구명보트를 띄우지 못했죠."

프랭크 포토 역시 기분이 바닥이었다. "온종일 구조대가 오기만을 기다렸어요. 긴장감은 많은 사람에게 영향을 미치기 시작했죠." 사이버트가 말을 보탰다. "선미에 탄 사람들 중에 배를 조종할 수 있는 사람은 아무도 없었어요. 그런 사람이 있었다고 해도 우리가 할 수 있는 일은 아무것도 없었지만."

폭풍의 여파에 대한 소식은 점차 세상에 알려지기 시작했다. 월요일자 석간신문에 해난 구조와 내륙에서의 참사에 대한 기사가 났다. 『보스턴글로브』 1면에 폭풍이 뉴잉글랜드에서 많은 사고를 일으키면서 15명의 목숨을 앗아갔다는 소식이 자세히 실렸다. 대부분이 눈 덮인 도로 위에서 아니면 눈을 치우다가 심장마비로 사망했다. 1000명도 넘는 운전자가 메인 주 고속도로 위 자동차 안에서 발이 묶였다. 그 전날 폭풍이 불어닥쳤기 때문이다. 주 경찰은 저체온증이 운전자들을 죽음으로 내몰기 전에 양면 구조 작전을 펼쳤다. 구조대 한 팀은 거대한 불도저를 앞세우고 포틀랜드에서 메인 주 고속도로를 타고 남쪽으로 갔다. 다른 한 팀은 뉴햄프셔 주 도버에서 출발해 BM철도 사Boston and Maine Corporation의 열차를 타고 북쪽 메인 주 스카버러 고가철도로 향했다. 거기서부터는 도보로 이동할 계획이었다.

폭풍은 미국 기상청도 놀랄 정도였다. 기상청은 일요일에 눈보라 소식을 전했고, 화요일자 『보스턴글로브』는 '어떻게 된 일일까? 눈보라가 심해지고 있다'는 기사가 실렸다. 신문은 세 개의 저압계가 뉴저지 해안 근처에서 만나 동동북쪽으로 이동하던 중 해상에서 세력이 강해졌다고 설명했다. 하지만 기상청이 정말 놀란 까닭은 태풍이 낸터킷 바로 근처에서 멈춰 오랜 시간 사나운 기세를 분출해서였다.

폭풍은 메인 주 중부에 60센티미터가 넘는 눈을 퍼부었고, 『보스턴글로브』는 "메인 주의 세 도시에서 2만 명이 고립됐다"는 소식을 전했다. 럼퍼드, 앤도버, 멕시코에 지독한 폭설이 내려 외부로부터 고립됐으며 음식과 연료가 떨어져가고 있다는 보도였다. "이미 두 배로 충원한 제설 인력을 도울 자원봉사자를 모집 중이다. 작업자들은 도구란 도구는 모조리 동원해 3.6미터에 달하는 눈더미를 뚫고 있다."

그 이튿날에 발행된 『보스턴글로브』에 따르면 내륙에서의 사망자 수는 두 배 이상 증가했다. "오늘 뉴잉글랜드는 수년 만에 최악의 눈보라로 무릎을 꿇었다. 강풍이 몰고 온 동북풍의 여파로 수백만 달러의 손실을 봤으며 최소 33명이 사망했다." 지상과 두 유조선 관련 사망자 외에 메인 해안 근처에서 9미터짜리 배가 전복되면서 바닷가재잡이 어부 2명이 사망했다. 육지와 바다에서 폭풍이 내민 차가운 죽음의 손길은 잘못된 시간, 잘못된 장소에서 많은 사람을 데려갔다.

하지만 불운아뿐만 아니라 행운아도 있었다. 폭풍이 불어닥친 지 3일째 되던 날 메인 주의 항구도시 바하버에서 경찰들이 기다란 막대기로 눈더미를 푹푹 찌르며 도로에서 미끄러진 자동차를 찾고 있었다. 3번 도로 옆 특히 깊은 눈더미를 조사하던 경찰서장 하워드 맥파랜드는 그 속에서 나지막하게 울리는 고함소리를 들은 듯했다. 맥파랜드는 단단하게 굳은 눈을 파낸 끝에 발아래에서 자동차 한 대를 발견했다. 그는 조수석 문이 보일 때까지 계속 눈을 파냈다. 『보스턴헤럴드』는 그때 문을 열고 나온 스무 살짜리 운전자 조지 델라니가 "팔다리를 움직이기 힘들어하고 눈을 깜박거리기는 했지만 다른 곳은 멀쩡해 보였다"고 전했다. 조지의 자동차는 도로에서 미끄러져 도랑으로 빠졌고, 조지는 구조대를 기다리다가 깜박 잠이 들고 말았다. 잠에서 깨자 자동차는 눈에 완전히 파묻혀 있었고 차 문이 열리지 않았다. "힘들지 않았습니다. 숨 쉬는 데도 문제없었고요." 행운아 청년이 말했다.

그런 드라마 같은 일이 일어나기를 바라며 코드 곶 주민들은 단파 라디오를 붙들고 펜들턴호와 머서호의 구조 소식에 귀를 기울였다. 『보스턴글로브』는 이렇게 보도했다. "해상 구조활동의 극적 상황과 비애가 어젯밤 코드 곶의 많은 주민에게 생생하게 전달됐다. 주민들은 단파 라디오 덕택에 밖에서 휘몰아치는 겨울바람을 피해 따뜻한 집 안에 앉아 폴록립에서의 용감한 구조 작전에 귀를 기울일 수 있었다. 방송의 빈 시간을 메우는 내레이터도, 분위기를 바꾸거나 현장의 불안감을 덜어줄 광고도 없었다. 집채만 한 파도 속에서 목숨을 걸고 다른 사람들의 생명을 구하는 해안경비대원들의 엄숙하고도 간결한 메시지만이 희미하게 들렸다."

한편 뱅스, 옴스비, 웨버가 이끄는 11미터짜리 작은 구조선 세 척의 대원들이 처한 상황은 전혀 달랐다. 다른 행성에 있다고 해도 될 정도였다. 인정사정없는 바람과 파도, 아주 사소한 조종 실수에도 눈 깜짝할 새 그들을 죽일 수 있는 바다가 존재하는 행성.

구하지 못한 단 한 사람
: 펜들턴호 선미 구조 작업

자비로도 권력으로도 길들일 수 없다. 기수를 잃고 날뛰는 수말처럼 코를 힝힝대며 내달리면서, 주인 잃은 바다가 온 세상을 뒤덮는다.

_허먼 멜빌

엔진은 목숨을 다했고 머지않아 버니 웨버와 대원들 역시 그렇게 될 것이다. 작은 구조선을 다시 작동시키지 못한다면 말이다. 튼튼한 이 배에는 한 가지 결함이 있었다. 달리는 동안 너무 심하게 요동치면 엔진이 멈춰버린다는 것이었다. 앤디 피츠제럴드는 조심스럽게 뱃머리에서 기관실로 향했다. 기관실은 조타실 바로 앞에 있었다. CG36500호가 계속해서 사방으로 요동치는 동안 피츠제럴드는 난간을 꼭 잡고 있었다. 좁은 통로를 기어가는 편이 더 수월했겠지만 거긴 잡을 데가 없었다. 그는 뱃전에 부딪히는 차가운 파도를 내려다봤다. 배 밖으로 뛰어내리면 얼마나 버틸 수 있을지 생각해봤다. 그리 길진

않겠지. 그러니 뛰어내릴 생각은 접자. 피츠제럴드는 속으로 다짐하며 난간을 꽉 붙잡았다.

그는 기관실에 도착해 비좁은 공간 안으로 기어 들어갔다. 축축하고 무거워진 옷 때문에 더 비좁게 느껴졌다. 기관실에 들어선 순간 거센 파도가 또다시 선체를 강타하는 바람에 피츠제럴드는 기관실 안에서 이리저리 나뒹굴었다. 비명이 터져나왔다. 시뻘겋게 달아오른 엔진 위로 헝겊인형처럼 내동댕이쳐졌기 때문이었다. 화상, 타박상, 찰과상을 입었음에도 그는 어떻게든 고통을 참아가며 프라이밍 레버연료 펌프에 부속된 수동 레버를 내리고 휘발유가 다시 엔진으로 흘러들어가기를 기다렸다. 90마력의 모터가 재가동됐다. 모터가 다시 돌아가는 순간 웨버는 바다의 변화를 알아차렸다. 파도가 훨씬 더 거대해졌지만 이내 뿔뿔이 흩어져버렸다. 웨버와 대원들이 고비를 넘겼다는 의미였다. 채텀 바를 통과한 것이다.

하지만 여러모로 볼 때 그들의 악몽은 이제 막 시작이었다. 웨버는 자신들이 모래톱 밖에 있다는 건 알았지만 정확한 위치는 몰랐다. 그는 스로틀 밸브를 내리고 위력적인 폭풍 속으로 더 깊이 들어갔다. 폴록립 등대선까지만 가면 모두 살 수 있어. 웨버는 속으로 중얼거렸다. 그의 회고록에는 이렇게 기록되어 있었다. "등대선을 잠깐이라도 보고 등대선이 있는 데까지 갔으면 했다. 적어도 우리 위치라도 알면 조금이나마 위안이 될 것 같았다." 나침반도 없었고 무전 장치는 통신량이 너무 많아 무용지물이었다. 네 사람만이 덩그러니 남아, 그들 평생에 가장 강력한 파도와 마주하고 있었다.

구하지 못한 단 한 사람: 펜들턴호 선미 구조 작업

20미터를 넘나드는 파도가 거인의 춤처럼 오르락내리락했다. 대원들의 감각도 예민해졌다. 휘몰아치는 바람의 공격을 받은 배는 파도 꼭대기까지 올라갔다가 파도의 골짜기 속으로 거꾸러지면서 으스스한 고요에 휩싸였다. 대원들 모두가 뼛속까지 시린 바닷물에 흠뻑 젖었다. 하지만 그들이 알지 못하는 사이에 아드레날린이 몸속에서 용솟음쳤다. 배가 파도 사이로 거꾸러질 때마다 얼음처럼 찬 비말과 거품이 대원들의 얼굴을 때렸고, 웨버는 타룬과 씨름하며 뱃전이 파도에 부딪히지 않도록 방향을 돌렸다. 대원들은 무릎을 구부려 다가오는 파도의 충격에 대비했다. 웨버가 타룬에 매달려 있는 동안 리브시와 피츠, 매스크는 난간을 꽉 붙들고 있었다. 배 밖으로 튕겨져나가면 시체마저도 영영 찾을 수 없으리라는 걸 알았다. 세 대원은 자신들이 바다 쪽으로 더 나아가고 있다는 사실을 깨달았다. 그들은 웨버가 올바른 판단을 하기만을 바라며 조용히 기도했다.

태풍은 갈수록 거세지고 바람과 눈은 기세를 더해만 갔다. 웨버가 할 수 있는 유일한 선택은 굉음을 내는 롤러코스터 같은 파도에 올라타는 것이었다. 태산 같은 파도를 타고 조금씩 올라가는 동안 CG36500호의 엔진이 공회전을 하도록 됐다. 대원들은 구조선이 동그랗게 말린 거품투성이 파도 꼭대기로 올라갈 때 있는 힘껏 버텼다. 웨버는 엔진의 속도를 높여 파도를 넘었고 구조선이 무시무시한 속도로 반대쪽에 떨어질 때 엔진을 껐다. 그 순간 배가 너무 빨리 움직여서 웨버는 엔진을 역회전시켰다. 서둘러 속도를 늦추지 않으면 배가 바닷속으로 처박힐 테고 선원들은 즉사할 것이다. 그가 필사적으로 구조선을 조종하는 동안 리브시, 매스크, 피츠제럴드는 모두 파이프 난간에 매달린 채 조타실 한쪽에 모여 있었다. 배를 조종할 수 있는 공간은 충분했고, 구명조끼는 걸리적거려서 입지 않았다. 채텀 바에서 배를 조종하는 데 방해가 될 게 뻔했기 때문이다. 지금까지는 구조선이 탱크만큼 튼튼했을지 모르지만 이젠 말을 듣지 않았고 조종도 쉽지 않았다. 그러나 눈과 파도의 비말이 계속 가슴팍에 부딪혀오자 그만 구명조끼를 입고 싶어졌다. 오직 추위를 피하기 위해서.

대원들은 계속해서 높이 치솟는 파도의 물마루를 뚫고 지나갔다. 그동안 웨버는 어둠 속을 응시하며 희망의 조짐을 찾았다. 폴록립 등대선을 지나쳐 너무 먼 바다로 나왔나 걱정됐다. 처음으로 등대선에 신호를 보내봤지만 응답이 없었다. 이어서 채텀 기지에 연락했지만 역시 답이 없었다. 그는 무전 장치를 내려놓고 핼쑥해진 대원들의 절망적인 눈동자를 쳐다봤다. '겁쟁이'나 '허풍쟁이'는 단 한 명도 없었지만 이 젊은이들은 지금 감당하기 힘든 일을 겪고 있었다. 날이 밝으려면 아직 몇 시간은 더 남아 있었고, 대원들이 그 긴 시간 동안 잔인하고 무자비한 바다를 떠다니며 살아남을 가능성은 희박했다.

펜들턴호 선미부의 선원들처럼 CG36500호의 대원들 역시 오늘밤이 이승에서 보내는 마지막 밤이 되지 않기를 기도했다. 대원들에게 말하지는 않았지만 웨버의 희망은 꺼져가는 중이었다. 그는 집 침대에 누워 있는 미리엄을 다시 한번 떠올렸다. 남편이 영영 돌아오지 못할 거라는 사실을 누가 그녀에게 말해줄까? 그는 잡념을 떨쳐내고 눈앞의 거친 파도에 다시 집중했다. 앞 유리의 깨진 창 너머를 내다보자 심장이 요동쳤다. 그때 알 수 없는 어두운 형체 하나가 파도 속에서 위협적으로 솟아올랐다. 구조선의 속도를 늦춰 거의 멈추다시피 한 웨버는 혼잣말로 중얼거렸다. 저기 뭔가가 있어. 그는 곧 피츠제럴드에게 소리쳤다 "뱃머리로 가서 탐조등을 켜!" 피츠제럴드는 지시대로 조심스럽게 앞쪽 선실로 이동해 탐조등 스위치를 켰다. 작은 빛줄기가 15미터도 안 되는 거리에 놓인 거대한 물체를 비췄다. 앞으로 조금만 더 갔으면 충돌할 뻔했다. 철제 선체는 시커멓고 불길했으며 생명의 흔적이라고는 조금도 없었다. 웨버는 생각했다. 이런, 우리가 너무 늦게 왔어. 유령선이잖아.

레이먼드 사이버트는 불길한 생각을 떨쳐냈다. 그와 나머지 선원 32명은 펜들턴호 선미부 안에 무력하게 앉아 있었다. 그들이 할 수 있는 일은 아무것도 없었다. 폭풍을 잘 이겨내고 구조대가 도착하길 기다리는 수밖에는. 도착할 수나 있다면. 선원들이 온종일 지켜봤지만 부서진 배 너머 거센 너울 안에서는 여전히 생명의 흔적을 찾을 수 없었다. 사이버트 역시 선수에 갇힌 피츠제럴드 선장과 다른 선원들의 생사가 걱정됐다. 지금쯤 구조됐을까? 아니면 아직 이 위험한 겨울 폭풍 속에 갇혀 있을까? 그때 보초를 서던 선원 한 명이 일렁이는 파도 속에서 오르락내리락하는 무언가를 발견했다. 작은 빛 하나가 지나갔다.

프랭크 포토와 찰스 브리지스 역시 빛을 봤다. "세상에서 가장 아름다운 광경이었어요. 출렁이는 파도 속에서 일렁이는 빛이요. 아무도 환호성을 지르지 않았습니다. 그냥 넋이 나간 채 바라봤죠." 포토가 말했다. 브리지스는 빛이 칠흑 같은 어둠 속에서 바늘구멍만큼 작았다고 했다. 빛이 거대한 파도 위로 올라오면서 조금씩 다가오는 모습을 그는 멍하니 바라봤다.

버니 웨버는 배를 더 자세히 살펴보기 위해 CG36500호를 움직였다. 앤디 피츠제럴드는 탐조등을 밝혀 유조선의 넓은 몸통을 골고루 비췄다. 빛줄기는 선체 측면 높이 새겨진 펜들턴이라는 글자에 가닿았다. 배는 거대했고 불멸의 존재처럼 보였다. 어떻게 이런 배가 두 동강 날 수 있었을까? 웨버는 작은 구조선을 펜들턴호 선미 좌현으로 몰고 가면서 생각했다. 분명 배와 선원들은 지옥을 경험했을 것이다. 위쪽 갑판의 난간들은 뒤틀리고 뜯겨나가 있었다. 죄책감이 몰려왔다. 그는 실패로 돌아간 작전 때문에 대원들의 목숨이 위태로워졌다는 사실을 깨달았다. 공연히 왔어. 펜들턴호 선원들은 이미 가망이 없었어. 그리고 이제 대원들도 살아서 돌아갈 가능성이 희박해. 웨버는 속으로 생각했다.

소름끼치는 고요가 배 위에 감돌았다. 구조선 대원들은 눈이 휘둥그레진 채 난파선을 조사했다. 고요는 삐걱거리는 소리에 깨졌다. 웨버와 대원들은 한때 뱃머리와 이어져 있었을 커다란 구멍 근처에 다다랐다. 그들은 유조선 내부를 들여다봤다. 선실은 산산조각 났고 여기저기 흩어진 철재와 강판들이 거품 이는 파도 속에서 앞뒤로 흔들리고 있었다. 동강 난 배는 대원들 바로 앞 바다 위에 똑바로 솟아 한

줄기 폭포를 만들며 바다로 물을 쏟아냈다. 곧이어 배는 귀청이 찢어질 듯한 굉음을 내며 바다 위로 쓰러졌다. 웨버는 배 내부로 이어지는 거대한 터널에서 후진해 구조선을 몰고 선미 주변을 돌았다. 대원들은 또다시 무언가를 발견하고 깜짝 놀랐다. 한 줄로 늘어선 불빛들이 배 갑판 저 위쪽에서 반짝이고 있었다. 부서진 선미가 버티고 있었던 것이다. 반짝이는 불빛 속에 작은 형체 하나가 보였다! 남자 한 명이 팔을 미친 듯이 흔들어대고 있었다!

공연히 온 게 아니었다.

하지만 저렇게 높은 갑판 위에 있는 사람을 어떻게 구조하지? 생존자는 뛰어내려야 할 테고, 그렇게 되면 파도에 집어삼켜질 가능성이 상당히 높았다.

CG36500호의 대원들이 대책을 고민하고 있는데 갑판 위에 있던 남자가 사라졌다. 어디 갔지? 웨버가 혼잣말을 했다. 갑자기 남자의 형체가 다시 나타났고 이번에는 혼자가 아니었다. 다른 세 사람과 함께였다. 이어서 네댓 명이 더 나타났고, 새로운 형체는 계속 늘어났다. 몇 분 만에 스무 명이 넘는 생존자가 주황색 구명조끼를 입고 난간에 줄지어 서 있었다! 모두 그들 바로 아래에 있는, 거친 파도에 떠내려가지 않으려고 애쓰는 작은 구조선을 내려다봤다.

프레드 브라운과 꼬마 마이어스는 난간에 나란히 섰다. 프레드를 돌아본 꼬마가 바지에서 지갑을 꺼내더니 말했다. "내 지갑 가져. 난 살아서 돌아갈 수 없을 것 같아." 프레드는 꼬마의 말에 당황했지만 이렇게 대답했다. "네가 살아 돌아갈 확률은 나랑 같아." 그는 지갑을 받자마자 곧장 꼬마의 바지 뒷주머니에 쑤셔넣었다.

웨버는 위쪽의 어슴푸레한 형체들을 올려다봤다. 처음에는 그렇게 많은 선원이 살아 있다는 사실에 기뻤지만 금세 섬뜩한 현실을 깨달았다. 이 사람들을 모두 11미터짜리 구조선에 태우는 건 불가능하다. 책임감이 해일처럼 몰려왔다. 이 모든 사람을 어떻게 구하지? 실패하면 엄청난 참사가 될 텐데.

웨버는 이내 구조선 대원들을 부서진 선미로 보내야겠다고 생각했다. 심각한 손상을 입었음에도 펜들턴호는 작고 불안정한 CG36500호보다 안전해 보였다. 대원들에게 이 계획을 꺼내놓기도 전에 웨버는 야곱의 사다리라 불리는, 나무 계단 달린 줄사다리가 펜들턴호 뱃전 쪽으로 내려오는 것을 봤다. 다음 순간 발이 묶여 있던 선원들이 전속력으로 사다리를 타고 내려오기 시작했다.

처음 사다리를 내려온 선원이 큰 소리를 내며 구조선 뱃머리 위에 뛰어내렸다. 다른 선원들은 사다리가 바깥쪽으로 위태롭게 흔들리자 사다리에 꽉 매달렸다. 펜들턴호가 파도에 흔들렸다. 선원들의 비명 소리가 휘몰아치는 바람 위로 울려퍼졌다. 배가 반대 방향으로 뒹굴면서 선원들이 선체에 세게 부딪힌 것이다. 웨버는 구조선을 선체 쪽으로 몰고 갔다. 생존자들이 차가운 바닷물 대신 구조선 위에 착륙할 수 있도록 하기 위해서였다. 그러나 요동치는 파도 때문에 불가능했다. 생존자 몇 명이 구조선을 향해 뛰어내렸지만 아래 차가운 파도 속으로 빠졌다. CG36500호는 배 외판에 안전선이 둘러져 있었고 물에 빠진 선원들은 마침내 물 위로 올라와 필사적으로 생명줄을 붙잡았다. 피츠제럴드, 매스크, 리브시는 물에 흥건히 젖은 사람들을 잡아 배 위로 끌어올렸다. 대원들은 신속하게 움직였다. 생존자들이 구조선의 뱃머리 밑으로 휩쓸려갈까 걱정됐기 때문이다. 그동안 웨버는 타륜에서 한순간도 손을 떼지 않았고, 선원들이 야곱의 사다리에서 뛰어내릴 때마다 그에 맞춰 움직였다. 일단 생존자들이 무사히 배에 오르면 피츠제럴드, 매스크, 리브시는 그들을 앞쪽 선실에 데려다놨다. 좁은 공간은 순식간에 사람들로 넘쳐났다. 무게가 더해지자 CG36500호에 물이 너무 많이 들어왔다. 배의 함장 웨버는 사활이 걸린 결정을 내려야 했다. 지금 중단하고 배에 무사히 태운 사람들만 해안으로 데려갈까? 아니면 끝까지 가볼까? 그는 누구도 남겨두지 않기로 결정했다. "전부 살거나 전부 죽거나, 둘 중 하나였어요." 웨버는 나중에 이렇게 말했다.

구조 작업을 하는 동안 펜들턴호 선미부는 더 심하게 흔들리면서 좌현으로 기울었고 바다 밑바닥을 세게 긁었다. 대원들은 생존자들을 배에 태운 뒤 닥치는 대로 어디든 밀어넣었다. 기관실은 이제 인간 화물로 넘쳐났다. 조타실도 다르지 않았다. 웨버는 몸을 움직일 수 있는 공간을 어떻게든 확보해 만신창이가 된 유조선 앞쪽으로 움직였다. 다시 한번 완벽한 타이밍에 배를 움직여야 했다. 그러지 않으면 파도가 구조선을 유조선 쪽으로 밀어넣어 모두 바다에 삼켜질 수 있었다.

이제 31명의 생존자가 12인용 배 하나에 대원들과 함께 올라타 있었고, 아직 두 사람이 갑판 위에 있었다. 사실상 선미의 선장인 레이먼드 사이버트는 마지막 구조자가 될 것이었다. 꼬마 마이어스 역시.
피츠제럴드는 뚱뚱한 마이어스가 천천히 야곱의 사다리를 타고 내려
오는 동안 계속해서 탐조등을 비췄다. 마이어스는 셔츠를 입고 있지
않았다. 다른 선원들의 몸을 따뜻하게 해주느라 대부분의 옷을 나눠
준 탓이었다. 배 주변 너울은 이제 더 심해져서 웨버는 구조선을 조
종하기가 힘에 부쳤다. 두 명만 더 구하면 이 지옥 같은 곳을 벗어날
수 있어. 웨버는 생각했다.

그때, 사다리를 반쯤 내려온 마이어스가 갑자기 미끄러지면서 깊
은 바닷속으로 사라졌다. 그리고 몇 초 뒤 다시 물 위에 떠올랐다. 구
조대원들은 젖 먹던 힘까지 다해 마이어스를 배 위로 끌어올리려 애
썼다. "이쪽으로!" 피츠제럴드가 소리쳤다. 마이어스가 구조선 안쪽으
로 움직이며 줄을 꽉 붙잡았다. 리처드 리브시는 뱃전 바깥으로 몸을
기울여 마이어스의 손을 붙들다가 거의 죽을 뻔했다. 꼬마가 너무 무
겁고 힘이 센 나머지 리브시를 물 쪽으로 잡아당기기 시작한 것이다.
매스크와 피츠제럴드가 달려가 리브시를 거들었다. 그들은 리브시의
다리와 허리를 잡아 배 밖으로 끌려나가지 않도록 했다. 어떻게든 마
이어스를 배 위로 끌어올리려고 해봤지만 헛수고였다. 거구의 마이어
스는 더 큰 파도에 삼켜지며 시야에서 사라졌다. 구조선 위에 있던 모
든 사람이 놀라 헉 소리를 냈다. 생존자들은 동료가 바다에 삼켜지
는 장면을 지켜봤다. 웨버는 구조선의 방향을 돌려 뱃전에서 멀어졌
다가 원을 그리며 돌아왔다. 피츠제럴드는 치솟는 파도 위에 계속해
서 환한 조명을 비췄다. 그리고 마침내 어둠 속에서 마이어스를 발견

구하지 못한 단 한 사람: 펜들턴호 선미 구조 작업

했다.

배의 각도 때문에 프로펠러 날개 세 개가 물 밖에 나와 있었다. 파도는 기세를 더해갔고, 웨버는 이 선원을 구할 기회가 딱 한 번뿐이라는 사실을 직감했다. 그는 구조선의 뱃머리를 마이어스 쪽으로 돌리고 천천히 배를 몰았다. 그때 웨버와 대원들은 선미가 위로 솟구치는 느낌을 받았다. 거대한 파도가 CG36500호를 들어올려 유조선 쪽으로 내동댕이쳤다. 통제 불능 상태가 된 구조선이 마이어스를 향해 내달렸다. 웨버는 비대한 선원의 눈에 어린 공포를 봤다. 매스크는 다시 한번 손을 뻗어 마이어스를 힘껏 붙잡았다. 다음 순간, 우레와 같은 충돌음과 함께 갑작스러운 충격이 전해졌다. 구조선의 뱃머리가 마이어스를 들이받으며 그의 부서진 몸을 유조선 옆쪽으로 밀어넣었다.

12인용 구조선 위 36명의 남자들

천천히 오든 빨리 오든 결국 죽음은 온다. _월터 스콧 경

웨버는 구조선이 휘청대며 앞으로 움직이는 동안 꼬마 마이어스를 피해보려고 필사적으로 노력했다. 역회전도 해봤다. 하지만 또다시 엔진만 꺼졌다. 어빈 매스크는 마지막 순간 마이어스를 붙든 이였다. 그리고 그는 그 대가를 치렀다. 양손은 충돌하면서 으스러졌고, 퉁퉁 부어오르기 시작한 손가락 끝에서 피가 솟구치는 게 느껴졌다. 지금으로서는 마이어스의 시신을 건질 방법이 없었다. 웨버는 그 생각을 머릿속에서 떨쳐내려 애썼고, 마침내 배를 사다리 쪽으로 움직여 마지막 생존자 레이먼드 사이버트를 구조했다.

앤디 피츠제럴드는 기관실로 기어 돌아갔다. 모터가 다시 작동할까 싶어서였다. 구조선은 다시 한번 파도에 세게 얻어맞았고, 모터가 돌아가는 순간 피츠제럴드의 몸뚱이를 엔진 위로 내던졌다. 웨버는

동료의 비명 소리를 들었다. 점화 플러그에 불이 붙으면서 피츠제럴드의 등에 화상을 입힌 것이었다. 웨버가 대원 한 명을 기관실로 보내려는 순간 피츠제럴드가 비틀대며 밖으로 나왔다. 등이 부풀어오르는 느낌이 들었지만 다른 곳은 괜찮았다. 웨버와 대원들은 채텀 바를 무사히 통과했다. 펜들턴호 선수의 생존자들을 구해낸 건 대단한 성과였다. 하지만 해안으로 무사히 돌아가는 데에도 나름의 위험이 기다리고 있었다.

웨버, 리브시, 피츠제럴드, 매스크가 무거워진 배와 사투를 벌이고 있는 곳과 거의 같은 장소에서 1902년 비슷한 구조 작업이 진행됐다. 그해 3월 11일, 겨울 돌풍이 부는 동안 두 바지선밑바닥이 편평한 화물 운반선 와데나호와 피츠패트릭호가 예인선 스웝스테이크스호에 예인되던 중 여울 쪽으로 휩쓸려갔다. 모노모이 섬 기지에서 출동한 구조대원들이 노를 저어 폭풍 속으로 나가 좌초한 바지선 두 척의 선원 10명을 무사히 구조했다.

하루인가 이틀 뒤 날씨가 개자 구조대원들이 좌초한 바지선으로 출동했고, 새로운 예인선의 도움을 받아 바지선을 띄우려는 생각으로 화물을 덜어내기 시작했다. 작업은 천천히 진행됐고 닷새 후인 3월 16일에도 대원들은 여전히 현장에 있었다. 파도가 높아지고 비가 쏟아지기 시작했다. 예인선은 바지선의 선원 대부분을 구조해 안전한 항구로 보냈지만 와데나호의 선주 W. S. 맥을 포함한 5명은 와데나호에 남기로 하고 폭풍을 견뎌냈다. 좌초한 두 번째 바지선 피츠패트릭호는 약간 떨어진 곳에 있었는데 선원 3명이 배에 남아 있었다.

다음 날 아침, 모노모이 인명구조소 책임자 마셜 엘드리지는 선원들이 여전히 바지선에 남아 있다는 소식을 접했다. 그 전날부터 바람과 파도가 거세졌기에 그들이 염려스러웠던 엘드리지는 폭풍을 뚫고 모노모이의 끝자락까지 5킬로미터를 걸어가서 바지선을 살폈다. 그는 쏟아지는 비 사이를 응시하다가 무언가를 발견하곤 심장이 요동치는 것을 느꼈다. 와데나호의 깃발이 뒤집힌 채 펄럭이고 있었다. 조난 신호였다.

엘드리지는 남쪽에 있는 작은 당직실로 뛰어가 구조대원 세스 엘리스에게 전화를 했다. 대원들을 모아 서프보트를 몰고 모노모이 만을 따라 모래톱 끝 쪽으로 오라고, 자신이 그곳에 대기하고 있겠다고 말했다. 엘리스 외에 다른 대원 6명이 올라탄 구조선은 모노모이에서 바람이 불어가는 쪽을 향해 나아갔다. 한 명을 제외하고 모두 처자식이 있는 몸이었다.

엘리스는 해안선에 서 있는 마셜 엘드리지를 어렵지 않게 찾았다. 엘드리지는 180미터가 넘는 키에 체중이 100킬로그램에 육박했다. 건장한 코드 곶 사람인 그는 가을 내내 맨발로 해안을 걸어다녔고 12월이 되어서야 신발을 신었다.

구조선이 엘드리지 쪽으로 다가가자 엘드리지는 물속으로 걸어들어와 선미 쪽에 올라탔다. 이제 준비를 마친 대원들은 노를 저어 마침내 와데나호에 도착했다. 그들은 배를 돌려 바람을 안고 와데나호 선미 근처에 배를 댔다. 와데나호 위의 다섯 남자는 공포스러운 밤을 보낸 터였다. 파도가 계속해서 배를 여울 쪽으로 밀어넣으며 선체를 부수려 들었다. 구조대가 도착하자 겁에 질린 남자들은 바지선을 어서 벗어나고 싶어했다. 가능한 한 빨리. 선원들은 즉시 밧줄을 잡고 뱃전을 넘어 아래로 내려갔다. 여기에 펜들턴호의 구조 현장과 소름끼칠 정도로 비슷한 점이 있었다. 유독 덩치가 큰 선장 올슨이었다. 선장은 밧줄을 놓치고 배 안으로 떨어지면서 의자 하나를 박살냈다. 펜들턴호의 꼬마와 달리 올슨 선장은 배 바닥으로 굴러떨어졌지만 노잡이 두 사람의 의자가 달아났고, 그 때문에 노잡이들은 노에 충분한 힘을 실을 수가 없었다.

엘드리지와 대원들이 바지선에서 멀어지는 동안 파도가 서프보트 안에 바닷물을 뒤집어씌웠다. 구조된 선원 5명은 공포에 질린 채 배가 전복될 거라고 생각했다. 선원들이 자리에서 일어나 노잡이들을 붙잡는 통에 대원들은 배를 제대로 몰 수가 없었다. 엘드리지는 구조대원들에게 큰 소리로 지시를 내렸다. 또 한 번의 파도가 배 안에 더 많은 물을 폭포처럼 뿌려댄 까닭이었다. 그러나 엘드리지의 지시는 대원들의 귀에 들리지 않았다. 구조된 선원들이 구조대원들을 꽉 붙들고 있어서였다. 다음 파도가 배를 뒤집었고, 선원과 구조대원 13명은 물속에서 뒤집힌 선체를 꽉 붙들었다. 차가운 바닷물이 거품을 일으키며 나뒹구는 구조선 위로 계속해서 밀려들었다.

물을 잔뜩 머금어 무거워진 옷을 입은 사람들이 차례로 잡고 있던 구조선을 놓쳐 바다로 휩쓸려갔고 결국 거센 파도에 덮여 익사했다. 얼마 안 가 아서 로저스와 세스 엘리스 두 사람만이 살아서 배를 붙

들고 있었다. 어느 순간 로저스 역시 미끄러지기 시작해 꽁꽁 언 손
가락으로 침수된 배의 난간을 잡고 있기 힘들어했다. 엘리스는 조금
만 더 버티라고 소리쳤지만 로저스는 기력이 다한 나머지 숨이 턱 막
혀왔다. "더는 안 되겠어." 바다는 다른 사람들에게 그랬던 것처럼 로
저스 역시 집어삼켰다.

혼자 남은 엘리스는 배의 용골을 악착같이 붙들었다. 배는 더 잔
잔한 바다로 흘러갔고 엘리스는 이 예기치 못한 기회를 틈타 자신을
짓누르던 장화와 옷가지를 벗어던졌다. 또 한 번의 행운이 따랐다. 배
의 하수용골선체 중앙에 낮게 설치된 접개들이식 용골이 약간 벌어져 있어 배
를 더 단단히 붙잡을 수 있었다.

두 번째 바지선 피츠패트릭호에 탄 3명은 구조선이 와데나호를 지
원하러 가는 모습을 보지 못했다. 하지만 엘머 마요는 막 갑판에 나
왔다가 우연히 엘리스가 매달려 있는 전복된 구조선을 발견했다. 채
텀 출신인 마요는 채텀 뱃사람의 전통에 따라 목숨을 걸고 엘리스를
구하기로 결심했다. 피츠패트릭호에는 약 4미터짜리 도리선이 실려 있
었고 마요는 다른 두 선원에게 도움을 청해 도리선을 바지선 뱃전 너
머로 내렸다. 두 선원 중 한 명이 큰 소리로 마요를 만류했다. "무리입
니다. 도리선은 저렇게 거친 바다에서 살아남지 못할 겁니다!" 하지만
마요는 그 경고를 무시했고, 도리선이 물 위에 뜨자 재빨리 바지선 뱃
전을 넘어 작은 도리선으로 뛰어내렸다. 도리선은 불과 이틀 전 그리
높지 않은 파도로 전복되는 바람에 노를 모두 잃은 상태였다. 교체한
노는 원래 있던 노보다 길이가 훨씬 짧고 크기가 맞지 않았다. 하지만

마요는 단념하지 않고 조금 전 엘리스를 봤던 곳으로 출발했다.

그는 파도가 도리선을 물마루 쪽으로 내던지는 동안에도 계속 전복된 구조선을 수색했다. 하지만 파도의 비말과 비와 거품이 시야를 방해했다. 그는 힘껏 노를 저어 뱃머리가 파도 쪽을 향하게 했다. 그리고 몇 분 뒤 여전히 뒤집힌 선체에 매달려 있는 엘리스를 발견했다. 마요는 도리선을 돌린 뒤 엘리스 옆으로 다가갔다.

놀랍게도 엘리스는 남은 힘을 쥐어짜 구조선에서 손을 뗀 뒤 도리선을 붙잡았다. 마요의 도움으로 도리선 바닥에 부딪히기 전에 뱃전으로 올라탔다. "완전히 녹초가 됐어요. 말도 안 나왔죠. 마요가 그 작은 도리선을 타고 어떻게 그토록 거대한 파도를 뚫고 왔는지 모르겠어요." 엘리스가 당시를 회상하며 말했다.

마요는 폭풍이 휩쓸고 간 파도를 살펴보고는 바지선으로 돌아갈 수 없으리라는 사실을 깨달았다. 그는 가장 가까운 육지인 모노모이 외곽 해안 쪽을 쳐다봤다. 6미터에 달하는 파도가 모래톱에 부딪히면서 굉음을 내며 공기 중에 물거품을 날려 보냈다. 그때 한 남자가 멀리서 해안을 따라 달리는 모습이 보였다. 남자는 자신들 쪽으로 오고 있었다.

남자의 이름은 프랜시스코 블루머로, 기지의 또 다른 구조대원이었다. 마요는 남자가 도리선 바로 맞은편에 도착할 때까지 기다렸다. 그리고 다음 파도를 타고 해안으로 가기로 마음먹었을 때 마침 파도가 다가왔다. 마요는 파도를 고른 뒤 물마루가 배 아래에서 위로 솟아오르는 순간 필사적으로 노를 저었다. 어찌어찌해서 도리선이 수직으로 일어서며 부서지는 파도 위에 올라탔다. 마요는 필사의 힘을 다해 뱃머리를 해안 쪽으로 돌렸다. 미친 듯이 요동치는 파도 속에서 도리선에 물이 들어찼다. 바다가 배를 집어삼키려 했지만 마요는 계속 노를 저었고, 그사이 블루머가 파도를 헤치고 걸어들어왔다. 도리선으로 돌진해온 블루머는 마요와 힘을 모아 배를 해안으로 끌고 갔다. 그런 다음 엘리스를 모노모이 기지로 이송했다.

미국 인명 구조청 사건 보고서에 마요와 엘리스의 용맹함에 대한 기록이 남아 있다.

마요 선장이 이 위험한 임무를 자진하여 수행하기 위해 피츠패트릭호에서 나갈 때 그는 결코 살아 돌아오지 못할 거라는 경고를 받았다. 하지만 임무를 수행하고 나자 처음부터 끝까지 대단히 놀랍고 훌륭했던 선장의 행동이 미국 전역에 퍼져나갔다. 마요의 남다른 공로를 알아본 재무장관은 그에게 인명구조 황금훈장을 수여했다. 위험천만한 바다에서 인명을 구조하며 가장 대담하고 이타적인 용기를 보여준 사람에게만 수여되는 상이다. 구조대원 엘리스 역시 헌신적인 임무 수행과 흠잡을 데 없는 용기, 동료에 대해 몸을 사리지 않는 신의로 메달을 받고 기지 책임자로 승진했다.

나중에 엘리스는 바지선 선원 5명과 구조대원 7명의 시신은 결국 찾지 못했다고 이야기했다. "바지선에서 탈출한 선원 5명이 침착하게 우리가 시킨 대로 했으면 모든 사람이 무사히 살아 돌아올 수 있었을 겁니다."

버니 웨버는 와데나호 이야기를 들었고, 북적대는 자신의 구조선이 언제라도 비슷한 운명에 처할 수 있다는 사실을 알고 있었다. 방향을 알려줄 나침반도 없이 어둠 속을 표류하고 있는 데다 아직도 자신들이 어디쯤에 있는지 정확히 몰랐다. 게다가 해안경비대의 다른 배가 어디에 있는지도 몰랐다. 다만 채텀 근처 아니면 모노모이 섬 남쪽 어디쯤이겠다고 짐작할 뿐이었다. 해안 쪽으로 계속 가다보면 낸터킷 해협에, 결국엔 코드 곶 근처 물이 얕은 곳에 도착할 거라고 스스로를 납득시키고자 애썼다. 그리고 구조선에 탄 사람들에게 자신의 계획을 이야기했다.

"보트가 갑자기 멈추고 해안에 닿으면 질문하느라 시간 허비하지 말고, 배에서 내려 다친 사람들을 도와줘요. 최대한 서둘러 움직이십시오!"

웨버는 폭풍이 휩쓸고 간 해안에서 최대한 가까운 곳에 뱃머리를 댄 뒤 엔진을 계속 켜두면 대원과 선원들이 해안에 무사히 내리는 데 필요한 소중한 몇 분을 벌 수 있을 거라고 생각했다. 생존자들은 그의 계획을 완벽하게 이해했다. "알겠습니다. 함장님!" 누군가가 큰 소리로 대답했다. 뒤이어 펜들턴호 선원들 사이에서 응원의 함성 소리가 커다랗게 들려왔다.

하지만 적어도 구조대원 한 명은 그리 낙관적이지 않았다. "최악의 순간은 돌아가기로 했을 때였습니다." 리처드 리브시가 그 순간을 떠올리며 말했다. 그는 요갑판선수루와 선미루 사이의 갑판에 빽빽하게 선 사람들 때문에 두 팔을 움직이지도 못하고 있었다. 그들은 지금 펜들턴호 선미에서 받았던 보호 없이 다시금 거대한 파도 속으로 들어서고 있었다. CG36500호는 인간 화물 때문에 아래로 짓눌렸고 거센 파도는 사람들로 북적대는 갑판을 계속 덮쳐왔다. 리브시를 비롯한 사람들은 파도가 몰려올 때마다 숨을 참았다. 미친 듯이 쏟아지는 얼음장같이 차가운 물이 그들을 완전히 뒤덮었다. 언제쯤 끝이 날까? 리브시는 자문했다. 그 순간이 영원 같았다. 구조선이 물속에 너무 깊이 잠긴 채 달리고 있어서 잠수함을 탄 기분이 들었다. 배가 좀더 위로 올라가지 않으면 배 안에서 익사하고 말 거야. 리브시는 혼잣말을 했다.

웨버는 다시 한번 무전 시도를 했다가 채텀 구조선 기지와 연결이 돼서 깜짝 놀랐다. 갑판 준위 대니얼 클러프는 더 놀란 듯했다. 웨버는 클러프에게 펜들턴호 선원 32명을 구조해 배에 태웠고, 도움을 받을 항해 장비가 없지만 지금 복귀 중이라고 보고했다. 구조 경비함 함장 한 명이 웨버에게 방향을 돌려 자신들 근처의 수역으로 오라고 지시했다. 무전 장비 너머에서 투덜대는 소리가 들렸지만, 있음 직하지 않은 이 구조 작전을 어떻게 해낼지에 대한 대화가 더 많이 오갔다. 그러나 웨버와 대원들은 마음의 결정을 내렸다. 해안으로 가기로 했다. 그들은 무전 장비를 내려놓고 눈앞의 문제에 다시 집중했다. 웨버가 앞쪽 파도와 맞서는 동안 구조선 위에는 침묵이 감돌았다.

CG36500호가 움직이자 파도가 변하기 시작했다. 파도는 거칠지도, 전처럼 멀리 뻗어나가지도 않았다. 배는 이제 더 얕은 수역을 통과하고 있었다. 하지만 결코 위험에서 빠져나온 건 아니었다. 아직 채텀 바가 남아 있었다. 웨버는 멀리서 빨간 불빛이 보이자 고민했다. 부표인가? 아니면 RCA 라디오 방송국 송신탑 위의 항공기 경고등인가? 웨버는 바닷물 때문에 화끈거리고 지친 눈을 비볐다. 빛은 그들의 머리 한참 위에 있는 것 같다가 또 어느샌가 구조선 한참 아래에 있는 것처럼 보였다. 빛이 가까워지자 웨버는 뱃머리의 탐조등 가장 가까이에 있는 대원에게 탐조등을 뒤로 돌리라고 지시했다. 깜박이는 붉은빛은 이제 더 선명해졌다. 대원들은 빛이 올드 하버 입구로 이어지는 채텀 바 안 부표 꼭대기에서 나온다는 사실을 알아차렸다. 웨버는 깜빡이는 불빛을 한 번 더 쳐다본 뒤 폭풍이 몰아치는 하늘로 시선을 돌렸다. 그는 하느님이 자신들을 집으로 데려가고 있음을 직감했다.

아비규환 채텀

믿음이란 마음으로 아는 것이지 증명할 수 있는 것이 아니다.

_칼릴 지브런

CG36500호는 이제 대원들과 펜들턴호 생존자 32명을 채텀 어항 부두로 데려가는 중이었다. 대원들에게는 아직 채텀 바가 남아 있었다. 몇 시간 전 그들이 목숨을 잃을 뻔한 곳이었다. 이번에 배는 파도와 함께 움직일 작정이었다. 배가 모래톱 근처에 왔을 때 대원들은 파도 부서지는 소리가 아까처럼 크지 않다는 사실을 알아차렸다. 흐릿한 조명으로 쇄파를 비춰봤더니 역시 더 작아진 듯했다.

웨버는 배의 속도를 약간 늦추고 뱃머리로 포말을 뚫고 지나갔다. 그들은 지금 모래톱을 지나고 있었다. 그는 채텀 구조선 기지에 무전을 보내 통신사에게 자신의 위치를 말했다. 깜짝 놀란 통신사는 CG36500호가 정말로 올드 하버에 돌아왔다는 사실을 믿을 수가 없었다. 통신사는 즉시 해안경비대의 다른 선박에 긴급 공문을 보냈다.

CG36500호에 펜들턴호 선미부 선원 32명 승선 중. 한 명을 제외한 전원 생존. 현재까지 실종자 없음. 선수부에 6명가량 남아 있다고 함……

통신사는 웨버를 항구 쪽으로 안내하려고 안간힘을 썼지만, 웨버에게는 도움이 필요치 않았다. "올드 하버라면 훤했다. 수도 없이 오갔으니까. 여울이 어디 있는지, 어디서 배를 돌려야 하는지 똑똑히 알고 있었다. 무전기로 잡담이나 듣고 있을 기분이 아니었다." 웨버는 나중에 회고록에서 이렇게 말했다.

구조대가 복귀했다는 소식에 어항 부두가 들썩였다. 부두에서는 채텀 주민들이 초조하게 소식을 기다리고 있었다. 우레와 같은 박수소리가 물결처럼 번져나갔고, 주민들은 배가 나타나기만을 기다리며 서로 부둥켜안고 울었다.

눈물은 CG36500호 위에서도 떨어졌다. 웨버는 구조선 앞쪽의 비좁은 선실에 몰려 있던 사람들의 울음소리를 들었다. 파도가 더 잔잔해졌고 심하게 갑갑할 것이 분명한데도 생존자들은 항구에 닿을 때까지 선실 밖으로 나오려 하지 않았다.

작지만 튼튼한 구조선이 다가오는 것을 본 사람들은 어항 부두에 모여 배를 더 똑똑히 보려고 안간힘을 썼다. 사진사 딕 켈시는 자신의 대형 스피드 그래픽 카메라의 위치를 잡고 코드 곶 역사상 가장 잊지 못할 광경을 찍었다. 켈시는 만신창이가 된 배가 목제 안내탑을 스치며 들어오던 순간을 포착했다. 선원들은 겁에 질려 있으면서도 다행스럽다는 표정으로 산산조각 난 앞 유리와 현창 밖을 내다봤다.

웨버는 부두를 올려다봤고, 족히 100명은 넘는 주민들이 눈에 들어왔다. 채텀 주민들이 남녀노소 할 것 없이 나와 있었다. 그들 모두 손을 내밀어 뱃줄을 잡아주려고 했다. 데이비드 라이더의 아이들은 아버지 근처에 서 있었다. 라이더는 오랜 세월 채텀의 어부로 살면서 웨버와 친하게 지냈고, 웨버가 누구보다 유능한 해안경비대원이라는 사실도 알고 있었다. 하지만 그날 밤에는 웨버와 대원들에게 그리 큰 기대를 걸지 않았다. "대원들이 돌아오지 못할까 봐 많이들 걱정했습니다. 웨버는 분명 좋은 사람이고 모래톱을 지나온 경험도 있지만, 다들 이런 폭풍은 처음이었거든요." 라이더가 그 당시를 떠올리며 말했다. 그날 밤 부두에 모인 대부분의 사람들처럼 라이더 역시 그 작은 구조선이 무사히 돌아오자 제 눈을 의심했다. "물에 깊이 잠긴 채 들어오더군요. 배에서 하도 많은 사람이 쏟아져나와 깜짝 놀랐습니다."

CG36500호가 부두에 무사히 정박하자 주민들은 떨고 있는 생존자들이 배에서 내릴 수 있도록 도왔다. 배가 너무 아래로 가라앉아 있어 리처드 리브시는 한 명씩 내릴 때마다 배가 위로 솟는 걸 느낄 수 있었다. 녹초가 된 버니 웨버는 배의 선미에 말없이 서 있었다. 팔꿈치를 조종석 위에 올리고 손으로 머리를 받친 채. 머릿속은 지난 몇 시간 동안의 참혹했던 장면과 용맹한 대원들에 대한 생각으로 가득했다. 꼬마 마이어스와 죽음을 맞기 몇 초 전 불운한 그의 눈빛을 생각했다. 배에 탄 생존자 32명을 생각했다. 미리엄, 그리고 마침내 그녀에게 돌아오게 된 과정을 생각했다. 지친 나머지 손가락이 떨려오기 시작했고 이내 몸 전체가 떨려왔다. 웨버는 큰 소리로 울며 하느님에게 기도했다. 무사히 돌아올 수 있게 해줘서 감사하다고. 켈시는 이 모습을 말없이 지켜봤고, 웨버 홀로 보내는 저 시간이 배 위의 사람들 한 명 한 명이 거쳐온 고생을 말해주는 듯했다. "꽤 오랜 시간 그렇게 있다 갔어요. 모든 사람이 떠나고 난 뒤였죠. 하지만 웨버는 그저 멍하니 거기 서 있었어요. 정말 대단한 일을 해냈죠." 켈시는 나중에 이렇게 말했다.

생존자들은 이제 자동차 안에 빽빽하게 실린 채 채텀 구조선 기지로 향했다. 채텀 토박이인 서른네 살의 조 니커슨은 자신의 포드 승용차에 두 사람을 태우고 갔다. "거구의 흑인 친구 한 명을 태웠어요. 배의 선수에 타고 있었는데 배가 두 동강 났다고 하더라고요. 커다란 틈을 뛰어넘어 선미로 가서 목숨을 구했대요. 안 그랬으면 뱃머리와 함께 쓸려갔을 거라고요." 하지만 펜들턴호의 생존자들은 선장과 선원들 7명이 실종됐다고 말하려 하지 않았다. 그들은 동료가 살아 돌아올 거라고 믿었다.

생존자들은 이내 기지로 이송되어 현지 의사 캐럴 킨에게 진료를 받았다. 의사는 생존자들이 대부분 쇼크 상태라는 사실을 바로 알아차렸다. "제가 태워간 친구 중 한 명은 기지 안에 들어서자마자 기절했어요. 그러자 마치 도미노처럼 하나둘 연이어 기절했죠. 8명이 완전히 의식을 잃은 채 바닥에 쓰러졌습니다." 조 니커슨이 말했다. 쓰러진 선원들은 의사 킨뿐 아니라 리로이 앤더슨과 함께 온 적십자 대원들의 도움을 받았다. 채텀 메인 스트리트의 옷가게 퓨리탄 클로딩의 주인이자 재단사 벤 슈프로가 목에 줄자를 걸고서 몸 상태가 괜찮은 생존자들에게 새 옷을 맞춰주려고 치수를 쟀다. 미국연합감리교회의 스티브 스미스 목사 역시 손을 내밀어 생존자들을 위해 기도했다. 목사의 존재는 특히 윌리스 퀴리에게 위안을 줬다. 퀴리는 목사에게 다가가 허둥지둥 사다리를 오르는 동안 성경책을 잃어버렸다고 말했다. 스미스 목사는 고개를 끄덕이더니 퀴리에게 자신의 성경책을 건네주었다.

버니 웨버의 친구이자 이웃인 존 스텔로가 웨버의 집에 전화를 걸어 미리엄에게 소식을 전했다. 미리엄은 아직 독감으로 침대에 누워 있었다. 그는 그녀의 남편이 지금 영웅 대접을 받고 있다는 사실과 그 연유를 이야기해줬다.

눈썹이 짙은 WOCB의 기자 에드 셈프리니는 눈 덮인 28번 도로의 험난한 길을 무사히 통과했다. 하이애니스에서 채텀까지 34킬로미터를 달려가는 동안 사나운 날씨는 전혀 누그러지지 않았다. 그는 채텀 구조선 기지에 도착해 엔지니어 웨스 스터드스톤과 만났다. 두 사람은 펜들턴호 생존자들이 도착하자 음향장치를 연결했다. 셈프리니는 시간이 많지 않다는 사실을 알고 있었다. 인터뷰를 빨리 끝내야 야머스에 있는 라디오 방송국으로 돌아가 생방송을 할 수 있었다. 그는 지친 생존자들 거의 전원에게 마이크를 들이밀었다. 그들은 커피와 도넛으로 몸을 녹이고 있었다. "다들 말이 어눌했어요. 제가 인터뷰한 사람들은 전부 남부 출신인 것 같더라고요." 셈프리니가 말했다. 생존자들의 사투리는 베테랑 기자를 당황케 했다. 그는 코드 곶 사람들의 말을 알아들으려고 애썼다. "루이지애나 출신의 한 생존자가 가족들이 자신의 인터뷰를 생방송으로 들을 수 있는지 물었어요." 셈프리니는 나중에 뮤추얼 방송사를 통해 전국에 방송될 거라고 설명했다. 그날 밤 셈프리니가 인터뷰한 모든 생존자는 마지막 한 사람까지도 버니 웨버와 대원들에 대한 칭찬을 아끼지 않았다. "기적이라고 하더군요." 셈프리니가 미소지으며 당시 상황을 이야기했다.

한편 웨버는 위층으로 올라가 채텀 구조선 기지에 있는 자신의 침대로 걸어갔다. 여전히 몸을 떨고 있었다. 생애 최악의 폭풍 속 가장 거대한 파도 위에서 긴 시간을 보낸 탓이었다. 그는 몸을 숙여 방수용 덧신을 벗어던진 후 미리엄에게 전화를 걸었다. "난 무사해. 내일 전화할게." 이제 싸구려 커피와 도넛을 먹어볼까. 웨버는 속으로 생각했다. 조리실에 갔다가 피츠제럴드, 리브시, 매스크를 만났다. 그들은 서로 눈인사를 건넸다. 어떤 말도 할 수 없었다. 말은 갑판 준위 대니얼 클러프에게 넘길 생각이었다. 클러프는 축사를 하고 그들을 살아서 다시 만날 수 있을지 몰랐다고 고백했다. 웨버를 찾아 헤매던 에드 셈프리니는 마침내 조리실에서 나오는 웨버를 만났다. 그는 웨버가 진정한 영웅이라 불리는 이유를 납득했다. 웨버는 몇 가지 질문에 최대한 일목요연하게 답했다. 커피를 다 마시고 쿠시먼스 도넛을 게 눈 감추듯 먹어치우고 나자 자고 싶은 마음뿐이었다. 침대로 돌아가 쓰

러지듯 누웠다. 이제 나는 무사하다. 하지만 잠이 들자 지금도 바다
에서 폭풍과 싸우고 있는 사람들이 머릿속에 맴돌았다.

2부

머서호 선수가 전복되다

역사에 남을 작전

채텀 기지의 화요일

아직 13명이 배에 타고 있다

펜들턴호의 선수를 찾아서

머서호 선수가 전복되다

바다에서는 친구가 생긴다. 바닷물은 그런 점에서 와인과
닮았다.
_허먼 멜빌

채텀에서 펜들턴호 선원 32명의 무사 귀환을 축하하는 동안, 표류
하는 포트 머서호 선수 위의 생존자들은 여전히 보온을 위해 따닥따
닥 붙어앉아 있었다. 그들은 동료 선원 몇 명이 바다에 떨어져 죽는
모습을 목격한 뒤 지금은 어둠 속에서 날이 밝기만 기다리고 있었다.
곁을 지키고 있는 경비함 야쿠테이트호가 자신들이 배와 함께 침몰
하기 전에 어떻게든 구조해주기만을 바랐다.

야쿠테이트호의 나브 함장은 밤새 한숨도 못 자고 머서호의 시커
멓고 거대한 선체를 주시했다. 날이 밝을 때까지 무사히 떠 있기만을
기도했기에 동쪽에서 그날의 첫 빛줄기가 희미하게 비쳐오자 안도감
이 들었다. 눈과 진눈깨비가 잦아든 것도 다행스러웠다. 바람은 아직

거셌지만 파도는 좀 누그러진 듯했다. 파고가 15~18미터에서 12미터로 낮아졌다. 이제 나브는 여러 가지 방법을 두고 고민했다. 어젯밤일 이후로 구명보트는 더 이상 내보내고 싶지 않았다. 생존자들이 차가운 바다에 떨어진 뒤 물에 떠 있거나 구명보트에 올라탈 기력이 없을까 봐 두려웠다. 바다에 뛰어든 선원들을 구하기 위해서는 대원 몇 명이 대기하는 수밖에 없었다. 나브는 생사를 가르는 결정을 내렸다. 야쿠테이트호의 8미터짜리 구명보트에 대원 다섯 명이 타고 출발하기로 했다. 분명 도박이었다. 이제 나브는 유조선 선원들의 생사를 챙겨야 할 뿐 아니라 대원들을 잃을 수도 있는 상황이었다.

나브는 머서호 선수에 남은 선원들이 구명보트가 다가오는 걸 보자마자 너무 급히 뛰어내리지는 않을지 걱정됐다. 그는 확성기에 대고 구명보트를 보냈으며 대원들이 뛰어내리라는 신호를 보낼 거라고 생존자들에게 큰 소리로 말했다. 신호를 보고 구명보트 옆 바다로 뛰어내리면 대원들이 보트 안으로 당겨줄 거라고 했다. 이 구조가 실패하면 나중에 비난을 면치 못할 테고, 선원들의 죽음이 평생 귀신처럼 따라다닐 거라는 사실을 알고 있었다. 하지만 선수를 내다보니 배는 언제라도 전복될 수 있는 상황이었다. 지체할 시간이 없었다.

구명보트는 '모노모이 서프보트'라고 불렸다. 채텀 바로 근처 모노모이에 부딪히는 커다란 파도에 대비해 선수 부분을 높게 만들었다고 해서 붙여진 이름이었다. 하지만 야쿠테이트호 주변에서 소용돌이치는 12미터 높이의 파도는 목제 구명보트의 역량 밖일지도 몰랐다. 보트가 전복되면 선원들은 채 10분이 지나기도 전에 저체온증으로 목숨을 잃을 것이다.

뉴저지 주 롱브랜치 출신의 소위 윌리엄 키엘리가 이 위험한 구조 작업을 지휘하기로 했다. 길 카마이클, 폴 블랙, 에드워드 메이슨 주니어, 월터 터윌리거도 합류할 예정이었다. 이번 임무의 가장 위험한 부분은 초반 작업이었다. 구명보트를 야쿠테이트호에서 서둘러 내려야 파도가 구명보트 선미를 야쿠테이트호 쪽으로 집어던져 침수시키는 사태를 막을 수 있었다.

카마이클은 자신과 동료 대원들이 얼마나 초조한 마음으로 구명보트에 올랐는지, 또 경비함 위의 대원들이 밧줄과 도르래와 윈치밧줄이나 쇠사슬로 무거운 물건을 들어 올리거나 내리는 기계로 자신들을 어떻게 내려주었는지 기억한다. "파도가 너무 거세서 보트가 배에서 휙 멀어졌다가 다시 쾅 하고 충돌했어요. 당시에는 몰랐지만 그때 배의 나무 뱃전에 균열이 생긴 것 같습니다. 물 위에 뜨자 보트가 파도에 비하면 얼마나 작은지 뼈저리게 실감했습니다. 과연 내가 살아서 다시 경비함에 오를 수 있을까 싶었죠."

해안경비대원 네 사람은 구명보트를 몰고 거대한 너울을 통과해 머서호의 커다란 철제 선체 옆에 멈춰 섰다. 너무 가까이 다가가지 않도록 조심해야 했다.

머서호의 부서진 선수 내부에서는 누가 먼저 뛰어내릴지에 대한 논의가 한창이었다. 페첼 선장은 자신이 마지막으로 뛰어내리겠다고 했지만 선원들의 생각은 달랐다. 선장의 발 상태가 나빠지고 있는 데다 저체온증으로 체력도 약해져 그가 제일 먼저 뛰어내려야 한다고 생각했다. 과연 저 작은 구명보트에 4명이 다 탈 수 있을지, 구명보트 위의 대원들이 파도 틈에서 자신들을 건져낼 수 있을지 누구도 알지 못했다. 다만 이 기회를 반드시 잡아야 하고, 배에 남아 있다가 배가 뒤집히기라도 하면 끝장이라는 사실만은 모두 알고 있었다. 선원들은 페첼 선장에게 먼저 뛰어내리지 않으면 집어던질 거라고 말했다.

머서호 위 페첼 선장을 포함한 선원 터너, 굴딘, 파너는 이제 들썩이는 갑판으로 나가 파도 틈에서 미친 듯이 오르락내리락하는 구명보트를 내려다봤다. 물까지는 한참 멀었다. 파도의 골로 뛰어내리면 대략 18미터를 자유낙하하는 셈이었다. 하지만 파도의 물마루로 뛰어내리면 6미터쯤 될 듯했다.

키엘리는 페첼 선장을 올려다보며 뛰어내리라는 신호를 보냈다. 페첼은 마지못해 먼저 뛰어내리겠다고 했지만 자살 행위가 아닌지 의심하는 눈치였다. 아래 구명보트는 높이 치솟은 바다와 비교해 아주 작은 장난감 배처럼 보였다.

페첼은 파도의 물마루가 자신을 향해 올라올 때까지 기다렸다. 그리고 뛰어내렸다. 선장은 구명보트 근처 바다에 떨어졌다. 처음에는 물속으로 완전히 거꾸러졌다가 구명조끼의 부력 덕분에 물 위로 올라왔다. 차가운 바다의 충격 때문에 숨을 쉴 수가 없었고 온몸이 고통으로 울부짖었다. 그는 목숨을 앗아갈 듯한 바닷속에서 오르락내리락거렸다. 양팔은 이미 기력을 잃고 마비되어갔다. 소중한 시간이 흐르고 있었다. 선장은 구명보트의 대원들이 배를 자기 쪽으로 돌리려고 안간힘을 쓰는 모습을 지켜봤다.

키엘리와 대원들은 최선을 다해 위아래로 요동치는 구명보트가 선장에게 부딪히지 않도록 조심하면서 선장 가까이 배를 가져갔다. 1분이 지났을 때 선장이 바닷물을 토해내는 모습이 보였다. 선장이 자신들 코앞까지 오자 대원 한 명이 선장의 구명조끼를 잡고 보트 쪽으로 당겼다. 흠뻑 젖은 옷 때문에 평소보다 두 배는 더 무거웠고, 적어도 해안경비대원 세 명이 힘을 모아 선장을 배 위로 끌어당겨야 했다.

선장을 구조하는 동안 키엘리는 구명보트가 배의 철제 선체에 닿지 않도록 최선을 다했다. 선장이 무사히 배에 오르자 키엘리는 보트를 돌려 남은 세 선원들 밑으로 되돌아갔다. 이번에는 사무장 터너가 뛰어내릴 차례였다. 터너는 뛰어내리라는 키엘리의 신호가 떨어질 때까지 배의 경사진 갑판 위에서 대기하고 있었다. 구조대원들이 얼마나 힘겹게 페첼 선장을 구하는지 봤기 때문에 자신은 아무 사고 없이 구조되기만을 기도했다. 그는 아래 작은 모노모이 보트를 보면서 그토록 거대한 파도 틈에서 대원들이 어떻게 보트를 뒤집히지 않게 세워두고 있는지 궁금했을 것이다.

키엘리가 터너에게 뛰어내리라는 몸짓을 했다. 터너는 뛰었다. 파도가 위로 올라올 때에 맞춰 철제 선체에서 멀찌감치 뛰어내렸다. 터너가 바다로 뛰어들자 파도가 구명보트를 하늘 높이 들어올렸고 뒤따라오던 파도가 보트를 터너 쪽으로 기울였다. 시간이 얼마 없었지만 대원들은 팔을 뻗어 터너를 붙잡았다. 대원들이 터너를 배 위로 끌어올리려고 애쓰는 와중에 구명보트가 반쪽짜리 유조선 선체에 쾅하고 부딪혔다.

그 충격으로 대원들이 보트 밖으로 떨어질 뻔했지만 터너를 잡은 손을 끝까지 놓지 않고 배 위로 끌어올렸다. 하지만 구명보트 역시 성치 않았다. 나무 뱃전이 으스러지면서 물이 폭포수처럼 쏟아져 들어왔다. 불어난 물 무게에 페첼과 터너의 무게까지 더해져 배는 물속 깊이 잠겼고, 키엘리는 배를 조종하기가 힘에 부쳤다.

구명보트가 가라앉고 있었다!

키엘리는 구조를 중단하지 않으면 구명보트에 탄 6명 모두 위험에 처할 거라는 사실을 깨달았다. 나브 함장도 이를 깨닫고 확성기로 키엘리에게 돌아오라고 명령했다. 젊은 소위 키엘리의 눈에 눈물이 맺혔다. 배 위에 사람들을 두고 가야 한다니 감정이 복받쳤다. 하지만 작은 구명보트를 야쿠테이트호 쪽으로 돌려 파도를 뚫고 안전한 곳으로 천천히 이동하기 시작했다.

"구명보트가 전복될 거라고 계속 생각했습니다. 물에 너무 깊이 잠겨 있었고, 파도가 보트 쪽으로 밀려오면서 뱃전과 선체의 갈라진 틈으로 들이닥쳤죠. 생존자들은 물이 철벅대는 보트 바닥에 넘어져 누워 있었습니다." 카마이클이 말했다.

구명보트가 야쿠테이트호까지 오자 선수와 선미에 고정하기 위한 걸이가 내려왔다. "선수에 잡아맬 걸이는 무사히 받았습니다. 그런데 흔들리면서 내려오는 선미용 걸이를 받으려고 돌아서는 순간 걸이가 제 옆통수를 후려쳤습니다. 정신이 멍해졌죠. 어찌어찌해서 걸이를 선미에 고정하고 야쿠테이트호 갑판으로 끌어올려졌습니다. 그때 저는 의식을 잃었어요. 일어나 보니 제 침대였죠."

머서호 선수에 남은 굴딘과 파너는 갑판에 서서 구명보트가 무사히 경비함으로 돌아가 배 위로 당겨 올라가는 모습을 보고 안심했다. 또한 자신들이 구조 기회를 놓쳤다는 사실 역시 깨달았다. 부서진 구명보트는 다시 사용할 수 없고 나브 함장 또한 다른 보트와 대원들을 위험에 빠뜨리지 않을 테니까. 마지막 남은 두 생존자는 그들이 지금 서 있는, 표류하는 철제 선체가 자신들의 관이 될지 궁금했다. 지금으로서는 기다리는 일 말고 할 수 있는 일이 없었다.

아침 10시쯤 야쿠테이트호의 통신병이 매사추세츠 주 마시필드에 있는 해안경비대 통신센터에 다음과 같은 메시지를 보냈다.

생존자 2명, 프레드릭 C. 페첼(선장)과 에드워드 터너(사무장)를 보트로 구조함. 기상상황 악화 중. 남은 두 선원은 보트로 구조 불가. 하강줄과 고무보트로 구조 시도할 예정.

나브 함장은 바람이 전날보다 약간 누그러졌다는 사실을 깨닫고 다시 구명보트를 보내는 방법을 고민했다. 연결줄을 머서호의 뱃머리에 쏠 수 있을 것 같았다. 고무 구명보트를 연결줄 끝에 묶고 다른 줄로 구명보트와 야쿠테이트호를 연결한다는 계획이었다. 일이 계획대로 진행되면 남은 두 생존자는 줄을 잡고 고무보트를 자기들 쪽으로 당긴 뒤 줄 끝을 유조선에 묶어 보트를 고정시키면 되는 거였다. 그 이후의 상황에 대해서는 목격자마다 이야기가 달랐다. 첫 번째 시나리오는 우선 생존자 한 사람이 유조선에서 뛰어내려 보트까지 헤엄처 오는 방법이었다. 첫 번째 생존자가 무사히 배에 오르면 다음 사람이 유조선에 묶어둔 연결줄을 풀어 허리에 묶는다. 그런 다음 역시 유조선에서 뛰어내린다. 그러면 첫 번째 생존자가 그 사람을 구명보트 쪽으로 당겨 배에 태운다는 계획이었다.

두 번째 시나리오는 두 생존자가 고정시킨 연결줄을 타고 내려오는 방법이었다. 무사히 구명보트에 올라탄 뒤 잭나이프로 자신들과 나뭉구는 선체 사이의 밧줄을 자른다. 어떤 방법이 됐든 야쿠테이트호의 대원들은 생존자들이 저체온증으로 사망하기 전에 재빨리 반대쪽 줄을 잡아당겨 생존자들과 구명보트를 야쿠테이트호 쪽으로 끌어와야 한다.

이 계획의 성패는 야쿠테이트호에서 머서호까지 밧줄을 성공적으로 쏘느냐에 달려 있었다. 어젯밤에는 실패한 작전이었다. 한편 나브 함장은 밧줄이 짧을 경우를 대비해 야쿠테이트호를 가능한 한 선체 가까이 붙여야 했다. 하지만 머서호가 사방으로 하도 격렬하게 요동치고 있어 바짝 다가갈 엄두가 나지 않았다.

나브 함장은 바람을 안고 야쿠테이트호를 유조선에서 최대한 가까이 몰고 간 뒤 생존자들을 향해 확성기로 외쳤다. "연결줄 받을 준비하십시오. 줄에 구명보트를 고정시킬 겁니다!"

그 순간 머서호 선수가 바다 위에 45도 각도로 들려 올라갔다. 뱃머리 앞부분은 완전히 물 밖으로 나왔고 부서진 뒤쪽은 완전히 가라앉았다. 굴딘과 파너는 바깥쪽 난간에 단단히 매달려 있었다. 경사진 갑판 위에서 미끄러져 유조선이 쪼개진 부분의 우둘투둘한 쇳조각 주변에서 소용돌이치는 포말 속으로 빨려 들어가지 않기 위해서였다.

나브 함장은 야쿠테이트호 선수가 유조선의 좌현을 향하도록 위치를 조정했다. 경비함 위의 대원들은 웨인 히긴스가 줄을 쏠 준비를 하는 모습을 말없이 지켜봤다. 연결줄 총은 스프링필드 소총을 개조해 만든 것으로 수류탄 화약으로 발사체를 쏜다. 발사체인 45센티미터가량 되는 철 막대를 총열에 넣어 사용하며, 총열 끝에는 무게 370그램의 황동 추가 달려 있다. 가운데 둥근 구멍이 뚫린 작은 철 막대는 황동 추와 연결되어 있으며 막대의 구멍에는 가느다란 연결줄이 묶여 있다. 연결줄은 총열 위 20센티미터가량 되는 금속통 내부까지 이어진다. 줄은 금속통 안에서 똘똘 감긴 채 발사체가 날아가는 순간 파도를 가를 준비를 하고 있었다.

"선수 맨 끝에 있었습니다. 얼음 위에서 미끄러질까 봐 걱정됐죠. 양 손으로 총을 잡아야 해서 난간을 잡을 손이 없었거든요. 줄을 바로 쏴야 한다는 사실을 알고 있었습니다. 부서진 선체가 언제라도 완전히 나뒹굴 것처럼 보였습니다. 총을 쏘자 반동이 엄청났죠. 왼손이 미끄러지면서 금속통에 집게손가락을 확 베였습니다. 하지만 발사는 제대로 된 것 같았어요." 히긴스가 말했다.

첫 번째 시도에서 줄은 포물선을 그리며 날아가 굴딘과 파너 거의 바로 위에 떨어졌다. 나브 함장은 생존자들에게 줄을 잡아당기라는 신호를 보냈고, 반대쪽 끝에 묶인 구명보트가 머서호에서 당겨지면서 바다로 들어갔다.

구명보트가 머서호 선수 근처에 도착하자 파너와 굴딘은 몸에 줄을 묶곤 잠시 망설이다가 난간을 넘었다. 그리고 배에서 뛰어내릴 용기를 끌어모았다. 어느 쪽인지 밝혀지지는 않았지만 둘 중 한 사람이 먼저 물속으로 뛰어들었다. 그는 구명보트에서 약 45미터 거리에 떨어졌고, 차디찬 파도를 뚫고 기다시피 구명보트를 향해 갔다. 몸을 일으켜 보트 안으로 들어가려는 순간 배가 뒤집혔다. 곧이어 두 번째 선원이 (아마도 동료 선원을 돕고자 하는 마음에서) 머서호에 묶인 줄을 풀려던 생각을 깨끗이 버리고 바다로 뛰어들었다.

야쿠테이트호에 탄 대원들은 물에 빠진 두 사람을 도울 방법이 없어 파너와 굴딘이 부서지는 파도 틈에서 사투를 벌이는 모습을 속수무책으로 지켜보기만 했다. 두 사람은 저체온증으로 팔다리가 마비되기 전에 어떻게든 보트를 붙잡으려고 애썼다. 잠깐 동안 바다가 희생자 둘을 더 데려갈 듯 보였지만 두 사람은 용감하게 맞섰다. 그들은 죽을힘을 다해 보트를 붙잡고는 똑바로 뒤집은 뒤 기어서 배에 올라탔다. 그러고는 배 바닥에 드러누웠다.

하지만 안심하기는 일렀다. 두 번째로 뛰어내린 생존자가 유조선에서 줄을 풀지 않고 뛰어내렸기 때문이다. 지금 두 사람은 몸이 얼어붙어 잭나이프를 펼쳐 줄을 끊어낼 힘이 없었다. 경비함에서 구명보트를 당길 수 없다는 의미였다.

야쿠테이트호 현창 밖에서 펼쳐지는 극적인 상황을 바라보던 통신장교 빌 블리클리는 전날 밤 봤던 광경, 즉 생존자들이 자신의 눈앞에서 비명횡사하는 장면을 또 보게 될까 봐 두려웠다. 선원들이 유조선에서 뛰어내려 차가운 바다에 삼켜지는 모습을 잊을 수 없었다. 한 선원이 뛰어내렸다가 유조선 선체에 몸을 세게 부딪히고는 물속으로 사라졌을 때 특히 마음이 좋지 않았다.

나브 함장은 블리클리 옆에 서서 말했다. "이제 어떡할까? 후진해서 이 배와 보트 사이 줄이 끊어지면 우린 두 사람을 잃게 돼." 후진한다는 말은 엔진을 반대로 돌린다는 의미였다. "보트와 유조선 선체 사이의 줄이 끊어지면 두 사람은 사는 거고."

"선택의 여지가 없습니다. 함장님. 후진하고 기도하는 수밖에요." 블리클리가 말했다.

나브 함장은 블리클리의 말이 옳다는 걸 알았다. 더 망설이다가는 보트에 탄 선원들이 저체온증으로 사망할 것이다. 하지만 줄을 빨리 끊는다면 생존 확률은 50 대 50이 된다. 함장은 후진하라고 지시했다. 경비함의 모든 대원이 숨을 죽인 채 어느 쪽 줄이 끊어지는지 지켜봤다. 최악은 보트가 쪼개져서 두 사람 다 바다에 빠지는 상황이었다.

이윽고 줄이 팽팽해지면서 물 위로 올라왔다. 30초가 지났다. 대원들 사이에서 돌연 환호성이 터져나왔다. 보트와 유조선 선체 사이 줄이 끊어진 것이다! 구조대원들이 서둘러 보트에 매인 줄을 잡아당겼고 몇 분 만에 굴딘과 파너는 경비함 바로 아래까지 왔다. 밧줄과 구조용 그물이 내려왔고, 두 생존자는 기어서 보트 뱃전을 넘어 바다로 들어가 밧줄을 잡았다. 두 사람은 간신히 팔을 들어올렸다.

하지만 이 점을 예상하고 미리 잠수복을 입고 있었던 해안경비대원 데니스 페리와 허먼 루빈스키가 그물을 타고 물속으로 들어갔다.

각자 한 명씩 맡았다. 생존자를 당겨 올릴 수 있도록 가슴에 줄을 두른 채였다.

굴딘과 파너를 당기는 과정에서 한 명이 하역망에 뒤엉켰다. 야쿠테이트호의 대원 필립 그리벨이 이를 발견하고 잠수복도 입지 않은 채 재빨리 하역망으로 내려가 생존자를 풀어줬다. 두 사람 다 무사히 야쿠테이트호에 올라탔다.

잠시 뒤 대원 한 명이 머서호 선수를 가리키며 소리쳤다. "저기 좀 보세요! 배가 움직입니다!"

선수가 마치 살아 있는 생물처럼 벌떡 일어나 잿빛 하늘을 향해 똑바로 섰다. 그런 뒤 회전하더니 물보라를 일으키며 바다를 향해 거꾸러졌다. 배가 완전히 뒤집혔다. 용골 일부만이 바다 위에 드러나 있었다.

굴딘과 파너가 배에서 뛰어내린 지 정확히 17분 후였다.

야쿠테이트호는 그날 밤 유조선 선수 옆을 지키다 경비함 유니맥호와 교대했다. 이제 나브 함장은 전속력으로 달려 메인 주 포틀랜드로 향했다. 생존자들을 병원에 데려가기 위해서였다. 그들 모두 저체온증과 동상을 앓고 있었다. 무엇보다 페첼 선장은 폐렴으로 몸 상태가 최악이었다. 생존자들이 경비함에서 내리자 신문기자들이 부둣가로 몰려왔다. 파너는『보스턴헤럴드』의 기자에게 침착하게 말했다. "성공 확률은 반반이었습니다."

나중에 유니맥호는 머서호의 전복된 선수가 다른 배의 운항에 위험이 된다고 판단해, 반만 떠 있는 선체를 침몰시키는 데 승인을 받았다. 포병 장교 벤 스타빌리는 일단 흘수선 바로 위에 40밀리미터짜리 대공포지상이나 해상에서 공중 목표를 겨냥하여 쏘는 포를 쏘았다고 했다. "어떻게 되는지 보려고요." 스타빌리는 선체에서 기름이 새나오면서 기름보다 무거운 물이 들어찰 거라고 예상했다. 그렇지 않으면 그들은 고성능 소이탄을 쏴 유조선을 폭파한 뒤 침몰시킬 것이다. 선체가 움직이지 않자 유니맥호의 함장 프랭크 매케이브 대령이 스타빌리에게 말했다. "벤, K포폭뢰 발사기의 한 종류로 폭뢰를 쏘자." 스타빌리는 실제로 폭뢰를 발사해본 적이 없었다. 그리고 폭뢰를 쏘는 데 이용되는 K포는 사정거리가 70미터가량밖에 안 돼 너무 짧지 않나 싶었다.

긴 상의 끝에 스타빌리가 K포를 쏘면 유니맥호가 전속력으로 달려 나가기로 했다. 그렇게 하면 폭뢰가 폭발하기 전에 유니맥호와 머서호 간의 거리를 벌릴 수 있을 것이다.

폭뢰는 물 사이를 더 잘 뚫고 들어갈 수 있도록 눈물방울 모양으로 만들어졌다. 길이 60센티미터에 너비는 45센티미터가량이었다. K포에서 발사된 폭뢰는 길게 호를 그리며 공중으로 날아갈 것이다. 그리고 계획대로만 된다면 선체 근처 바다에 떨어질 것이다. 폭뢰는 15미터 깊이에서 폭발하도록 되어 있었다.

준비를 모두 마치자 매케이브 함장이 엔진을 감아올렸고, 유니맥호는 선체를 향해 18노트의 속도로 다가갔다. 경비함이 유조선 선체 가까이 갔을 때 스타빌리는 폭뢰 세 개를 전부 발사했다. 몇 분 뒤 물 밑에서 폭발한 폭뢰가 공중으로 거대한 물보라 기둥을 내뿜었다. 안전거리를 유지하고 있었음에도 유니맥호 선체가 흔들렸다. 반면 머서호는 거의 움직이지 않았다.

　반 토막 난 유조선의 선체가 30분 동안 같은 위치에 있는 것을 지켜본 후 매케이브는 그 과정을 반복하기로 결정했다. "이번에는 달랐습니다. 선체가 공중으로 치솟았다가 내려앉았죠. 우리는 안도의 한숨을 내쉬었습니다. 날이 어두워지고 있는 마당에 공중에 떠 있는 선체 가까이 가고 싶지 않았거든요. 레이저로도 잘 보이지 않아서 혹시 유조선에 충돌해 마지막 희생양이 되지나 않을지 무서웠습니다." 스타빌리가 말했다.

19세기에 지어진 채텀 등대는 용감한 펜들턴호 구조에 참여한 많은 대원의 숙소로 사용되었다.(사진 제공: 멜 구스로)

CG36500호의 함장 버니 웨버는 1946년 겨우 열여덟의 나이로 해안경비대에 지원했다. 그는 자신을 영웅이라고 생각하지 않았다.(사진 제공: 미 해안경비대)

함장 도널드 뱅스와 대원들이 채텀에서 출동한 첫 번째 구조선을 조종했다. 그들은 하루 종일 폭풍속에서 보냈다.(왼쪽부터 앤토니오 밸러리니, 도널드 뱅스, 리처드 시콘, 에머리 헤인즈. 사진 제공: 미 해안경비대)

CG36500호의 대원들은 구경꾼 수십 명이 마음 졸이며 기다리고 있는 채텀 부두로 복귀했다.(사진 제공: 리처드 C. 켈시, www.capecodphotos.com)

폭풍이 너무 거센 나머지 153미터 길이의 유조선 포트 머서호는 말 그대로 두 동강 나버렸다. 기름이 새나갔고 선체에 물이 들어찼다. 선원들은 구조선이 거친 파도를 헤치고 자신들을 구해주러 오기만 기다리며 사투를 벌이고 있었다.(사진 제공: 미 해안경비대)

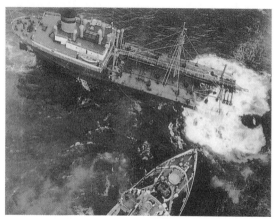

구조선 중 한 척인 이스트윈드호는 머서호의 선미부와 안전거리를 유지해 격랑 속에서 더 이상의 인명 피해가 나지 않도록 주의했다. 생존자들은 유조선 선미에서 대기하고 있다가 구명보트를 타고 무사히 이스트윈드호에 올랐다.(사진 제공: 미 해안경비대)

야쿠테이트호는 차가운 바다로 구명보트를 내려 빠르게 침몰하는 머서호 선수부에서 선원들을 구했다.(사진 제공: 미 해안경비대)

구조 작업은 엄청난 기술과 용기, 운이 필요한 일이었다. 구조대원들은 구명보트에 줄을 매달아 한쪽 끝을 잡고 다른 쪽 끝은 생존자들에게 보냈다. 생존자들은 그 줄을 잡아 보트가 배 옆에 올 때까지 자기들 쪽으로 당겼다. 그런 다음 차가운 바다로 뛰어내려 구명보트 쪽으로 서둘러 이동한 뒤 무사히 구조대원들 쪽으로 당겨졌다.(사진 제공: 미 해안경비대)

마지막 생존자들이 머서호 선수부에서 뛰어내린 지 정확히 17분 뒤, 배가 분연히 일어서더니 침몰했다.
(사진 제공: 미 해안경비대)

토니 팔콘의 그림 「MV 펜들턴호의 구조」는 CG36500호가 펜들턴호 선원들을 구조하는 모습을 묘사한 것이다. 원래 262×298센티미터의 벽화로 그려졌는데 현재는 코네티컷 주 뉴런던의 해안경비대 사관학교에 걸려있다.(토니 팔콘의 그림, 코네티컷 주 프로스펙트 팔콘 아트스튜디오 소장, www.falconeartstudio.com, 복제판 제공: 미 해안경비대 사관학교 동창회; 1962년 사관학교 역사 벽화 프로젝트)

펜들턴호 잔해는 거의 26년간 채텀 해안 근처에 남아, 파도가
잔잔하고 맑은 날에도 바다로 나가는 사람들에게 바다의 치
명적인 위험을 지속적으로 상기시키는 역할을 하고 있다.(사
진 제공: 리처드 C. 켈시)

1952년 2월 18일, 버니 웨버와 세 대원들은 11미터짜리 동력 구조선 CG36500호를 타고 구조 작업에 나섰다. 20미터에 달했던 파도에 비하면 작은 배였다. 그날, 12인용으로 설계된 이 작은 배에 36명이 올라탔다.(사진 제공: 올리언스 역사협회)

CG36500호의 대원들은 오랜 시간 폭풍과 싸우며 생존자를 찾았다.(왼쪽부터 버니 웨버, 리처드 리브시, 앤디 피츠제럴드. 사진 제공: 리처드 C. 켈시)

CG36500호의 대원들은 지쳤지만 다행스럽게도 무사히 육지로 돌아왔다. 어빈 매스크(맨 오른쪽)는 구조작업 몇 시간 전에 대원들을 처음 만났다.(사진 제공: 리처드 C. 켈시)

머서호의 생존자 세 명이 마른 옷을 빌려 입고 더 보송보송하고 따뜻해진 모습. 그때의 섬뜩한 경험은 여전히 그들 머릿속에 생생히 남아 있다.(사진 제공: 미 해안경비대)

해안에서 포트 머서호의 생존자가 자신의 목숨을 구해준 경비함 어커시넷호의 존 조지프 함장에게 감사 인사를 하고 있다.(사진 제공: 미 해안경비대)

역사에 남을 작전

용기란 고난 앞에서의 품위다.   _어니스트 헤밍웨이

　포트 머서호의 반쪽은 이제 바다 아래로 침몰했다. 다른 반쪽 선미는 여전히 물 위에 뜬 채 바람과 파도에 떠밀려 남쪽으로 이동 중이었다. 배 위의 사람들은 오만 가지 감정을 느꼈다. 지금 갇혀 있는 반 토막 난 배처럼 기분과 생각이 오르락내리락했다. 유조선이 처음 두 동강 났을 때 선미는 공포와 혼란의 도가니였다. 뭘 어떻게 해야 할지 의견이 분분했고, 혼란은 확산되는 조짐을 보였다. 특히 지휘관인 페첼 선장이 머서호 선수에 탄 채 떠내려가버리자 혼란이 가중됐다. 누구는 빨리 배를 버리고 구명보트를 타자고 했고, 또 누구는 구명보트를 최후의 탈출수단으로 남겨둬야 한다고 했다. 조타수 루이스 조미대드는 자신은 위험을 분산하는 쪽이었다고 말했다. "단정갑판에 올라가 손도끼를 챙겨서 보트에 올라탔어요. 제어 장치가 보트

바깥에 있어서 작동하는지 확인하려고요. 그래서 손도끼를 챙긴 겁니다. 한 친구가 흥분해서 소리쳤죠. '배 밖으로 뛰어내립시다.' 하지만 저는 반대했어요. '안 됩니다. 배가 가라앉을 때까지 기다렸다가 뛰어내려야 합니다.' 다음 4시간 동안 저는 손도끼를 쥐고 보트 안에 앉아 밧줄을 끊어서 풀 준비를 하고 있었습니다." 조미대드는 뼛속까지 얼어붙은 채 마침내 배 안으로 돌아갔지만 뜬눈으로 밤을 지새우며 구명보트로 돌진할 태세를 갖추고 있었다. "배가 침몰할 때 밖에 있고 싶었거든요."

머서호의 선미 역시 선수처럼 전복될 가능성이 있었지만 선미에 탄 34명의 선원들은 운이 좋았다. 선미부에는 아직 전기가 들어오고 있었기 때문이다. 즉, 사용 가능한 전등과 펌프, 제대로 작동하는 난방설비가 있었다. 하지만 불행히도 무전 장비가 없었다. 선원들은 옆을 지키고 있는 상선 쇼트 스플라이스호와 교신할 방법이 없었다. 월요일 밤을 견뎌낸 생존자들은 화요일 아침을 맞았다. 선원들은 해안경비대가 어서 도착하기를, 부서진 배가 조금만 더 똑바로 서 있어주기를 기도했다.

그토록 많은 생명을 위험에 빠뜨린 폭풍은 잦아들 기미가 없었고, 경비함 이스트윈드호의 통신사 렌 휘트모어는 배가 사방으로 요동치는 동안 잠을 이루지 못한 채 침대에 누워 있었다. 통신 업무를 잠시 쉬고 있었지만 배의 흔들림과 그날 하루 일어난 극적인 사건들 속에서 도무지 잠을 잘 수 있을 것 같지가 않았다. 휘트모어는 옷을 입고 침대에서 일어나 상갑판으로 올라갔다. 그는 유조선이 두 동강 나기 전에 연락을 주고받았던 머서호의 통신사 존 오라일리가 사망했다는 소식을 들었다. 이스트윈드호가 조치를 취하기 전에 사망자가 더 나올까? 휘트모어는 속으로 생각했다. 이스트윈드호의 대원들은 오랜 훈련을 받은 터라 상황을 바꿀 수 있을 것이다. 때맞춰 와주기만 한다면.

구조 작업은 이스트윈드호가 몇 해 전 겪은 비극적 사건에 대한 가혹한 기억을 지우는 데도 도움이 될 것이었다. 3년 전인 1949년 1월 19일 이스트윈드호는 보스턴에서 체서피크 만으로 향하다가 뉴저지 해안 근처에서 짙은 안개를 만났다. 믿기 힘들게도 그다음에 일어난 사고는 T2 유조선 걸스트림호와 관련되어 있었지만 이번 사고의 주요 원인은 해안경비대 선박이었다.

해안경비대의 조사 보고서는 당시 사고를 다음과 같이 기록하고 있다. 오전 4시 15분 이스트윈드호가 14노트의 속도로 빠르게 안개를 통과하던 중 전탐사전파 탐지기를 조종·정비하는 부사관가 8킬로미터가량 떨어진 걸프스트림호를 발견했다.(걸프스트림호에는 레이더가 없었다.) 롤랜드 에스티 주니어 중위는 항해 장교로 당직을 서다가 이스트윈드호와 그 표적이 충돌 위험에 처했다는 사실을 알아차리고는 침로를 약간 변경하라고 지시했다. 물론 표적의 진로와 속도를 알아내지는 못했다.

이스트윈드호의 침로 변경에도 불구하고 전탐병은 이스트윈드호가 여전히 충돌 침로에 있다고 보고했고, 표적과의 거리는 빠른 속도로 좁혀지고 있었다. 표적이 불과 1킬로미터 거리 안에 들어왔을 때

"해면반사가 일어나면서 레이더망에서 사라져 버렸어요." 레이더가 표적의 위치를 찾지 못하자 에스티는 이스트윈드호의 속도를 늦출 수도, 무적항해 중인 배에게 안개를 조심하라는 뜻에서 부는 고동을 울릴 수도 없었다. 그때 안개 사이로 걸프스트림호가 모습을 드러냈다. 불과 120미터 거리였고, 이스트윈드호를 향해 똑바로 다가오고 있었다.

에스티는 키를 오른쪽으로 힘껏 돌렸지만 너무 늦었다. 거대한 유조선의 뱃머리는 이스트윈드호 우현, 함교 바로 뒤쪽에 쾅 소리를 내며 부딪혔다. "어찌나 깊이 들어왔던지 유조선의 선미 윗부분이 이스트윈드호의 굴뚝을 마주보고 있었다." 두 배 모두 불이 붙었다. 걸프스트림호 선원들은 불을 진화했지만 이스트윈드호에 난 불은 함교와 통신실, 선실까지 빠르게 번졌다. 화재로 해안경비대원 13명이 사망하고 23명이 화상을 입었다.

조사위원회는 걸프스트림호가 안개 속에서 과속(15노트)을 했다고 기록했다. 하지만 '해상충돌예방법규'에 따르면 사고의 일차적 책임은 이스트윈드호에 있었다. 에스티는 레이더 표적이 5킬로미터 이내에 접근하면 함장에게 보고하고, 안개를 만나면 배의 프로펠러 속도를 분당회전수 50으로 낮춘 뒤 무적을 울린다는 복무규정을 지키지 않았다는 이유로 소환됐다. 이스트윈드호의 함장 역시 해안경비대 보통군사법원에 불려나갔다. 경험이 부족한 장교에게 당직사관을 맡기고 미숙한 대원에게 감시를 맡겼기 때문이었다. 이 사건은 해안경비대의 명성에 오점을 남겼고 이스트윈드호는 특히 큰 타격을 입었다.

이스트윈드호가 머서호 선미가 위치한 현장에 거의 도착했을 때, 휘트모어는 폭풍우가 몰아치는 파도 위 잿빛 하늘을 바라보며 피터슨 함장이 어떤 식으로 구조 작업을 펼칠지 궁금해하고 있었다. 그는 야쿠테이트호가 머서호 선수에 갇힌 선원들의 구조 작업을 시작했다는 소식을 무전으로 들었다. 구조자와 사망자 소식도 접했다.

래리 화이트 소위 역시 야쿠테이트호의 소식을 알고 있던 터라 이스트윈드호 대원들이 머서호 선미의 선원들을 전원 구조해내기를 바랐다. 하지만 이스트윈드호의 대원들 역시 걱정됐다. 많은 대원이 뱃멀미로 고생하고 있었기 때문이다. "2주 전에 배의 무게를 가볍게 한 뒤 얼음을 깨러 허드슨 강 상류로 향했습니다. 그리고 이제 이스트윈드호는 사방으로 요동치고 있었죠. 그야말로 강 상류에 있었기 때문에 바다에 적응할 시간이 많지 않았어요. 너무 많은 대원이 심한 뱃멀미로 일을 할 수가 없어서 나머지 사람들이 두 배로 일해야 했습니다."

화이트는 뱃멀미를 앓지 않았다. 이스트윈드호가 머서호의 가시거리에 들어왔을 때 그는 유조선의 들쭉날쭉한 선미를 휩쓴 파도가 폭포수처럼 떨어지는 모습을 지켜봤다. 자신과 동료 대원들이 애 좀 먹겠구나 싶었다. 그때 유조선 굴뚝에서 피어오르는 연기를 보고 깜짝 놀랐다. 선미 뒷부분이 위로 경사져 있어 파도가 밀려올 때마다 프로펠러가 물 위로 드러날 것 같았다. 이스트윈드호가 유조선 가까이에 다가가면서 화이트와 휘트모어는 유조선 선원들 몇 명이 갑판 난간을 따라 서 있는 모습을 발견했다. 그들은 이쪽을 향해 미친 듯이 손을 흔들고 있었다. 이스트윈드호는 바람을 안고 유조선 너머로 천천히 이동했다. 머서호가 떠내려올 수 있는 위치에 있고 싶지 않아서였다.

피터슨 함장이 현장에서 처음 내린 결정은 머서호와 교신하는 일이었다. 이를 위해 '원숭이 주먹 매듭'으로 무겁게 만든 줄을 유조선에 쏘라고 지시했다. 방수용기에 담은 휴대용 무전기를 줄 끝에 매달아 유조선 선원들이 배로 끌어올릴 수 있게 했다. 그들은 이제 무전기로 야쿠테이트호와 교신을 주고받을 수 있을 것이다. 텍사스 주 패서디나 출신의 기관장 제시 부슈널은 유조선 선미부에서 가장 직급이 높은 선원이었다. 부슈널은 피터슨 함장에게 선원 몇 명은 선체에 남기로 했고, 나머지 선원들은 즉시 탈출하고 싶어한다고 전했다. 피터슨 함장은 고무보트를 보내겠다고 응답했다. 대원들은 유조선을 향해 또 다른 연결줄을 발사했다. 연결줄에 더 무거운 줄을 매달아 구명보트를 고정시켰다. 줄의 반대쪽 끝은 이스트윈드호 대원들에게 있었다.

생존자들이 줄 끝을 당겨 구명보트가 유조선에 닿자마자 세 선원이 바다로 뛰어들어 서둘러 보트에 올라탔다. 이스트윈드호에게는 만만치 않은 여정이었다. 파도는 여전히 미쳐 날뛰었고, 배가 심하게 요동치는 바람에 줄이 물 밖으로 떠오르면서 선원들과 보트가 공중으로 떠올랐다. 보트는 요란한 소리를 내며 수면에 부딪혔고 보트를 붙들고 있던 생존자들의 손에서 힘이 풀려나갔다. 차가운 바다에서 죽지 않도록 지켜주는 유일한 힘이었는데도.

이스트윈드호에서 하역망이 내려왔다. 해안경비대원 세 사람, 존 코트니와 롤랜드 호퍼트, 유진 코푸식이 하역망 작업을 자원했다. 그들은 흘수선에서 대기하다가 생존자들을 돕기로 했다. 이스트윈드호가 흔들릴 때마다 자원한 대원들은 완전히 물에 잠겼지만 하역망을 단단히 붙잡고 있었다. 보트가 이스트윈드호 옆으로 오면 대원들이 생존자들 몸에 밧줄을 묶어 배 위로 끌어올린다는 작전이었다. 하지만 피터슨 함장은 머리를 내저으며 구명보트 작업을 중단시켰다. 생존자들을 물 밖으로 무사히 구조한 건 운이 좋아서였음을 깨달았다.

구조 작업을 하던 중 해안경비대의 두 번째 경비함 어커시넷호가 현장에 도착했다. 포틀랜드에서 꼬박 24시간을 달려 격렬한 폭풍 한가운데로 들어온 것이다. 특히 메인 주 연안이 눈보라에 직격탄을 맞았다. 『포틀랜드 헤럴드프레스』는 '폭설로 주 전체 마비: 관측사상 최악의 폭풍'이라는 머리기사를 실었다. 어커시넷호는 수리를 위해 포틀랜드에 정박 중이었고, 대원 절반이 해안 곳곳에 뿔뿔이 흩어져 있었다. 그중에는 함장 존 조지프도 있었다. 그는 사우스 포틀랜드의 집에 있다가 전화로 펜들턴호와 머서호의 사고 소식을 들었다.

"중령님, 어커시넷호입니다. 보스턴 본부에서 연락이 왔습니다. 유조선 두 대가 코드 곶 근처에서 두 동강이 나서 지금 구조에 나설 예정입니다."

조지프는 대원들의 위치를 파악하기 어렵다는 사실을 알고 말했다. "대원들에게 전화로 연락해봐. 전화 연결이 안 되면 근처 라디오 방송국에 전화해서 방송으로 전달하게 하고. 지금 출발하겠네." 하지만 말처럼 쉽지 않았다. 조지프의 차는 포틀랜드의 보건스트리트 다리 위에 쌓인 눈더미에 갇혀 오도 가도 못하고 있었다. 어커시넷호가 정박해 있는 부두까지 걸어가려면 몇 시간은 걸릴 터였다. 그는 사우스 포틀랜드 해안경비대 기지에 연락했다. 기지에서 보낸 정찰선이 강을 거슬러 올라와 조지프를 다리에서 배까지 실어 날랐다. 다른 대원들도 눈더미 속에서 고생을 했지만 전원이 무사히 도착했다. 65미터 길이의 어커시넷호는 포틀랜드 항을 빠져나와 남쪽 폭풍 속으로 향했다. 배에 탄 대원들 틈에는 어린 두 대원 존 밀바워와 시드 모리스도 끼어 있었다. 두 사람 다 머서호까지 가는 여정이 대단히 험난했으며 조지프 함장이 지휘를 맡아 다행스러웠다고 말했다. "조지프 함장님이 타셔서 기뻤죠. 그랜드뱅크스 근처에서 어선 구조 작업을 몇 번이나 훌륭하게 지휘하셨거든요. 다들 해안경비대에서 25년 동안 근무한 베테랑 함장님을 신뢰했습니다. 물론 힘든 여정이 될 거라고 생각했습니다. 항구에 정박해 있을 때에도 똑바로 서 있기가 힘들었으니까요. 속도를 높여 난바다육지에서 멀리 떨어진 바다로 나가 포틀랜드 등대선 옆까지 오자 평소 뱃멀미를 걱정하던 사람들이나 아닌 사람들이나 하나같이 뱃멀미를 심각하게 걱정하기 시작했습니다." 평소 같았으면 포틀랜드에서 낸터킷 근처에 있는 머서호까지 18시간이 걸렸겠지만 거대한 파도 때문에 6시간이 더 걸렸다. 배 위의 대원들 전원이 뱃멀미를 하고도 남을 시간이었다.

모리스는 머서호의 선미가 보이자 두려움에 입을 떡 벌리고 쳐다봤다고 했다. "선체 중간 부분에 쪼개져서 삐죽삐죽하게 튀어나온 거대한 은색 철재가 보였습니다. 혼이 나간 선원들이 애원하며 난간을 꽉 붙들고 있었죠." 밀바워는 이스트윈드호가 생존자들이 탄 구명보트를 경비함으로 끌어올리고 있던 바로 그 순간에 도착했다. "이스트윈드호는 보트를 끌어올리느라 악전고투 중이었습니다. 보트는 위아래로 오르락내리락하며 빙글빙글 돌기도 했습니다. 심장이 오그라드는 것 같았습니다. 보트에 선원들이 타고 있었으니까요."

조지프 함장 역시 구조 장면을 지켜보며 구명보트에 탄 선원들이 억세게 운이 좋아야 살아서 이스트윈드호에 오를 수 있을 거라고 생각했다. 하지만 함장은 다른 구조 방법을 고민하기 시작했다. "바다가 미쳐 날뛰는 모습을 보니 선미부와 선수부가 바다의 무덤Davy Jones's locker선원들 사이에서 통하는 은어로 바다의 바닥이라는 의미에서 만날 것 같았습니다. 빨리 손을 써야 했죠. 통신실에 가서 이스트윈드호의 함장에게 연락을 했습니다. '함장님. 어커시넷호를 유조선 옆으로 몰고 가서 생존자들이 우리 갑판으로 뛰어내리게 할 생각입니다. 위험하지만 가능할 것 같습니다.'"

전체 구조 작전의 현장 지휘관이었던 이스트윈드호의 피터슨 함장은 답하기를 주저하며 생존자들과 어커시넷호가 처할 위험을 두루 따져봤다. 해안경비대의 원양 예인선인 어커시넷호는 이스트윈드호보다 작고 조종이 쉬웠다. 하지만 조지프 함장의 작전은 대단히 이례적인 것이었다. 특히 폭풍 속에서는. 두 배가 거친 파도에 밀려 충돌하기라도 하면 어커시넷호의 대원들은 유조선의 생존자들만큼이나 큰 위험에 처할 수 있었다. 피터슨 함장은 작전이 실패할 경우 자신이 받게 될 조사뿐 아니라 이러한 위험도 알고 있었지만 선택의 여지가 없었다. 그는 조지프 함장에게 한번 해보라고 대답했다.

조지프는 조타수 하비 마디건에게 자신의 계획을 설명하고, 어커시넷호를 유조선 뒤쪽에서 반원을 그리며 접근해 배 사이의 거리가 10미터로 좁혀질 때까지 미끄러져 들어가라고 지시했다. 어커시넷호가 유조선 옆에 도착하면 엔진을 끄고 배를 좀더 가까이 몰고 가 생존자들을 선미의 돌출부 위로 뛰어내리게 할 계획이었다. 조지프 함장은 주의를 덧붙였다. "마디건, 우린 해낼 수 있어. 하지만 신중해야 돼. 뱃머리가 유조선 쪽으로 향하지 않게 조심해. 그렇게 되면 유조선을 들이박을 거고 생지옥이 따로 없을 테니까. 뱃머리를 밖으로 향하게 두면 문제없을 거야." 잠시 뒤 두 사람은 말없이 해류와 바람을 살피며 프로펠러가 멈추면 배의 표류 속도가 얼마나 될지 따져봤다.

조지프는 자신이 탄 경비함의 선미 돌출부가 보이는 함교 날개 부분에 섰다. 생존자들은 그 위로 뛰어내릴 예정이었다. 그는 마디건에게 천천히 반원을 그리며 배를 유조선 뒤쪽으로 몰고 가라고 지시한 후 엔진을 끄고 다시 표류 속도를 쟀다. 디젤 엔진이 꺼지자 어커시넷호의 가속도가 배를 앞으로 밀고 나갔고 유조선이 바로 앞에 희미하게 보였다. 오만 가지 생각이 조지프의 머리를 스쳤다. 갑작스러운 너울로 두 배가 충돌해 침몰하기라도 하면 어쩌지? 생존자들이 두 배 사이에 떨어져 몸이 으스러지면? 충돌하자마자 유조선의 기름이 폭발하면? 작전이 실패하면 내 인생은 어떻게 되는 거지? 그는 온갖 경우의 수를 생각하며 멈칫했다. 하지만 걱정도 잠시였다. "3분의 1 앞으로!" 조지프가 소리쳤다.

유조선에 더 가까이 다가가자 난간에 늘어선 생존자들의 얼굴에 역력히 드러난 절박함이 또렷하게 보였다. 바로 그때 태산 같은 파도가 어커시넷호의 뱃머리를 유조선 프로펠러 쪽으로 밀어넣었다. 마디건은 젖 먹던 힘을 다해 타륜을 돌렸고 조지프는 기관실로 연결되는 전화기에 대고 소리쳤다. "우현 앞으로, 좌현 뒤로!" 엔진이 바다를 휘저어 거품이 더 생겨났다. 충돌하기 몇 미터 앞에서 어커시넷호의 뱃머리가 멈추더니 천천히 후진하기 시작했다.

조지프과 마디건은 짧은 안도의 한숨을 내쉬었다. 어커시넷호가 유조선 옆 수직선상에 오자 조지프가 소리쳤다. "엔진 모두 후진!" 마디건은 뱃머리가 유조선 쪽을 향하지 않도록 주의하면서 키를 돌려 경비함 선미를 유조선 쪽으로 천천히 움직였다. 어커시넷호의 선미 돌출부와 머서호 사이가 3미터에서 60센티미터가량까지 좁혀졌다. 그때 경비함이 약간 흔들리더니 선미가 유조선에 부딪혔다. "엔진 모두 꺼!" 조지프가 소리쳤다.

이제 생존자들이 뛰어내릴 차례였다. 하지만 아무도 움직이지 않았다. 누가 그들을 욕할 수 있을까? 배 두 척이 거의 근접한 채 어지럽게 오르락내리락하는 모습을 지켜보던 생존자들은 결정을 내리지 못한 채 그 자리에 얼어붙어 있었다.

해안경비대 중위 조지 머호니, 시드 모리스, 존 밀바워, 그리고 다른 대원들 몇 명이 어커시넷호 뒤쪽 갑판으로 나가 미끄러지고 넘어지면서 유조선 선원들이 뛰어내리기를 기다렸다. 머호니가 소리쳤다. "어서 뛰어요! 우리가 잡을 테니까!" 아직까지 누구도 난간 밖으로 다리를 내밀지 않았다. 유조선과 경비함은 시소의 양 끝처럼 오르락내리락했다. 아주 잠깐 경비함의 선미가 갑판에서 1미터가량 올라갔다가 툭 떨어졌다.

머호니는 생존자들이 움직이지 않자 당혹스러워하며 양손을 입에 대고 소리쳤다. "이봐요. 하루종일 기다릴 순 없다고! 뛰어요!"

마침내 생존자 한 명이 정신을 차리고 난간을 넘었다. 그는 잠시 멈춰 서서 경비함이 다음 파도를 타고 올라오기를 기다렸다. 경비함이 1미터 아래, 유조선에서 60센티미터 거리에 오자 그는 앞쪽으로 몸을 날려 갑판 위로 떨어졌다.

첫 번째 선원이 무사히 뛰어내리자 다른 선원들도 자신감이 붙었는지 두 번째 선원이 난간을 넘어 뛰어내릴 준비를 했다. 두 배는 이제 몇 미터 거리에 있었고, 밀바워는 손을 앞으로 내밀며 큰 소리로 외쳤다. "아뇨. 아직이요! 잠깐 기다려요. 좋아요. 지금이에요. 뛰어요!" 생존자는 밀바워가 시킨 대로 했고 불과 몇 센티미터 차이로 성공했다. 자칫하면 두 배 사이에서 압사당할 뻔했다.

조지프 함장은 세 번째 선원이 뛰어내리던 순간의 상황을 이렇게 설명했다. "난간에서 자세를 잡더니 뛰어내렸어요. 그런데 너무 늦게 뛰었죠. 선원이 뛰어내리는 순간 우리는 밑으로 내려가고 있었거든요. 발을 배 난간에 부딪히고는 뒤쪽으로 떨어졌어요. 두 배의 선체 사이 좁은 공간으로요. 선원의 입에서 비명 소리가 터져나왔고 저는 진저리를 치며 지켜봤습니다." 두 대원이 달려들어 선원의 외투를 잡았지만 대원들의 가속도와 생존자의 체중 때문에 대원들이 난간 너머로 딸려갔다. 대원 세 명이 합세해 미끄러지는 대원들과 생존자를 붙잡았다. 모두 갑판 위로 끌려올라왔다.

남은 생존자들은 아까보다 더 뛰어내리기를 망설였다. 하지만 해안 경비대원 두 사람이 자진해서 움직였다. 경비함이 너울을 타고 거의 유조선 높이까지 올라갔을 때 머서호의 생존자들을 한 사람씩 경비함 갑판 위로 잡아당겼다. 다음 선원을 붙잡을 준비를 하고 있을 때 유난히 큰 파도가 머서호 선미를 아주 높이 들어올렸다. 꼭 경비함 위로 똑바로 떨어질 것처럼 보였다. 대원들은 납작하게 찌부러질까 두려워 갑판에서 황급히 흩어졌다. 그때 조지프 함장이 전화기에 대고 소리쳤다. "전속력으로 전진!"

시드 모리스는 다음 상황을 이렇게 기억했다. "엔진이 삐걱거리는 소리를 내면서 전속력으로 움직였고, 격벽과 갑판이 갑자기 미친 듯이 진동했어요. 이중나사가 마구 돌아갔고, 영원 같던 시간이 지나자 우리 배는 한계에 이르러 앞쪽으로 휘청거렸죠. 아래위로 요동치는 유조선 프로펠러의 칼날 같은 모서리를 피해서요."

실제로 프로펠러가 너무 가까이 다가와 난간에 날카로운 자국을 냈다. 조지프 함장은 참았던 숨을 쉬며 행운은 자신들 편이라고 결론지었다. 그는 마디건에게 다시 한번 시도하라고 지시했다. 경비함이 다시 유조선 선체 가까이 접근하자 그들은 또 한 번 생존자들을 구슬려야 했다. 시드 모리스는 가장 뚱뚱한 선원을 구조하던 순간을 기억했다. 선원이 뛰어내린 뒤 일어선 채로 갑판 이쪽에서 저쪽으로 요란하게 미끄러지며 난간을 들이받자 발 빠른 대원 한 명이 그를 붙잡아 바다로 빠지는 것을 막았다. 그 생존자는 나중에 시드에게 자신이 그렇게 빠르게 미끄러진 이유는 새 신발을 잃고 싶지 않아 신고 있었기 때문이라고 말했다.

총 18명이 유조선에서 경비함으로 뛰어내렸고, 사망자는 단 한 명도 없었다. 하지만 13명은 경비함으로 뛰어내리는 것보다 유조선에 남는 편이 안전하다고 결정했다. 조지프 함장은 본부에 곧바로 무전을 했다. "어커시넷호 선미를 유조선 옆으로 이동해 생존자들을 배에 태웠다. 두 번에 나눠 실시했다. 첫 작전에서 5명, 두 번째 작전에서 13명을 구조했다."

조지프 함장은 생존자 18명을 보스턴으로 이송하겠다고 요청해 승인을 받았다. 생존자 두 사람이 입원해야 하는 상황이었기 때문이다. 긁힌 자국 하나 없이 탈출한 다른 생존자들은 경비함에 무사히 승선해 기뻐하며 따뜻한 커피와 음식을 먹고 잘 마른 옷으로 갈아입었다. 모두 안도감을 느꼈다. 갑판수 헐리 뉴먼은 이렇게 말했다. "제 인생에서 가장 행복했던 순간은 어커시넷호의 후갑판 위에 뛰어내렸을 때였어요."

어커시넷호는 해질녘 사고 현장을 떠나 보스턴을 향해 밤새 달렸다. 조지프 함장과 대원들, 그리고 생존자들은 수요일 아침 8시 보스턴에 도착해서 부두에 모인 어마어마한 인파를 보고 깜짝 놀랐다. 구경꾼들 사이에서 커다란 환호성이 터져나왔고 자동차 경적이 요란하게 울렸다. 기자들이 대거 몰려와 큰 소리로 질문을 퍼부었고 건널판 자배와 육지 사이에 다리처럼 걸쳐놓은 판자를 내려오는 생존자들의 사진을 찍어댔다. 조지프 함장이 나타나자 다시 한번 환호성이 터졌다. 생존자

두 사람 매시 헌트와 앨런 님이 함장의 양옆에서 함장의 어깨에 팔을 두르고 환하게 웃었다. AP통신이 이 장면을 찍었고, 그 사진은 전국의 신문 1면에 실렸다.

나중에 조지프 함장과 어커시넷호가 포틀랜드에 도착하자 또 다른 무리가 기다리고 있었다. 그중에는 함장의 가족도 있었다. 조지프는 나중에 이렇게 말했다. "함교 날개 쪽에 나와서 축하를 받았습니다. 모여 있는 군중을 내려다보며 아내를 향해 손을 흔들자 막내아들이 큰 소리로 외쳤어요. '무슨 일이에요, 아빠? 왜 전부 구조하지 않았어요? 무서웠어요?'" 조지프는 말없이 미소지으며 고개를 저었다.

채텀 기지의 화요일

인류애는 인간의 생존에 필수 불가결한 조건이다.

_카를로스 P. 로물로

버니 웨버는 피곤한 눈을 비비며 잠을 쫓았다. 관절 마디마디가 쑤셨다. 심하게 피곤했지만 잠은 제대로 이루지 못했다. 두들겨 맞은 듯한 몸을 침대에서 일으켜 방을 둘러봤다. 통증 때문에 그동안 겪은 일들이 떠올랐다. 웨버와 용감한 대원들은 작은 구조선 하나로 선원 32명의 목숨을 구했다. 웨버는 바닥을 쳐다보면서 꿈인가 싶었다. 바닥 여기저기에 지폐가 흩어져 있었고 옷장 안에도 돈이 가득했다. 그는 영문을 모른 채 재빨리 옷을 챙겨 입고 돈을 모조리 주워 담아 아래층으로 내려갔다. 생존자들이 사방의 침대며 바닥에 누워 있었다. 웨버는 갑판 준위 클러프에게 돈을 건네면서 물었다.

"이 돈은 다 뭡니까?" 클러프는 펜들턴호 생존자들이 모은 선물이라고 했다. 배에서 탈출하기 전 소지품 일부를 가까스로 가지고 나온 것이었다. 돈은 결국 채텀 기지의 텔레비전을 사는 데 쓰였다. 1952년 에는 텔레비전이 보기 드문 사치품이었다. 하지만 몇몇 사람들은 웨버 에 대한 감정이 달랐다. 상관들은 웨버가 구조 작업을 하는 동안 통 신규약을 위반한 데 화가 나 있었다. 클러프는 웨버에게 몇몇 상급 장 교들이 '군법회의'까지 들먹이고 있음을 전했다. 웨버가 올드 하버로 돌아오는 동안 무전을 끄고 상관들을 무시해서였다. 클러프는 자기가 손을 쓸 테니 걱정하지 말라고 약속했다. 하지만 따로 손을 쓸 필요가 없었다. 그날 오후 늦게 해안경비대 제1지구 사령관이자 해군 소장 H. G. 브래드버리가 다음과 같은 긴급 공문을 보내왔기 때문이다.

SS 펜들턴호의 구조 작업에 참여한 모든 이에게 진심 어린 박수 를 보낸다. CG36500호의 함장인 갑판 하사 버나드 C. 웨버와 이 등 기관사 앤드류 J. 피츠제럴드, 상병 리처드 P. 리브시, 상병 어 빈 E. 매스크 모두 훌륭했다. 여러분은 굉장한 선박 조종술을 보 여줬고, 파도가 거센 위험한 채텀 바를 죽음을 무릅쓰고 건넜다. 거센 겨울 강풍 속에서도 극심한 어둠과 폭설을 이기고 유조선 의 좌초한 선미에서 배가 전복되기 직전 33명의 선원 중 32명의 목숨을 구했다. (…) 이는 제군들뿐 아니라 해안경비대 전체에도 큰 명예다.

리처드 리브시는 그날 아침 일어나니 목이 아프고 머리가 욱신거렸다. 폐렴일까 봐 겁이 났다. 그는 1주일간 휴가를 받아 가능한 한 빨리 집에 가려고 했다. 하지만 나머지 대원들과 함께 남아 그날 오후에 의사의 진찰을 받으라는 지시가 떨어졌다. 의사가 심각하지는 않다고 해서 안심했지만, 그와 나머지 대원들을 1주일간 지켜봐야 한다고 말하는 순간 좌절했다. 휴가가 연기된다는 말이었으니까.

펜들턴호의 생존자들은 채텀 구조선 기지에 아주 길게 머물지는 않았지만 웨버와 대원들에게 마음을 전할 시간은 있었다. "절대 잊지 않겠습니다. 하느님의 축복이 있기를 진심으로 빕니다." 생존자 프랭크 포토가 악수를 하며 말했다. 프레드 브라운도 같은 마음으로 목례를 했다. 그날 아침 생존자들은 보스턴에 있는 에식스 호텔로 향하는 버스에 우르르 올라탔다. 가는 길에 선원 두 사람을 태워야 했다. 플로리다 주 잭슨빌 출신의 51세 선원 애런 포스벨과 꼬마 마이어스와 친하게 지냈던 롤로 케니슨이었다. 두 사람 모두 쇼크와 동창으로 하이애니스에 있는 코드 곶 병원에서 치료받고 있었다. 버스로 채텀 기지를 떠나는 길에 선원들은 아침 햇살에 반짝이는 배의 잔해를 스쳐 지나갔다. "저기 있어." 어린 선원 캐럴 킬고어의 목소리에 슬픔이 묻어났다.

이제 구조 소식은 작은 채텀 마을 너머로 멀리 퍼져나갔다. 지역 신문사들은 은행 강도 윌리 서턴의 체포 소식, 새롭게 왕위에 오른 엘리자베스 여왕의 반공개적인 첫 번째 대관식 계획, 심지어 엘리자베스 테일러와 영국 배우 마이클 와일딩의 결혼 소식까지 실었다. 하지만 그날 가장 화제가 된 기사는 분명 코드 곶 외곽에서 오랜 시간

펼쳐진 드라마였다. 보스턴의 주요 일간지 『데일리레코드』는 '코드 곶 근처에서 32명 구조, 55명은 두 동강 난 선박에 매달려 있는 중'이라는 머리기사를 실었다. 『케이프코드 스탠더드타임스』는 '코드 곶 근처 두 동강 난 유조선에서 4명의 채텀 해안경비대원, 32명의 목숨을 구하다'라는 머리기사를 내걸었고, 『보스턴글로브』 1면에는 '유조선 선원 32명 구조'라는 제목의 기사가 실렸다. 또 존 J. 피츠제럴드 선장의 사진을 싣고 '보스턴 출신의 선장 펜들턴호 선수에서 사망'이라는 작은 표제를 달았다. 이 기사는 확실히 시기상조였다. 특히 피츠제럴드 선장의 가족들에게는.

마거릿 피츠제럴드는 2월 18일 저녁에 남편의 사고 소식을 처음 들었다. 피츠제럴드의 열한 살 된 아들 존 J. 피츠제럴드 3세는 동생과 텔레비전으로 「키트 카슨의 모험」을 보고 있다가 전화벨 소리를 들었다. 마거릿은 충격적인 소식을 말없이 듣더니 비명을 내질렀다. "뭐라구요! 그이가 죽었어요?" 전화를 건 상대는 상황은 변할 수 있다고 말했다. 구조 작업 네 건이 동시에 진행 중이며, 지금으로서는 남편의 생사를 알 수 없다고 했다. 마거릿은 전화를 끊고 진정하려고 애썼다. 그리고 네 아이를 불러 모은 뒤 사고 소식을 전했다. 다른 세 형제들처럼 존 3세 역시 어머니가 하는 말을 잘 이해하지 못했다. 아버지가 돌아오지 않는다니 상상할 수 없는 일이었다. 그는 아버지가 오래 집을 비우는 데 익숙했고, 실제로 유조선의 선장인 아버지는 1년 중 집에 있는 시간이 45일밖에 안 됐다. 그렇지만 아버지가 곧 현관문을 열고 선물을 가득 안은 채 나타날 것만 같았다. 마거릿은 아이들을 준비시키고 채텀으로 향했다.

지친 생존자들이 2시간 반을 달려 보스턴에 도착한 뒤 버스에서 쏟아져나왔을 때 밀리 올리베이라는 아내들 중에서는 유일하게 호텔 에식스의 로비에서 기다리고 있었다.

세 아이 중 둘을 데리고 온 올리베이라는 남편 아퀴놀을 껴안았다. 아퀴놀은 추위를 피해 따뜻한 로비로 들어온 참이었다. 안경을 쓴 말라깽이 조리사 아퀴놀은 선미에 장시간 갇혀 있는 동안 가족들을 다시는 볼 수 없을까 봐 두려웠다. 아퀴놀 올리베이라와 31명의 선원들은 에식스 호텔에서 공짜로 묵으며 대기하다가 곧 있을 해안경비대 조사에서 진술하기로 되어 있었다. 조사는 이 같은 비극적 사건 뒤에 행해지는 표준 절차였다. 하지만 그 전에 생존자들은 채텀에 내려가지 못한 의욕적인 기자들에게 끔찍한 경험담을 이야기해야 했다. 아퀴놀은 『보스턴포스트』와의 인터뷰에서 배가 두 동강 날 때 자신은 빵을 굽고 있었다고 말했다. 무슨 일이 일어났는지 보려고 위쪽 갑판으로 올라가는 순간 그의 얼굴은 밀가루범벅이 됐다. 그는 9년 전 독일군의 시실리 침공 당시 배에 투하한 그 어떤 무기보다 막강한 폭풍이었다고 전했다. 롤로 케니슨은 기자와 인터뷰하는 동안 삼각형 종이꾸러미를 들고 있었다. 기자가 뭐냐고 묻자 케니슨은 조지 '꼬마' 마이어스가 죽기 전 자신에게 건넨 신호총을 꺼냈다. "정말 착한 사람이었는데." 여전히 몸을 떨면서 케니슨이 기자들에게 말했다.

다음 날 아침 마거릿 피츠제럴드는 팔짱을 껴 추위를 견디면서 해변을 거닐고 있었다. 격렬하게 요동치는 파도를 바라보며 바다가 남편을 데려간 걸까 생각했다. 거기 있는 사람은 그녀만이 아니었다. 수백 명의 인파가 펜들턴호의 잔해를 보려고 채텀의 해안 절벽으로 몰려들었다. 사람이 너무 많아 특별 경찰순찰대가 출동해 교통정리를 했다. 수많은 구경꾼이 갈기갈기 찢긴 선미를 바라보며 불길한 바다의 위력을 새삼 상기했다. 하지만 난파선을 쳐다보며 오직 기회만을 노리는 작자들도 있었다.

선미 내부의 탁자에 상당히 많은 돈이 남아 있다는 소문이 돌았다. 소문에 따르면 선원들 몇 명이 한창 카드게임을 하다가 구조선이 배 쪽으로 오고 있다는 말을 들었다고 한다. 선원들이 돈을 챙기려는 순간 한 선원이 배를 버리고 탈출할 때 노름에서 딴 돈을 챙기면 언젠가 바다의 희생양이 된다는 미신 이야기를 했다는 것이다. 이런 소문이 돈 이유는 순전히 생존자들이 나중에 버니 웨버의 양말 서랍과 침대 주변 바닥에서 돈을 잔뜩 챙겨왔기 때문이었다. 그럼에도 그 소문을 정말로 믿는 채텀 어부들이 많았다. 어부들은 없는 게 없는 배의 기계 공작실, 비싼 항해 장비, 수많은 의류에도 눈독을 들였다. 해안경비대는 지시가 떨어지기 전까지 펜들턴호의 선수와 선미를 순찰하지 않을 예정이라고 발표했다. 끝내 지시는 없었다. 그래서 코드 곶 외곽 바다 청소부의 전통에 따라 데이비드 라이더 일당은 거친 파도를 뚫고 보물을 찾아 나섰다. 라이더는 11미터짜리 정기선 앨리스 앤드 낸시호를 몰고 선미에 접근했고, 두 사람이 배에 올라가 난파선을 뒤졌다. 라이더는 배에 타지 않고 친구들이 기름투성이 갑판 위에서 미끄러지고 넘어지며 보물을 찾는 모습을 지켜봤다. 난파선에서 건진 물건 중에는 펜들턴호의 붉은 지브뱃머리의 큰 돛 앞에 다는 작은 돛도 있었는데, 라이더는 그걸 지금까지도 간직하고 있었다.

채텀 해변에 모인 사람들이 거센 폭풍을 바라보는 동안 반스터블에서 30킬로미터가량 떨어진 곳에 구경꾼 몇 명이 모여들었다. 얼마 전 난파당한 배의 선원들이 구사일생한 장소였다. 펜들턴호와 포트 머서호처럼 길이 18미터의 가리비 어선 40패덤스호 역시 치명적인 동북풍에 빨려들었다. 배는 2월 16일 토요일 반스터블 항을 떠나 프로빈스타운에서 약 45킬로미터 떨어진 어장으로 향했다. 선원들은 고생 끝에 가리비를 230킬로그램 가까이 잡아 올렸다. 그다음 날 폭풍이 쳤다. 거대한 파도가 배를 덮친 후 조타실 창문이 깨지고 수심계와 방향 탐지기, 무선 전화기가 물에 젖자 워런 고프 선장과 선원 세 명은 오도 가도 못하는 신세가 됐다.

항해 장비가 모두 사라지자 고프 선장은 패덤스호를 바다 쪽으로 더 몰고 나갔다. 폭풍 속에서 버텨보려는 마음에서였다. 배를 3시간 동안 몰고 갔다가 왔던 길을 되짚어가는 과정을 되풀이했다. 그러다 마침내 어선을 돌려 남쪽으로 향했다. 2월 18일 월요일 오후 나절, 고프 선장은 배를 어떻게든 데니스 근처 어딘가로 몰고 갔다. 가던 길에 코드 곶 만의 올드 아일랜드로 통하는 작은 만을 발견했고, 선장과 선원들은 폭풍이 물러가기를 기다렸다. 다음 날 선원들은 반스터블 항으로 무사히 돌아왔다. 그날 똑같은 폭풍에 발이 묶인 다른 선원들을 발견했더라면 그들의 운명은 달라졌으리라.

아직 13명이 배에 타고 있다

실패하지 않는 가장 확실한 방법은 성공에 대한 결의를
굳히는 것이다. _리처드 브린즐리 셰리든

낸터킷 동북쪽 바다에 수요일 아침이 밝았다. 햇살이 3미터 높이
의 유순한 너울을 환하게 밝혔고 이스트윈드호는 우아하게 파도를
탔다. 상황이 나아졌는데도 렌 휘트모어는 진이 쭉 빠지는 기분이었
다. 포트 머서호에서 무전으로 첫 번째 조난 신호를 받은 지 몇 주는
지난 것 같았지만, 실제로는 겨우 48시간이 흘렀다. 모든 일이 꿈만
같았다. 휘트모어는 사고 현장에 너무 늦게 도착할까 봐 마음 졸이던
기억을 떠올렸다. 하지만 머서호 선미에는 사망자가 없었다. 실제로
선미에 남기로 한 선원 13명은 잘 버티고 있었고, 바다로 나갈 생각도
없었다. 휘트모어는 선원들이 그런 선택을 한 이유가 어커시넷호로
뛰어내리는 게 얼마나 위험한 일인지 똑똑히 봤기 때문에 배에 남는

게 더 안전하다고 느껴서인지, 아니면 자신들의 책무를 생각해서인지 알 수 없었다. 선원들 전부가 배를 버리면 다른 사람이 배에 올라타 인양권을 요구할 수 있다는 사실을 알았음에 틀림없다. 선주들은 그런 결과를 그리 탐탁지 않게 여길 테고 배에 남아 있었던 사람들에게 보상을 할 것이다.

몇 시간 후면 그 모든 일이 휘트모어와는 상관없는 일이 될 터였다. 예인선이 도착해 선미에 줄을 고정한 뒤 항구까지 끌고 갈 것이기 때문이다. 얼마 안 있으면 그와 대원들은 그토록 원하던 자유를 얻게 될 터였다. 이스트윈드호에는 생존자 3명이 타고 있었다. 그들은 보스턴으로 향할 예정이었다. 유니맥호는 머서호 선미를 지키고 있다가 예인선이 도착하면 막판 작업이 순조롭게 진행되는지 확인할 계획이었다. 휘트모어는 지금까지 일어난 일을 돌이켜봤다. 폭풍 속에서 어커시넷호가 유조선 가까이 배를 대던 모습은 그 뛰어난 선박 조종술 때문에 영원히 잊지 못할 것이다. 머서호의 통신사 존 오라일리와 주고받았던 모스부호 메시지 역시 잊지 못할 것이다. 오라일리는 그다음 날 사망했다.

하지만 전체 구조 작업은 대단히 성공적이었다는 평을 받았다. 선원들뿐 아니라 일반 시민들 역시 보유하고 있던 거의 모든 장비를 효과적으로 사용한 데 대해 해안경비대를 극찬했다. 그들은 고무보트, 소형 보트, 레이더 기지, 항공기, 해안경비함을 총동원했다. 신문사, 라디오 방송국, 텔레비전 방송국은 구조 작업에 대한 기사를 충분히 확보하지 못한 상태였다. 이스트윈드호의 피터슨 함장은 여전히 사고 현장에 있는데도 기자들은 피터슨 함장을 찾고 있었다. 다음 라디오 메시지도 그중 하나였다. "존 데일리가 올리버 피터슨 함장님을 2월 25일 월요일 밤 CBS TV 쇼의 게스트로 초대합니다. 프로그램 제목은 '잇츠 뉴스 투 미'입니다. 출연 가능하시면 가급적 빨리 연락 바랍니다."

그날 늦게 예인선 두 척이 사고 현장에 도착했다. 캐나다 노바스코샤 주 핼리팩스에서 온 파운데이션 조세핀호와 뉴욕에서 온 M. 모런호였다. 이스트윈드호는 예인선의 도착 소식을 본부에 알리며 덧붙였다. "머서호에 남아 있는 13명은 지금 배에서 내리기에는 너무 고령이거나 몸이 버텨내지 못하는 선원들입니다. 선원 한 명은 등에 경미한 부상을 입었고, 한 명은 가벼운 늑막염 증상이 있으나 건강 상태는 양호합니다. 포트 머서호에 의약품과 담배를 전달했습니다. 이스트윈드호에 탄 생존자 세 명 중 한 명이 사타구니 부분에 통증이 있다는데 탈장으로 보입니다."

한 시간 뒤 렌 휘트모어는 사고 현장에서 출발했다. 그가 할 일은 끝났다. 하지만 다른 사람들은 이제 시작이었다. 머서호의 선미가 동남쪽으로 떠내려가 낸터킷에서 남쪽으로 40킬로미터 떨어진 곳까지 왔을 때 첫 번째 예인선이 도착했다. 파운데이션 조세핀호는 먼저 머서호의 선미에 줄을 쏘았고, 남은 선원들이 줄을 잡아당겼다. 줄 끝에는 굵고 튼튼한 강삭여러 가닥의 강철 철사를 합쳐 꼬아 만든 줄이 묶여 있었다. 선원들은 이 밧줄을 머서호 선미 끝부분에 있는 예인용 초크에 붙들어 맸다. 선체 앞쪽 끝부분의 강철이 심하게 훼손돼 배를 선미 끝부터 뒤쪽으로 예인하기로 했다. 두 번째 예인선 M. 모런호는 배의 선미에서 파운데이션 조세핀호의 선수까지 굵은 밧줄을 고정했다. 예인 작업은 모런호가 앞장서고, 그다음 조세핀호, 유조선 순으로 이루어졌다. 행렬은 속도를 5노트로 줄이고, 로드아일랜드의 내러갠섯 만과 뉴포트로 향했다.

신문은 인양 작업의 모든 단계를 보도했다. 『뉴욕타임스』는 "오늘 밤 머서호의 선미에서 노란 불빛이 희미하게 빛났고, 기둥 모양의 연기가 굴뚝에서 동그랗게 피어올랐다. '남은 자들(배에 남기로 한 사람들)'에게는 빛과 불이 있었다. 보일러실과 배의 거의 모든 기계 부품이 그쪽에 있었기 때문이다. 조리실에는 음식이 넉넉히 남아 있었다"라고 전했다. 유조선의 소유주인 트리니대드 사는 예인 작업을 하는 동안 유조선 반쪽이 가라앉기라도 하면 법적 책임을 물어야 할까 봐 선원 13명이 배에 남기로 한 결정에 자신들은 관여하지 않았다고 발표했다. 회사의 대변인은 이렇게 전했다. "선원 13명이 배에 남기로 한 결정은 선원들 스스로 내린 것입니다. 순전히 선원들의 뜻이었습니다." 이유야 어찌 됐든 머서호 선미는 강철 선체 이상의 가치가 있었다. 배에는 여전히 기름 4만 5천 배럴과 모든 기계 장비가 실려 있었기 때문이다.

금요일, 예인선 두 척이 내러갠섯 만에 도착했다. 뉴포트 기지의 대령이 AP통신 기자 세 명을 선미에 태웠다. 그중 한 명인 톰 호건은 자신과 사진사 두 명이 "배가 두 동강 난 뒤 파손된 선체에 올라탄 첫 방문객"이었다고 보도했다. 배에 타자 조리사가 티끌 하나 없이 깨끗한 조리실로 데려갔고, 조리실의 긴 식탁엔 깨끗한 하얀색 리넨 식탁보가 덮여 있었다고 했다. "아주 호화롭게" 지내고 있던 선원 13명은 호건을 아침 식사에 초대했다. 핫케이크와 "원하는 조리법"으로 요리된 계란, 감자, 베이컨, 우유, 커피가 나왔다. 머서호의 선원 리오넬 두피스가 호건과 인터뷰하면서 배가 쪼개진 경위를 설명해주었다. "조리실에서 완두콩 스프를 먹고 있었어요. 그때 시끄러운 소리가 들려 갑판으로 뛰어갔는데 선수가 보였습니다. 젠장, 다른 배랑 충돌했구나 생각했죠. 그때 선수에 적힌 배 이름을 보고 배가 두 동강 났다는 사실을 깨달았어요!"

머서호가 뉴포트로 복귀했다는 사실은 엄청난 뉴스거리였다. 『보스턴헤럴드』는 "수백 명의 운전자와 시민들이 해안에 늘어서 있고, 예인선이 머서호 선미를 잔잔한 뉴포트 항으로 끌고 갔다"고 전했다. 기이한 우연의 일치인지 선미에서 선원 세 사람의 구조를 도왔던 어커시넷호의 대원 존 밀바워는 뉴포트에 있는 처가에 들르던 길에 사람들이 해안가에 모여 있는 모습을 보고는 호기심이 들었다. 그는 행인에게 무슨 일이냐고 물었다. "예인선이 포트 머서호의 선미를 항구로 예인하는 중이라는 이야기를 듣고 깜짝 놀랐습니다. 걸어내려가 그 광경을 보면서 생각했어요. '배가 아직도 바다에 떠 있는데 우리는 뭐하러 그 고생을 해가며 사람들을 구조했을까?'" 하지만 곧 머서호 선수가 마지막 선원이 뛰어내린 지 불과 17분 뒤에 전복됐다는 사실이 떠올랐다. 선미에서도 일어날 수 있었던 일이었다.

여전히 배에 타고 있던 선원 3명은 뉴포트에서 영원히 하선했다.

뉴베드퍼드 출신의 새뮤얼 바르보자는 갈비뼈가 부러졌다. 코네티컷 주 브리스틀 출신의 코잇 하워드는 늑막염에 걸렸고, 뉴욕에서 온 72세의 앨폰스 쇼빈은 집에 가고 싶은 생각뿐이었다. 남은 선원 10명은 마지막 목적지인 뉴욕의 조선소로 가는 동안 배에 남기로 결정했다. 그들의 생각은 '배에 남은' 필라델피아 출신의 동료 선원 얼 스미스와 비슷했다. 스미스는 이렇게 말했다 "여기까지 무사히 왔잖아요. 앞으로도 그럴 거예요." 배에 남은 인원은 다음과 같았다. 텍사스 주 패서디나 출신의 제시 부슈널, 로드아일랜드 주 운소컷 출신의 윌프레드 헤룩스, 뉴햄프셔 주 콩코드 출신의 바이런 매슈슨, 텍사스 주 휴스턴 출신의 하워드 콜비, 미시간 주 울버린 출신의 찰스 듀프리, 매사추세츠 주 폴리버 출신의 리오넬 두피스, 텍사스 주 코퍼스크리스티 출신의 체스터 브로다키, 휴스턴 출신의 마이클 크롤리, 워싱턴 주 캐머스 출신의 아서 커닝햄.

머서호 선미는 뉴포트에서 뉴욕으로 예인되기 전 해상 보험사와 연방당국의 검사를 받았고 항해 적합 판정을 받았다. 트리니대드 사는 선미부가 "배의 절반이 아닌 전체 배의 3분의 2"가량이었으며, 가치는 200만 달러 정도였다고 전했다.

뉴포트에서 브루클린의 이스트 강까지는 불과 26시간 거리였다. 조선소에서는 새로운 선수를 선미에 맞춰 제작했고, 복구가 완료된 뒤 배는 샌 저신토San Jacinto라는 새로운 이름을 얻었다. 화물탱크가 추가된 덕분에 배의 길이는 12미터 늘어난 166미터가 됐다. 샌 저신토 호는 미국 해상 항로를 12년간 더 달리다가 다시 한번 사고를 겪으며 생을 마감했다. 1964년 3월 25일, 배는 플로리다 주 잭슨빌로 가고 있었다. 가솔린과 등유, 석유를 메인 주 포틀랜드에 내린 뒤였다. 버지니아 동부 해안을 60미터 남겨뒀을 때 세 번의 거대한 폭발음과 함께 배 한가운데가 쪼개졌다. 8번 화물탱크에서 거대한 불길이 솟아올라 노천갑판 일부를 파괴했다. 선장은 곧바로 피해 상황을 점검했고, 선원들을 가능한 한 빨리 구명보트에 태워야 한다는 사실을 깨달았다. 배의 전신인 SS 포트 머서호와 마찬가지로 SS 샌 저신토호 역시 두 동강 났다. 선장은 구명보트를 내리라고 지시하고 조난 신호를 보냈다. 하지만 통신사는 명령을 수행할 수 없었다. 폭발 과정에서 무선 안테나 시스템이 망가진 탓이었다.

다행히 다른 배 모빌 페가수스호가 근처에 있었고, 통신사가 신호를 보내 교신을 했다. 하지만 구명보트 안에서 선원들은 또 한 번 심한 타격을 받았다. 쉰여섯 살의 조리장 마틴 도틸라는 폭발과 대피에 대한 공포와 마음의 동요가 극심했던 나머지 작은 배로 옮겨 탄 뒤 심한 심장마비를 일으켰다. 선장은 구명보트를 모빌 페가수스호로 몰고 가라고 지시했다. 응급 처치로 도틸라를 살릴 수 있을까 싶어서였다. 용감한 시도였지만 헛수고였다. 미시시피 주 걸프포트 출신의 조리장은 구조선으로 향하던 중 사망했다.

하지만 나머지 선원 36명은 폭발에서 살아남았다. 12년 전 포트 머서호를 침몰시킨 폭발과 소름끼칠 정도로 비슷했다. 하지만 머서호가 두 동강 난 원인이 조잡한 용접과 싸구려 절재, 악천후의 치명적 조합이었다면 샌 저신토호가 두 동강 난 원인은 다른 데에 있었다.

그 이후 긴 조사 끝에 해안경비대 조사관들은 8번 화물탱크에서 제대로 씻겨내지 않은 가스 때문에 폭발이 일어났다고 결론내렸다. 각 화물탱크에는 내부 부식을 방지하기 위한 마그네슘 양극판이 붙어 있었다.

조사관들은 마그네슘 양극판 하나가 화물탱크 바닥 외판의 내부 구조재에 부딪히며 불꽃이 일면서 가스 증기가 거대한 불덩이로 변한 것이라고 생각했다. 조사가 끝난 뒤 해안경비대의 권고사항에는 가스, 등유, 석유 등 가연성 액체를 실은 화물탱크에 마그네슘 양극판 부착을 금지하는 내용이 포함되었다. 해안경비대의 공식 보고서에는 배의 덧대기 용접에 대한 언급이 있었지만, 놀랍게도 그러한 용접 방식이 SS 샌 저신토호의 완전 파손에 어떤 식으로든 기여했다는 내용은 없었다.

펜들턴호의 선수를 찾아서

죽음만은 어찌할 수 없다.   _에밀리 디킨슨

사고 이후 며칠 동안 채텀 구조선 기지의 대원들은 펜들턴호의 선수부에 오르려고 여러 번 시도했다. 선수는 지금 폴록립 등대선 기지 근처 16미터 깊이의 물속에 가라앉아 있었다. 채텀 해안에서 11킬로미터 정도 떨어진 곳이었다. "선체가 약간 일렁이는 것 같았습니다. 하지만 어떻게든 올라가보기로 했죠." 갑판 준위 대니얼 클러프가 구조 작업 이틀 뒤에 기자들에게 말했다. 하지만 바다의 상황이 여전히 좋지 않아 대원들은 휘청거리는 배에 오르기가 힘에 부쳤다. 그 사이 다른 대원들이 해변을 순찰하며 육지 쪽으로 쓸려왔을지도 모르는 시신 수색에 나섰지만, 단 한 구도 발견되지 않았다. 남은 펜들턴호 선원들의 운명은 분명 선주들의 생각에 달려 있었다. 하지만 선주들 역시 거대한 유조선의 두 동강 난 선체를 어떻게 할지 결정해야

하는 처지였다. 배에는 아직도 엄청난 양의 석유가 실려 있었다. 내셔널 벌크 캐리어스 사 대표들은 큰 기대를 품고 채텀의 웨이사이드 호텔에서 뉴욕에서 온 선박 인양회사 직원들을 만났다. 내셔널 벌크 사는 여전히 배의 쪼개진 두 선체를 드라이독항구에서 물을 빼고 배를 만들거나 수리할 수 있는 곳으로 인양해 다시 용접해서 조립할 수 있다고 믿고 있었다.

2월 24일 일요일, 마침내 날씨가 개었다. 배가 파손된 시점으로부터 거의 일주일이 흘렀다. 리처드 리브시, 멜 구스로, 조타수 칙 체이스, 채텀 구조선 기지에서 온 두 대원이 구조 예인선 커브호의 선원들과 합류했다. 그들은 펜들턴호 선수부 옆에 나란히 배를 댔다. 선체는 폴록립 등대선이 정박해 있던 딱 그 위치까지 떠내려와 있었다. 등대선은 선수에 들이받힐 것을 염려해 이틀 전 자리를 옮겼다. 펜들턴호 선수는 거의 수직으로 선 채 배 끝부분이 45도 각도로 물 밖에 나와 있었다. 파도가 잔잔해져서 대원들은 비교적 쉽게 배에 오를 수 있었다. 하지만 리처드 리브시는 구조선에 남았다. 꼬마 마이어스의 얼굴이 아직도 머릿속에서 지워지지 않았다. 그 얼굴은 잠을 잘 때나 깨어 있을 때나 계속해서 나타났다. 리브시는 어떤 참상이 펜들턴호 선수를 수색하는 대원들을 기다리고 있을지 알지 못했다. 하지만 자신은 두번 다시 보지 못할 장면이라는 사실만은 알았다. 멜 구스로 역시 내키지 않았다. "그 강철 덩어리에 타기가 약간 두려웠어요. 언제 움직일지 모르니까요." 그럼에도 구스로와 나머지 대원들은 배에 올랐다. 그들은 부서진 끄트머리로 올라가 한 손 한 손 움직여 경사진 갑판으로 이동해 난간을 따라 조심조심 움직였다. 발을 잘못 짚었다가는 아래의 얼음장 같은 물속에 빠질 게 뻔했다. 기온은 아직 20도대였지만 태양이 밝게 빛나며 수색 초반에 꼭 필요한 빛을 만들어 줬다. 대원들은 손전등을 이용해 배 내부로 들어갔다. "으스스했습니다. 배 곳곳에서 우르릉거리는 소리가 났거든요. 배가 갈라진 부분에 파도가 부딪히면서 나는 소리 같았어요." 구스로는 당시 상황을 이렇게 전했다. 대원들은 두 동강 난 배를 샅샅이 뒤졌지만 흘수선 위로는 단 한 구의 시신도 보이지 않았다. 선장 존 피츠제럴드와 선원 7명 모두 휩쓸려간 듯했다. 그러나 이 생각은 구스로와 대원들이 선실 쪽으로 다가가자 금세 바뀌었다. 그곳에서 안타까운 현장을 발견한 것이다. 천천히 선실로 들어갔을 때 손전등 불빛이 페인트 보관함 선반 위에 똑바로 누운 남자를 비췄다. 이미 사망한 뒤였다. 신문 기사에 따르면 남자는 저체온증을 이겨내려고 애쓴 흔적이 역력했다고 한다. 두 발은 톱밥 자루 안에 들어가 있었고 신발과 양말은 바닥에서 발견됐다. 남자가 담요를 찾지 못한 이유는 선원 선실과 침대, 조리실이 모두 선미에 있었기 때문이다. 그 선원은 탈의실에 방어벽을 치고 들어앉아 있느라 엿새 전 자신을 구하러 왔던 구조선을 보지도 듣지도 못한 게 틀림없었다.

"얼어붙은 표정이었어요. 젊은 선원이 공포에 떨며 죽은 겁니다. 얼마나 외로운 죽음입니까." 구스로는 남자가 배의 감시 업무를 했으리라고 추측했다. 배 맨 앞에 자리를 잡고 다른 배가 보이면 무적을 울릴 준비를 했을 것이다.

전사한 동료를 위해 묵념하고 있을 시간이 없었다. 구조 예인선의 선원들이 시신에 대고 욕설을 퍼부었다. "이 개자식." 구스로는 한 선원이 뱉는 말을 들었다. "너만 아니었으면 오늘 쉬는 날인데." 그들의 말이 구스로나 다른 대원들에게는 불편했다. "상선단 선원들은 거칠더군요." 구스로가 말했다. 사망자의 시신을 다루는 방식 역시 충격적이었다. "선원을 죽은 생선 다루듯이 보트로 내던졌습니다." 리처드 리브시가 그때를 떠올리며 말했다.

사망한 선원의 몸을 수색해서 찾은 운전면허증에는 허먼 G. 개틀린이라고 적혀 있었다. 스물다섯 살이며, 미시시피 주 그린빌 출신이었다. 확실한 신원 확인은 나중에 사망한 선원의 왼쪽 손가락 지문과 선원의 신분증 뒷면에 있는 지문을 대조해 이루어졌다.

개틀린은 채텀 기지로 이송되어 검시관이 도착할 때까지 별채에 안치됐다. 그날 늦게 의사 캐럴 킨이 기지에 도착해 시신을 조사했다. 미미한 찰과상이 발견됐지만 부상이나 외상, 골절 흔적은 없었다. 의사는 사망 원인을 체온 저하와 쇼크로 봤고, 놀랍게도 사망 시간은 배가 난파당한 첫날이라고 결론지었다. "1952년 2월 18일 자정 이전에 사망."

선수의 피츠제럴드 선장과 나머지 선원들에게 무슨 일이 일어났는지는 수수께끼로 남아 있다. 배가 두 동강 난 직후 쓸려갔을까? 통신사 존 오라일리가 머서호 선수에서 그랬던 것처럼 배 맨 앞으로 가려다가 통로에서 추락했을까? 아니면 생존 선원 올리버 젠드론의 추측처럼 사고 즉시 사망했을까? 젠드론의 증언에 따르면 배가 처음 반으로 쪼개졌을 때 "20미터가 넘는 파도가 우리를 들어올리더니 선수 부분이 수직으로 일어섰습니다. 그런 다음 아래로 무너져 내렸고, 삐 걱거리는 소리를 내면서 쾅 하고 부딪쳤어요. 파도 사이의 골에 부딪 히는 순간 돛대가 아래로 떨어졌습니다. 그러고는 중앙부 갑판실을 들이받았죠. 제가 그 자리에 있었어야 했는데, 그때 뒤쪽에서 카드게 임을 하고 있었거든요." 돛대가 떨어지면서 피츠제럴드 선장을 포함 해 중앙부 갑판실에 있던 선원들이 기절하고 다치고 죽은 것 같다고 했다.

젠드론의 말이 맞을지도 모른다. 하지만 피츠제럴드 선장과 나머 지 선원들에게 무슨 일이 일어났는지 목격한 유일한 사람은 허먼 개 틀린일 것이다. 개틀린의 시신은 현재 채텀 기지에 안치되어 있다.

3부

진상 조사

유죄인 사람은 죄를 짓는 사람이 아니라 어둠을 만드는
사람이다.

_빅토르 위고

    펜들턴호 생존자들에게 사고에서 살아 돌아왔다는 안도감과 기쁨
은 이제 분노로 바뀌었다. 그들은 1952년 2월 매사추세츠 주 찰스타
운 컨스티튜션 기지에서 시작된 해안경비대 조사 청문회에서 비통한
심정을 그대로 드러냈다. 청문회 주재는 보스턴 제1지구 장교 3명이
맡았다. 의장이자 참모총장 월터 R. 리처즈 대령, 상선 검사국 국장
윌리엄 W. 스토리 대령, 하급 해양조사관 윌리엄 콘리 중령이었다. 해
양조사관 윌리엄 G. 머호니 중령은 증언을 기록했다.

    진상조사위원회 3명은 생존자들이 차례로 일어나 길고 험난했던
12시간 동안 망망대해에서 좌초된 과정을 진술하는 것에 귀를 기울
였다. 주된 관심사는 배의 균열이 한 달 전에 발견됐지만 수리를 받지

않았다는 점이었다. 균열은 펜들턴호 4번 우현과 중앙탱크 사이 격벽에서 발견됐다. "심각한 삼중 균열이었습니다." 하지만 유조선의 액체 화물 수송 책임자흔히 펌프맨이라고 부른다 제임스 M. 영은 균열이 그렇게 심하지 않았을 거라고 말했다. 그랬다면 배는 이미 오래전에 두 동강 났을 거라는 게 이유였다.

가장 가슴 아픈 증언은 선원들에게서 나왔다. 그들은 진상조사위원들에게 선박 장비의 작동 상태가 대부분 엉망이었다고 진술했다. 한 가지 예로, 생존자들은 배의 조난 신호가 잡히지 않았다고 증언했다. 목격자들 역시 연기 신호와 신호탄이 작동하지 않았다고 했다. 심지어 선원들에게는 배를 벗어나는 것조차 버거웠는데, 하나뿐인 야곱의 사다리의 가로대가 세 개뿐이었기 때문이다. 배의 건조 방식은 여전히 가장 큰 문제였다. 증언을 한참 듣고 난 윌리엄 스토리 대령은 거친 바다에서 극심한 추위와 격렬한 요동이 용접된 금속의 잔류응력가공이나 열처리를 한 재료의 내부에 생겨난 응력과 결합하면서 사고가 일어났으리라고 추측했다. 포트 머서호의 선원 존 브라크니스 역시 스토리 대령과 같은 생각이었다. 브라크니스를 비롯한 선원들은 이상하게 우르릉대는 소리를 들었는데, 용접 부위가 갈라지는 소리 같았다고 진술했다. 유조선이 두 동강 나기 정확히 4시간 전이었다.

선주들은 보스턴 지역 선급협회 조사관 윌리엄 렌즈의 도움을 받았다. "폭풍이 일으킨 파도는 위력이 막강했습니다." 렌즈가 기자들에게 말했다. 그는 용접해 만든 선박이 대갈못으로 조립한 선박보다 안전하지 않다는 인식은 "부당하다"고 말하며, 대갈못을 박아서 만든 선박이 폭풍을 만나 두 동강 나는 경우도 있다고 덧붙였다. 그런 선박 중 하나가 로프투스호로, 잉글랜드 선덜랜드에서 건조되어 1868년 첫 운항을 했다. 68미터 길이의 로프투스호는 철을 대갈못으로 이어 만들어졌다. 첫 운항을 한 지 30년째 되던 해, 로프투스호는 목재 화물을 싣고 플로리다 주 펜서콜라에서 아르헨티나의 수도 부에노스아이레스로 가던 중 플로리다 보인턴 해변과 약 2킬로미터 떨어진 곳에서 침몰했다. 선원 16명은 무사히 해안에 도착했지만 배는 전손됐다.

SS 펜들턴호에 대해서 해양조사위원회는 "유송선 펜들턴호가 심각한 구조물 파괴를 일으켜 선체 거더girder선박을 떠받치는 세로 보를 완전히 파손했으며, 그 결과 7번과 8번 화물탱크 사이가 두 부분으로 갈라지면서 9명의 인명 손실을 낳았다"고 결론내렸다. 두 동강 난 펜들턴호에서 사망한 선원들의 명단이 이날 최초로 공개됐다.

선장 존 J. 피츠제럴드
일등 항해사 마틴 모
이등 항해사 조지프 W. 콜건
삼등 항해사 해럴드 밴커스
통신사 제임스 G. 그리어
갑판원 조지프 L. 랜드리
갑판원 허먼 G. 개틀린
갑판수 빌리 로이 모건
갑판수 조지 D. 마이어스

반대되는 증언이 나왔음에도 불구하고 위원회는 "펜들턴호는 사고 당시 선장을 포함해 41명의 선원이 타고 있었고, 이는 검사 증명서에 부합하는 인원과 장비를 갖춘 상태였다"고 결론지었다. 하지만 선미부 선원들이 쏜 주황색 연기 신호가 네 번 중 한 번만 발사됐다는 사실은 인정했다. 더불어 낙하산 조명탄 12발을 정상적으로 발사했으나 그중 1발만이 눈발 휘날리는 하늘을 밝혔다는 사실도 인정했다.

최종적으로 위원회는 세 가지 주 요인이 SS 펜들턴호의 붕괴를 초래했다고 결론지었다. 1)건조 방식 2)기상 3)하중이었다. 배의 건조 방식에 대해서는 "용접 건조 방식과 설계 탓에 펜들턴호에 응력 집중 부위가 많았다"고 정리했다. 특히 가로 격벽의 브래킷하중을 지지하기 위한 목적으로 벽이나 기둥에 돌출한 부재 용접 결함을 지적했다. 이를 바탕으로 위원회는 최초의 균열이 7번과 8번 화물탱크 사이 가로 격벽 바로 앞쪽 배 밑바닥의 만곡부나 그 주변에서 일어났다고 여겼다. 그 최초의 균열이 선체 안쪽 중앙선과 위쪽 갑판과 우현의 균열 멈추개까지 이어졌다. 갈라진 배의 두 선체 일부가 여전히 채텀 해안 근처에 잠겨 있었기 때문에 진상조사위원회는 배를 그 정도로 손상시킨 것이 그 같은 균열이었으며 다른 균열 역시 '연거푸' 일어났다고 추측할 수밖에 없었다.

기상의 경우 해양조사위원회는 펜들턴호의 생존자들과 선원들을 구조한 대원 4명이 이미 진술한 내용을 더 자세히 정리했다. 14쪽짜리 보고서의 10쪽에 조사관은 이렇게 기록했다. "본 위원회는 기상, 특히 기온과 파도가 사상자를 내는 데 핵심적인 역할을 했다고 본다.

당시 강한 동북풍이 불었고, 파도가 매우 거칠었다. 파도의 방향에 따라 배의 위치가 바뀌면서 가끔 배의 선수와 선미가 파도의 물마루에 들어왔고, 그때마다 선체 중앙부는 지지할 데가 거의 없거나 아예 없었다.”

위원회는 또한 배가 거친 파도의 공격을 여러 번 받은 뒤 남쪽으로 항로를 틀었다고 결론내렸다. 또 대략 섭씨 3도로 추정되는 바다의 낮은 수온이 취성파단유리가 깨지는 것처럼 단번에 일어나는 파괴을 일으켰다고 기록했다.

거센 폭풍의 책임은 오직 대자연에 있었다. 반면 배의 하중은 인재의 결과였다. 해양조사위원회는 유조선의 화물이 배가 기우는 데 '악영향'을 끼쳤고, 결과적으로 배 바닥에 더 심한 장력을 유발한 것으로 봤다. 보고서에 따르면 좌현 디프탱크연료유 등의 액체를 적재하기 위해 화물창 또는 갑판 사이에 선체구조의 일부로 구성되는 탱크 내 연료유 120배럴을 제외하고 배 앞부분에 있는 나머지 화물탱크는 비어 있었다. 9번 탱크역시 거의 비어 있었고, 뒤쪽 물탱크 역시 일부만 차 있었다. 이 때문에 무게가 대부분 배 중앙부에 몰렸고, “아주 거센 파도가 치면 심하게 악화되는” 새깅 현상sagging effect물에 떠 있는 선박의 중앙부가 양 끝부분에 비해 더 가라앉아 아래로 굽은 상태가 일어났다. 이러한 결론과는 반대로 위원회는 유조선이 업계 관례에 따라 화물을 실었다고 결론지었다. 조사관들 역시 배에 설치된 균열 멈추개가 균열을 멈추는 데는 도움이 됐지만 다른 균열이 생기는 것은 막지 못했다고 밝혔다.

하지만 결국 펜들턴호의 침몰은 운명 탓으로 돌려질 테고, 누구도 해양조사위원회로부터 문책을 당하지 않을 것이다. 대다수 생존자들의 눈에 이 보고서는 정부의 눈속임으로 보였다. 위원회는 다음과 같은 최종 결론을 내렸다.

"면허증을 소지한 고급 선원, 일반 선원, 고용주, 선주, 선박 중개상, 이 참사에 책임이 있는 해안경비대의 당직사관 누구에게서도 불찰, 위법 행위, 기술 부족, 법률이나 규정의 고의적 위반 행위는 발견하지 못했다."

위원회는 새깅 현상을 줄이기 위해 T2 유조선에 화물을 적재하는 최선의 방법을 연구할 것을 제안했다. 또 조사관들은 선박 바닥에도 갑판 아래와 동일하게 균열 멈추개 네 개를 추가로 설치하라고 권고했다.(개축이 가능하다는 가정 하에.) 비상시 선장과 선원들이 선교에서 갑판이나 앞쪽 통로로 탈출할 수 있도록 선교 앞쪽에 수직 사다리를 설치할 것도 권장했다.

더불어 "펜들턴호 선원들의 성공적인 구조에 참여한 여러 장교와 해안 경비대원들"은 훈장을 받을 자격이 충분했다고 언급했다.

영웅의 꼬리표라는 짐

영웅은 지구상에서 가장 짧은 직업이다.　_윌 로저스

　구조 작업 이후 몇 달 동안 버니 웨버와 대원들은 대중의 찬사라는 새로운 파도를 마주하고 있었다. 젊은 대원들에게는 구조 작업에 버금갈 만큼 힘든 일이었다. 그들은 결코 스포트라이트를 원한 적이 없었다. 단지 맡은 일을 했을 뿐인 용감한 대원에서 주목받는 미디어의 총아로 격상된 지위는 어떻게 보면 그날의 뉴스 때문이었다. 한국전쟁은 미국과 북한 사이의 정전협정이 교착 상태에 놓이면서 질질 늘어졌다. 사실 펜들턴호를 구조하던 2월 18일, 미군 15명이 교전 중 사망했다. 전쟁에 지친 미군은 분위기를 전환하고 한데 뭉칠 계기를 필요로 했다. CG36500호 대원들의 이야기는 전쟁의 냉혹한 현실에서 벗어나 희망을 품을 수 있는 사건이었다.
　작가 제임스 브래들리가 베스트셀러가 된 자신의 책 『아버지의 깃발』에서 묘사한, 결점이 있는 영웅들을 연상케 하는 버니 웨버와 대원들은 미국 정부에 의해 미국에 대한 지지를 얻기 위한 홍보 수단으로 이용됐다. 『아버지의 깃발』에서 이오지마 전투 동안 수리바치 산꼭대기에 '두 번째' 성조기를 게양하는 전설적 사진에 찍힌 남자들은 즉시 미국으로 불려가 전쟁자금 조성을 위한 순회 서커스단을 이끌었다. 하지만 성조기를 게양한 이라 헤이즈, 르네 가농, 존 브래들리가 영웅이라 불리던 바로 그 순간 전우들은 화산 황무지에서 기록적인 수로 죽어나가고 있었다. 그리고 그들이 느꼈던 죄책감을 7년 뒤 CG36500호의 대원들이 똑같이 느끼고 있었다. 대원들 역시 진짜 영웅은 돌아오지 못한 사람들이라고 믿었다.

웨버는 꼬마 마이어스와 사고에서 죽은 선원들뿐 아니라 그 기적적인 구조 작업에 기여하고도 마땅히 받아야 할 관심과 공을 받지 못한 사람들에게도 양심의 가책을 느꼈다. 웨버는 CG36500호에 탔던 친구 도널드 뱅스와 대원들을 생각했다. 그들 모두 그 운명적인 밤에 웨버의 대원들보다 더 오랜 시간 비바람과 싸웠다. 웨버와 뱅스는 쭉 가깝게 지내며 이후에도 그날 밤 일에 대해 자주 이야기했다. "저는 그 친구가 좋았습니다. 당시 우리는 꼬박 열흘을 근무하고 이틀을 쉬었죠. 텔레비전이 없어서 대화밖에 할 일이 없었고 뱅스는 대단한 입담꾼이었어요. 커피 주전자를 앞에 놓고 끝도 없이 수다를 떨었죠." 뱅스는 웨버에게 펜들턴호 구조 작업을 하는 내내 자신은 선수부에서 뛰어내린 한 남자에게 집중했지만 결국 그는 목숨을 잃었다고 했다. 그는 왜 자기에게 펜들턴호 선미부를 지원하라는 지시를 내리지 않았는지 이해할 수 없었다. 뱅스가 탄 구조선 CG36383호는 겨우 1.6킬로미터 거리에 있었는데 말이다. 웨버는 뱅스와 대원들이 펜들턴호 선수부로 향하는 대신 선미부를 지원하러 갔더라면 자신이 아니라 도널드 뱅스가 미국 해안경비대의 새로운 '얼굴'이 됐겠구나 싶은 생각이 퍼뜩 들었다.

이 같은 죄의식은 웨버가 해안경비대 안에서 자신의 유명세가 복이라기보다는 짐이라는 사실을 깨달으면서 다소 누그러졌다. 펜들턴호 구조 직후 웨버는 채텀 구조선 기지에서 훨씬 더 큰 우즈홀 기지로 전근 신청을 해 허가받았다. 우즈홀 기지는 코드 곶 반대편, 약 80킬로미터 떨어진 곳에 있었다. 거기서 웨버는 멘토이자 친구인 갑판 중사 프랭크 매서치와 재회했다. 매서치는 해안경비대 구조선 CG8338호를 이끌고 있었다. 웨버는 채텀과 험난했던 구조 작업을 어떻게든 잊고 새로운 환경과 새 임무에 온전히 집중하고 싶었다. 하지만 불가능했다. 상관들이 계속해서 웨버를 봉사사교단체 키와니스 클럽과 로터리 클럽의 연단에 세웠기 때문이다. 사진을 수십 장씩 찍혔고 훈장과 칭찬이 쏟아졌다. 하지만 사진에 찍힌 웨버의 표정을 자세히 살펴보면 편치 않은 기색이 역력했고 거북스러워 보였다. 이런저런 행사에 불려 다니기보다는 바다에 있고 싶어하는 눈치였다.

웨버, 갑판 준위 대니얼 클러프, 통신사 윌리엄 우드랜드 역시 조던 마시 백화점 회장의 환대를 받았고 보스턴의 고급 호텔 파커 하우스에서 열린 행사에 참여해 메리트상Award of Merit을 받았다. 파커 하우스는 존 F. 케네디 대통령이 국회의원 입후보 발표를 하고 나중에 영부인이 된 재클린 부비어에게 청혼한 곳이기도 하다. 웨버의 많은 동료는 웨버가 '유명인이 됐다'고 생각했고, 심한 원성이 터져나오기 시작했다. 그는 동료들의 분노를 이해했고, 자신 역시 펜들턴호 구조를 이용해 개인적 야심을 채우려는 상관들에게 분노를 느꼈다. 적어도 해안경비대 상급 간부 중 한 명은 웨버의 상황을 알고 있었다. 포트 머서호 구조 현장에서 어커시넷호 함장이었던 존 M. 조지프였다. 그곳에서 조지프는 자신의 대원들을 포함한 해안경비대원 모두의 존경을 한 몸에 받았다. 그중에는 웨버도 포함되어 있었는데, 조지프는 웨버가 우즈홀 기지로 옮기자마자 그의 지휘관이 되었다. "선미 쪽 조종실에서 조지프 중령님은 거센 풍랑을 헤치고 유조선 선원들이 뛰어내릴 수 있도록 그 근처까지 용감하게 배를 몰고 갔습니다. 당시 장교와 사병들 간 격차가 컸음에도 중령님은 저를 사무실로 불러서는 문을 닫고 앉아 한참을 얘기했습니다." 웨버가 당시 기억을 떠올리며 말했다. 두 사람은 구조 작업 이후 해안경비대 홍보에 발이 묶여 지냈다. "우리 두 사람은 구조라는 공통분모가 있었고 자세한 사정을 알고 있었죠. 조지프 중령님은 저와 저의 가족들 걱정을 하며 제 앞날에 도움이 되는 지원을 해주셨어요. 그분은 장교이자 신사였고, 일반 사병들을 존중했습니다. 또 우리가 전체 임무 안에서 하는 역할을 인정해주셨죠."

사실 버니 웨버에게도 목표가 있었다. 그는 자신이 넘치도록 받고 있는 훈장과 상이 동료 대원들에게도 수여되기를 원했다. 웨버는 1952년 5월 14일 워싱턴 D.C.에서 앤디 피츠제럴드, 어빈 매스크, 리처드 리브시와 재회했다. 해안경비대 최고 훈장인 '인명구조 황금훈장'을 받으러 온 길이었다. 대원들은 서로를 보고 반가워했고, 자신들이 단지 운이 좋아서 그런 명예로운 훈장을 받는다는 사실을 잘 알고 있었다. 버니 웨버의 강한 집념이 없었다면 일어날 수 없는 일이었다. 구조를 마치고 며칠 뒤 웨버는 클러프의 사무실에 불려가 전화기를 건네받았다.

전화를 건 사람은 해안경비대 본부의 한 대령이었다. 그는 일단 웨버에게 구조 작업에 대해 축하인사를 건네고는 웨버가 인명구조 황금훈장을 받게 됐다는 사실을 알렸다.

"우리 대원들은요?" 웨버가 물었다.

"전부 인명구조 은성훈장을 받게 될 걸세." 대령이 대답했다.

웨버의 분노와 피로감이 전화기 너머로 터져나왔다. "말도 안 됩니다. 대원들도 저와 똑같이 그곳에 있었고 온갖 힘든 구조 작업에 참여했습니다. 대원들이 황금훈장을 못 받는다면 저도 받지 않겠습니다." 웨버가 소리쳤다.

클러프는 웨버가 대령에게 그런 식으로 말하는 걸 듣고는 굉장히 당황했다. "자네 진심인가?" 놀란 대령이 물었다.

웨버는 진심이라고 대답하며 딱 잘라 말했다. 대원들이 훈장을 받지 못하면 그 누구도 받지 않을 거라고.

해안경비대 고위층은 웨버의 최후통첩에 항복했다. 새로운 영웅에게서 등을 돌리면 여론의 악몽에 시달리게 될 거라는 사실을 알았기 때문이다. 훈장을 받고 모두 기뻐했지만 리처드 '허드 불' 리브시는 특히 가슴이 벅찼다. 훈장을 받는 순간 그는 아버지 오스왈드를 떠올렸다. 그의 아버지는 20년 넘게 미 해군에서 근무했다. "아버지가 정말 자랑스러워하셨습니다. 해군에서 보낸 세월 동안 이런 구조는 처음 봤다고요." 반세기도 더 지나서 리브시가 환하게 웃으며 말했다.

인명구조 황금훈장은 미군 역사상 가장 오래된 훈장 중 하나로 1876년 클레먼스 삼형제가 처음으로 받았다. 허버드 클레먼스, 루시안 클레먼스, A. J. 클레먼스 형제는 1년 전 이리 호 켈리스 섬 근처에서 난파한 스쿠너돛대가 두 개 이상인 범선에서 두 사람을 구조했다. 훈장은 미국의 영해 또는 관할권 내에서 구조 작업을 한 미군이라면 누구나 받을 수 있었다. 인명구조 황금훈장 수여 대상은 "커다란 위험과 죽음을 무릅쓰고" 구조를 한 사람들이다.

이 훈장은 심지어 군에서도 대단히 보기 힘들다고 알려져 있다. 구조에 참여했지만 황금훈장 수여 기준에 부합하지 않는 사람들은 대신 인명구조 은성훈장을 받는다. 은성훈장 수상자 중에는 체스터 W. 니미츠, 조지 S. 패튼이 있다. 니미츠는 당시 중위이자 미 해군 잠수함 E-1호의 사령관으로 1912년 익사할 뻔한 사병을 구조한 업적을 인정받아 은성훈장을 받았다. 조지 S. 패튼은 늘 인명구조 은성훈장을 제일 좋아하는 훈장으로 꼽는데, 훈장이 큼지막해서였다. 그는 매사추세츠 해안 근처에서 강한 돌풍을 헤치고 남자아이 셋을 구했고, 2년 뒤인 1925년 훈장을 받았다. 당시 소령이었던 패튼은 캔자스 주의 포트 라일리에 있는 고등기병학교를 막 졸업하고 아내 베아트리체와 베벌리 팜즈에 있는 가족 저택에서 3개월간의 휴가를 즐기고 있었다. 부부가 세일럼 항 근처에서 배를 타고 있는데 갑자기 폭풍이 휘몰아치며 배 한 척이 전복됐다. 패튼은 도리선에 매달려 있는 소년들을 향해 배를 몰았다. 나중에 제2차 세계대전의 영웅이 된 패튼은 노를 이용해 소년들을 차례로 자신의 배에 태웠다.

버니 웨버가 패튼이나 니미치만큼 유명해질 일은 결코 없겠지만, 그는 미국의 두 전설적 인물이 꿈만 꿀 수 있었던 황금훈장을 받을 예정이었다. 파란색 해안경비대 제복을 다림질해 입은 웨버, 피츠제럴드, 리브시, 매스크는 모두 차렷 자세로 서 있었고, 재무부 차관 에드워드 H. 폴리가 그들의 가슴에 훈장을 달아줬다. 해안경비대 순양함 야쿠테이트호의 소위 윌리엄 R. 케일리 주니어 역시 황금훈장을 받았다. 포트 머서호의 생존자 2명을 차가운 바다에서 무사히 구조했기 때문이다. 하지만 그의 대원들은 은성훈장에 그쳤다. 황금훈장이라는 이름에 걸맞게 펜던트는 순도 99.9퍼센트의 금으로 만들어진 것이었다. 훈장 뒷면에는 이렇게 새겨져 있었다. "위험한 바다에서 생명을 구한 영웅적 행동에 대한 증거로."

해안경비대 사령관인 해군 중장 메를린 오닐은 행사에 참석한 국회의원 재무부 차관 폴리와 다른 귀빈들에게 바다에서 70명의 생명을 구한 황금훈장 수상자 5명과 훈장을 받은 나머지 해안경비대원 16명에 대해 이야기했다. 오닐은 당당하게 연단에 서서 이 겸손한 영웅들의 업적을 소개했다. "2월 18일과 19일은 해안경비대 역사에 기억할 만한 날로 남을 것입니다. 이틀간 동남풍이 뉴잉글랜드를 휩쓸었습니다. 날이 몹시 추웠습니다. 눈과 진눈깨비에 바람까지 휘몰아쳤죠. 코드 곶 동쪽에서 70노트의 바람과 60미터에 달하는 파도가 입항하지 못하고 있던 상선들을 난타했습니다. 그리고 거대한 유조선 두 척이 현장에 나타났습니다. SS 포트 머서호와 SS 펜들턴호였죠. 약 60킬로미터 거리에서 두 배는 거센 폭풍을 만났습니다. (…) 생존자들은 각 배의 선체에 고립됐고 몸이 반쯤 언 선원들 총 84명은 생존이 불가능해 보였습니다. 우리는 포트 머서호와 펜들턴호의 구조 작업에 참여한 대원들에게 경의를 표하기 위해 오늘 이 자리에 모였습니다. 일부 대원들을 언급하는 이유는 그들의 공이 대단히 크기 때문입니다. 하지만 훨씬 많은 대원의 기량과 용기와 충실한 임무 수행이 전체 구조 작업에서 주목받지 못했다는 사실을 잊어서는 안 됩니다." 오닐은 이날 훈장을 받는 대원들에 대한 이야기로 돌아갔다. "이 21명의 대원들은 네 번의 구조 작업에 참여했습니다. 매 작업은 나름의 어려움이 있었습니다. 하늘 높이 치솟는 파도 속에서 코르크 마개처럼 떠다니는 선체 때문에 하나같이 위험했습니다. 대원들은 얼음장 같은 물에 흠뻑 젖은 채 몇 시간 동안 먹지도 못하고 임무를 수행했습니다. 파도가 칠 때마다 죽을 고비를 넘기면서 말이죠."

인명구조 은성훈장 수상자는 다음과 같다.

이등 기관사 폴 R. 블랙 (피츠버그)

소위 길버트 E. 카마이클 (댈러스)

일등병 에드워드 A. 메이슨 주니어 (매사추세츠 주 메이나드)

상병 웹스터 G. 터윌리거 (로스앤젤레스)

다음은 해안경비대 리본 훈장을 받은 사람들의 명단이다. 리본 훈장은 "일반적인 기대 수준보다 영웅적 행동과 뛰어난 업적을 보였거나 특별한 인정을 받을 만한 일을 한 사람"에게 주는 상이다.

임시 삼등 갑판수 앤토니오 E. 밸러리니 (이스트 보스턴)

갑판 중사 도널드 H. 뱅스 (매사추세츠 주 채텀)

상병 리처드 J. 시콘 (로드아일랜드 주 프로비던스)

삼등 갑판수 존 J. 코트니 (필라델피아)

일등 기관사 존 F. 던 (로드아일랜드 주 록빌)

일등 통신사 수 필립 M. 그리벨 (메인 주 포틀랜드)

일등 기관사 에머리 H. 헤인즈 (매사추세츠 주 케임브리지)

삼등 장포사 롤랜드 W. 호퍼트 (펜실베이니아 주 베슬리헴)

소령 존 N. 조지프 (메인 주 사우스 포틀랜드)

일등병 유진 W. 코푸식 (디트로이트)

갑판 중사 랠프 L. 옴스비 (매사추세츠 주 올리언스)

상병 데니스 J. 페리 (메인 주 포틀랜드)

상병 도널드 E. 피츠 (미주리 주 캔자스시티)

일등 갑판수 앨프리드 J. 로이 (매사추세츠 주 낸터킷)

일등병 허먼 M. 루빈스키 (뉴욕 주 브루클린)

버니 웨버는 그날 밤 자신에 대한 찬사가 그칠 기미가 없어 당황했다. 그는 해안경비대 사령관의 지목을 받고 1953년 볼티모어에서 열린 행사에 가 미국재향군인회 용맹훈장을 받았다. 이번에는 동료들 없이 혼자 섰으며 지금까지 받은 훈장과 상의 무게가 그의 마음을 짓눌렀다. 웨버로서는 이 불명예스러운 명성을 더 이상 견딜 수가 없었다. 예전의 삶으로 돌아가고 싶은 마음이 간절했다. 아내 미리엄의 사랑과 동료 대원들의 존경이 유일한 상이었던 그 시절로.

유조선 사고

우리는 우리가 역사에서 아무것도 배우지 못한다는 사실
을 역사를 통해 배운다.　　　　　　　　　_조지 버나드 쇼

　해안경비대의 조사와 뒤이은 권고에도 펜들턴호와 포트 머서호 이
후에도 유조선이 두 동강 나는 사고가 발생했다. 한 예로, 스파르탄
레이디호가 1975년 마서즈 빈야드코드 곶에서 남쪽으로 약 6킬로미터 떨어진 바
다에 있는 섬 남쪽에서 두 동강 났다. 체스터 A. 폴링호 역시 1977년 매
사추세츠 주 글로스터 근처에서 같은 운명을 맞았다. 선박회사가 선
원들의 안전보다 수익에 눈이 멀어 생긴 가장 지독한 일은 6년 후에
일어났다. 이 사고로 버지니아 근처 차디찬 바다에서 31명이 익사했
다. 석탄 2만7000톤을 실은 184미터 길이의 벌크선 마린 일렉트릭호
는 1983년 2월 버지니아 주 노퍽을 출발해 매사추세츠 주 서머싯의
브레이튼 갑에 위치한 뉴잉글랜드 발전소로 향했다. 마린 일렉트릭호

는 1944년 T2 유조선으로 건조됐다가 1962년 석탄선으로 개조된 배로 서른아홉이라는 나이에 비해 노후했다. 평균 연령보다 두 배 이상 많은 나이였다. 배는 이를 몸소 증명해 보였다. 조악하게 용접 조립된 데다 선체 내 부적절한 해치와 구멍으로 골머리를 앓았다. 한 선원은 바다에서 거의 40년을 보내면서 닳아 얇아진 해치 덮개에서 거의 아흔 군데나 되는 균열을 찾아냈다.

1982년 해치 덮개 제조사 대표가 배의 소유주인 마린 트랜스포트 라인즈에 낡은 해치의 위험성에 대해 경고했지만 마린 일렉트릭호는 단 한 번도 점검을 받지 않았다. 『필라델피아 인콰이어러』에서 기자로 일했던 로버트 프럼프가 사고에 대해 대단히 비판적으로 쓴 글은 2001년에 출간된 그의 탁월한 책 『바다가 그들을 놓아줄 때까지Until the Sea Shall Free Them』에 연대순으로 실려 있다. 선주와 선박 검사관의 유착관계 때문에 배는 엄격한 감독 없이 운항을 계속했다. 이러한 이해관계를 알고 있던 한 선원은 직접 위험 신호를 보내기도 했다. 일등 항해사 클레이튼 바비노는 참사가 있기 몇 달 전 배에 심각한 문제가 있음을 알리곤 관계자에게 마린 일렉트릭호의 점검을 간청했다. 당시 배는 로드아일랜드 주 수리 조선소 드라이독에 있었다. 바비노는 해안경비대에 갑판에 난 균열에 대해 설명하고 배의 낡은 해치도 같이 점검해달라고 요청했다. 그러나 그의 요청은 알 수 없는 이유로 무시됐다. 클레이튼 바비노는 그 노후선박이 버니지아 주의 작은 만 루디로부터 140킬로미터 떨어진 곳에서 두 동강 났을 당시 사망한 31명의 선원 중 한 명이었다.

배는 해안경비대로부터 눈보라에 갇힌 20미터짜리 어선 테오도라호를 지원하라는 조난 호출을 받은 지 몇 시간 만에 침몰했다. 마린 일렉트릭호는 이미 어선을 지나쳤고 왔던 길을 되돌아가야 했으며 요동치는 폭풍 속에서 배를 후진해야 했다. 배는 기울고 있는 테오도라호를 향해 고생스럽게 나아가던 중 최고 높이 12미터에 달하는 파도의 맹공격을 받았다. 마린 일렉트릭호가 현장에 도착한 순간 선원들은 해안경비대의 헬리콥터가 어선 위에서 맴도는 걸 보고 안심했다. 펌프를 내려 어선의 선원들이 침수된 배에서 바닷물을 퍼낼 수 있도록 도왔다. 테오도라호는 회복 중인 듯했지만 해안경비대는 마린 일렉트릭호에 몇 시간만 더 어선 옆을 지켜달라고 요청했다. 배의 선장 필 콜은 요청에 응하긴 했지만, 불과 한 시간 뒤 마음이 흔들리기 시작했다. 파도가 거세지고 있었고, 마린 일렉트릭호는 갑판과 금이 간 해치 덮개 위로 밀려드는 파도에 난타당하고 있었다. 권투 시합이었다면 경기장 로프를 껴안고 어서 종료벨이 울리기만 기다렸을 것이다. 저녁 6시 30분, 콜 선장은 해안경비대에 배가 요동치고 물이 들어차고 있어 빨리 이동하지 않으면 큰 사고를 당할 것 같다고 무전을 보냈다. 그때 테오도라호의 선장이 끼어들어 펌프 덕에 괜찮아졌다며 콜 선장에게 이동해도 좋다는 연락을 해왔다. 해안경비대 역시 이동을 허가했고 마린 일렉트릭호는 32시간 거리, 520킬로미터 떨어진 매사추세츠 남쪽 해안으로 침로를 잡았다.

마린 일렉트릭호는 공성 망치처럼 높은 파도벽을 뚫고 다음 날 이른 아침까지 항진했다. 그때 선원들은 선수가 파도 쪽으로 내려가 있는 모습을 목격했다. 콜 선장은 배에 온 지 얼마 되지 않았고 이런 폭풍 속에서 배를 몰아본 적이 없었다. 선장은 고참 선원에게 이 사실을 알렸고, 그 선원은 기관장과 함께 배가 위험에 처했다고 판단했다. 조난 신호를 보낸 뒤 구명보트를 띄울 준비를 했다. 선장은 다시 한번 피난항배가 풍랑 따위의 재난을 피하여 임시로 들어가는 항구을 찾기 위해 델라웨어 만 어귀로 출발했다. 체스터 A. 폴링호의 찰스 버제스 선장이 그랬던 것처럼 콜 선장 역시 파손된 배의 균형이 잡힐까 하는 마음에 화물탱크 몇 개에 물을 채워넣었다. 그러나 선원들의 간절한 노력에도 불구하고 때는 이미 늦어 있었다. 바람은 북서풍으로 바뀌었고 파도는 이제 갑판 위로 내리꽂혔다.

콜 선장은 선원들에게 정신을 바짝 차리고 구명보트로 집결하라고 지시했다. 옷을 잔뜩 껴입은 선원들은 지시대로 하기는 했지만 배에서 금방 탈출할 수 있을 거라고는 기대하지 않았다. 그들은 구명보트의 덮개를 접어 옆으로 치워뒀다. 어차피 금세 회수해야 할 거라고 믿었기 때문이다. 마린 일렉트릭호는 속도를 대폭 낮춰 이제는 불과 1.5노트로 달리고 있었다. 이 속도에서도 콜 선장은 여전히 키를 잡고 항로에서 10도 이상 벗어나지 않은 채 배를 몰았다. 하지만 선수는 아래로 더 가라앉았고, 앞 갑판은 2미터 높이의 흉포한 파도에 뒤덮였다. 파도는 이제 3번 해치까지 밀고 들어왔지만 선원들은 낡은 해치들이 압력을 버텨낼 수 있을지 알 수 없었다. 해치가 바닷물로 완전히 뒤덮였기 때문이다. 새벽 4시가 막 지났을 때 콜 선장이 해안경비대에 다시 한번 무전을 했다. "이제 배를 포기해야 할 것 같습니다.

우현으로 심하게 기울기 시작했어요."

통신사가 상선 두 척으로부터 연락을 받고 선교로 달려나왔다. 나쁜 소식이었다. 두 배가 현장에 도착하려면 몇 시간은 걸린다는 이야기였다. 콜 선장은 마린 일렉트릭호가 그때까지 견딜 수 없으리라는 사실을 알았다. 배가 떠 있는 지점은 수심이 37미터였고 버지니아 주 친커티그에서 동쪽으로 55킬로미터 떨어져 있었다. 배는 우현으로 10도 정도 위태롭게 기울었다. 선장은 조타수에게 조타실을 나가라고 지시했다. 이제 키가 완전히 무용지물이었기 때문이다. 새벽 4시 10분, 해안경비대가 선원들에게 구조 헬기가 가는 중이며 30분 내로 도착할 거라고 알려왔다. 이 통신을 받고 3분 후, 콜 선장은 해안경비대에 자신과 선원들이 배를 탈출할 계획이라고 말했다. 이 마지막 음성 통신은 새벽 4시 14분경에 들어왔다. "지금 퇴선한다. 지금 즉시 퇴선한다!"

선교에서 나오기 전 삼등 항해사 진 켈리는 퇴선을 알리는 기적을 울렸지만 경보 장치는 영영 울리지 못했다. 선원들이 분주하게 우현의 구명보트를 대기시키고 있는데 마린 일렉트릭호가 갑자기 방향을 확 틀더니 선원들 대부분을 차가운 바닷속으로 내던졌다. "물에 빠졌을 때 위를 올려다보니 콜 선장님이 갑판에서 난간을 넘어 물속으로 뛰어들 준비를 하고 있었어요. 선장님을 본 건 그때가 마지막이었죠." 켈리가 이야기했다. 거대한 배는 곧 전복되면서 나머지 선원들을 태운 채 침몰했다. 일등 항해사 밥 쿠식은 욕조에서 물이 빠져나가는 소리를 수십만 배 키워놓은 것 같았다고 말했다. "허우적대며 헤엄쳐 올라왔어요. (…) 저는 기관실 밖에 있었고 불은 여전히 켜져 있었어요. (…) 오른쪽에 현창이 보여서 거기까지 헤엄쳐 갔습니다. (…) 위로 올라가 물 밖으로 나온 뒤 심호흡을 했습니다. 멀지 않은 곳에 굴뚝이 보이더군요. 수평면보다 약간 높이 있는 것 같았습니다. 그쪽으로 헤엄쳐 나갔습니다."

쿠식과 다른 선원 두 명은 가까스로 구명보트 두 척이 있는 데까지 갔다. 다른 생존자 무리가 구명부표에 매달린 채 8미터 높이의 파도 속에서 오르내리고 있었다. 선원들을 서서히 죽음으로 몰고 간 것은 험한 파도가 아니라 영상을 겨우 웃도는 기온이었다. 선원들은 서로 밀착한 채 어둠 속에서 크게 소리 질렀다. 이를 몇 분간 계속하자 극심한 고통이 느껴졌고 더 이상 목소리가 나오지 않았다. 30분 뒤해안경비대의 헬리콥터가 도착했을 때에는 구명부표에 매달려 있던 6명 중 1명만이 살아 있었다.

모든 상황이 종료됐을 때 밥 쿠식과 진 켈리를 포함한 3명만이 마린 일렉트릭호의 침몰 현장에서 살아남았다. 24명의 시신은 현장에서 발견됐으며, 대다수가 기름 범벅이었다. 검시관은 선원들 대부분이 심한 저체온증으로 사망했다고 결론내렸다. 필 콜 선장을 포함한나머지 선원 7명의 시신은 끝내 찾지 못했다.

마린 일렉트릭호의 비극은 인간의 무능이 낳은 끔찍한 범죄로 31명의 목숨을 앗아갔다. 누구도 선원들의 죽음에 형사상 책임을 지지않았지만 이 재앙은 해양사상 가장 대대적인 개혁을 이끌어냈다. 해안경비대의 점검은 더 엄격해졌고, 제2차 세계대전 시대에 건조된 유조선 70척 이상이 폐선되었다. 폐선된 유조선들은 종전 후 40년을 더 바다에서 보냈지만. 해안경비대는 수난구조 전문가 양성과정을 신설해 극한 상황에서의 인명 구조술을 교육했고, 모든 유조선에 겨울철 북대서양 항해 시 선원용 보온복 구비를 의무화했다. 실과 테이프로 꿰매고 이어 붙여 차가운 물을 막는 대신 네오프렌 보온복을 입었더라면 희생자들은 구조대를 기다리는 동안 동상과 저체온증에 시달리지 않았을 것이다.

두 동강 난 펜들턴호의 잔해는 거의 26년간 매사추세츠 주 채텀 해안 근처에 자리 잡은 채 뱃사람들에게 바다가 줄 수 있는 최악의 상황을 공포스럽게 상기시켰다. 수천 년간 바다는 많은 것을 베풀었고 그 빚을 거둬들였다. 그 돈은 바다에게 삼켜지거나 바다에 남은 사람들이 지불했을 것이다. 불운한 선원 8명의 가족들처럼 펜들턴호 선장 존 J. 피츠제럴드의 가족 역시 자신들에게 그토록 아낌없이 베풀었던 바다가 더 많은 것을 앗아간 이유를 알 수 없었다. 하지만 선장의 가족은 난파선을 멀리하는 대신 가까이 다가갔다. 피츠제럴드 선장의 아내 마거릿은 그후 몇 년간 네 아이를 차 안에 밀어넣고 로슬린데일에서 채텀까지 140킬로미터의 거리를 수없이 오갔다. 아이들에게 그녀만의 방식으로 아버지의 기억을 남겨준 것이다. 아들 존 J. 피츠제럴드 3세는 그 지역에 홀딱 반한 나머지 채텀으로 이사하기로 결정했다. 그는 나중에 채텀에서 가족을 꾸릴 것이고, 그의 아들 역시 아주 오래전 할아버지의 목숨을 앗아간 바로 그 바다에서 고기를 낡을 것이다.

펜들턴호의 잔해를 인양하려는 시도가 있었다. 고철의 가치는 6만 달러에 달했다. 파손된 유조선에서 기름이 유출되어 주변 해역을 더럽히고 야생동물의 목숨을 위협할까 봐 걱정하는 환경운동가들에게는 골칫덩어리였다. 당시 미 상원의원이었던 존 F. 케네디는 인양 작업을 해안경비대와 육군공병이 모두 승인하고 감독해야 한다고 주장했다.

육군공병은 나중에 선체를 완전히 침몰시키는 데 주도적 역할을 할 터였다. 1978년 악명 높았던 눈보라는 물 위에 떠 있던 펜들턴호의 남은 상부 구조를 갈가리 찢어놓았다. 배의 잔해는 선박 운항에 위험했다. 채텀 주변 통행량이 많은 지역에서 소형 선박을 모는 사람들에게는 물에 잠긴 선미가 보이지 않았기 때문이다. 업자들이 현장에 도착해 강철 대부분을 잘라냈고, 그후 육군공병들이 배를 폭파시켜 그 자리에 묻었다. 모노모이에서 5킬로미터 떨어진 곳이었다.

구조 이후

평판은 우리에 대한 다른 사람들의 생각이지만, 성격은 하느님과 천사들이 알고 있는 우리 자신이다. _토머스 페인

위대한 이야기가 모두 그렇듯 펜들턴호 구조 소식은 걷잡을 수 없이 퍼져나갔다. '황금훈장의 주인공' 버니 웨버, 리처드 리브시, 앤디 피츠제럴드, 어빈 매스크는 젊은 해안경비대원들 사이에서 영웅 대접을 받았을 뿐 아니라 불멸의 존재가 되었다. 조지아 출신의 랠프 모리스는 1952년 10월 신병훈련소에서 영원히 퇴소하면서 웨버와 대원들 이야기를 알게 됐다. "구조 이야기는 뉴저지 주 메이 곳에 있는 신병훈련소 여기저기서 돌았어요. 우리는 이 대원들에 대한 이야기를 읽거나 교관들에게 들었죠. 그들은 제가 갖고 싶은 모든 걸 갖추고 있었습니다." 모리스가 당시 상황을 이야기했다. 모리스 같은 대원들의 눈에는 황금훈장을 받은 대원들에게 쏟아진 찬사만 보였다. 펜들턴

호 선원 '꼬마' 마이어스의 죽음에 대한 버니 웨버와 대원들의 비통한 심정 같은 건 보이지 않았다.

웨버로서는 마이어스의 죽음을 특히 견디기 힘들었다. 그는 고통스러웠던 1952년 2월 그날 밤, 죽음이 목전에 닥친 순간 공포에 질린 마이어스의 눈을 봤다. 머릿속으로 구조 장면을 몇 번이고 재생하며 자신이 할 수 있는 다른 방법은 없었는지, 마이어스를 죽음으로 이끈 끔찍한 충돌을 피할 수는 없었는지 생각하곤 했다. 남들은 종잡을 수 없는 파도와 무자비한 폭풍 때문에 사고는 피할 수 없었다고 이야기했다. 웨버는 펜들턴호 선원 32명의 구조 작업에서 자신이 맡았던 중추적 역할을 떠올리며 위안 삼기는 했지만 한계가 있었다. 꿈속에서 웨버를 부르는 이는 살아남은 사람들이 아니라 집으로 데려오지 못한 한 사람이었다.

해안경비대원 랠프 모리스는 점차 웨버의 부담감을 이해하게 됐다. 1953년 겨울, 모리스는 프로빈스타운 해안 근처 레이스 갑 해안경비대 기지로 전근을 갔다. 그곳에서 전설적인 인물 버니 웨버에 대한 이야기를 몇 가지 더 들었다. 이야기를 듣고 난 조지아 출신의 이 젊은 대원은 해안경비대 제복을 입고 있는 자신이 더욱 자랑스러웠다. 실제로 그는 그 제복 덕분에 승리는 때로 비극과 함께 온다는 냉혹한 현실을 배웠다. "하루는 하이애니스에 있는 옷가게에 갔어요. 제가 문을 열고 들어서는데 한 여성과 어린 소년이 가게를 나가더군요. 그때 소년이 걸음을 멈추더니 저를 위아래로 쳐다보는 겁니다. 제가 제복을 입고 있었거든요. 아이가 해안경비대원인지 묻더군요. 저는 그렇다고 대답했죠. 그러자 소년이 버나드 웨버를 아느냐고 묻더라고요. 저는 모른다고 대답했지만 실은 알고 있었죠. 소년의 다음 대답에 저는 소스라치게 놀랐습니다. '전 그 사람이 싫어요.' 이유를 물었더니 소년이 이렇게 대답했습니다. '그 사람이 우리 아버지를 죽였어요.'" 모리스가 억세고 느린 남부 사투리로 말했다.

소년의 어머니가 큰 소리로 말했다. 남편이 펜들턴호에 타고 있었고 구조 작업 중에 사망했다고. 랠프 모리스는 '꼬마' 마이어스의 미망인과 아들을 만난 것이었다. 11미터짜리 구조선을 오랫동안 조종해 온 그는 아이의 근거 없는 독설에 깜짝 놀랐다. 아버지의 죽음은 비극적인 사고였을 뿐이라고 아이에게 차분하게 설명했다. "파도가 배를 부술 정도로 거친 상황에서는 배의 균형을 잡기가 거의 불가능하다고 열심히 설명했죠." 모리스는 아이가 자신의 설명을 충분히 이해했는지 아니면 이미 마음을 닫았는지 알 수 없었다. 마이어스의 미망인에 대해서는 그 심정이 어떨지 도저히 헤아릴 수 없었다. 그는 그 우연한 만남을 혼자만의 비밀로 간직했다. 심지어 1955년 버니 웨버가 레이스 갑 기지의 사령관이 되어 그의 밑에서 일하게 된 이후까지도. 두 사람의 우정은 몇 년 동안 점차 깊어졌고 모리스는 마침내 자신의 전설적 멘토에게 그때 이야기를 편하게 꺼냈다. "어느 정도 친해진 뒤에 조지 마이어스의 아들과 나눴던 대화에 대해 이야기했어요. 웨버 사령관님이 무슨 일이 있었는지 말해줬습니다. 마치 어제 일어난 일인 양 감정이 격해지셨죠. 마이어스는 덩치가 너무 큰 나머지 외투나 구명조끼를 입지 않았기 때문에 붙잡아서 구명보트 위에 태울

수가 없었다고 했습니다."

레이스 갑 기지의 사령관을 맡기 전 웨버는 채텀에서 다시 근무할 예정이었다. 당시 웨버와 미리엄에게는 아들 하나 딸 하나가 있었다. 그들은 매사추세츠 주 이스텀에 있는 미리엄의 언니 집 옆에 정착했고, 웨버는 처음으로 공동체에 뿌리내렸다. 해안경비대에서 거의 10년을 유목민처럼 살았던 그로서는 처음 느껴보는 기분이었다. 그는 채텀에서 중사 랠프 옴스비와 재회했다. 두 사람은 대부분의 사람은 상상하기도 힘든 경험을 함께했다. 옴스비는 펜들턴호와 포트 머서호가 침몰한 날 낸터킷에서 11미터짜리 구조선을 몰았던 사람이었다. 웨버는 늘 옴스비가 자신보다 고생을 더 많이 했다고 믿었다. 낸터킷 기지 대원들은 더 위험한 파도 속에서 더 먼 거리를 이동했기 때문이다.

웨버는 오랜 친구 CG36500호와도 재회했다. 배는 과거 자신의 목숨은 물론 대원들과 펜들턴호 생존자들의 목숨까지 구했다. 웨버는 '11미터짜리 늙은이'에 의지해 또 다른 목숨을 구했다. 사건은 1955년 겨울, 햇빛 쨍쨍하면서도 바람이 휘몰아치던 어느 날에 일어났다. 지역의 어선대가 출어에 나섰다가 파도가 높아져 작업을 중단하고 돌아오는 길이었다. 너울이 무시무시한 채텀 바에 거세게 부딪히며 부서지고 있었다. 웨버는 이미 오래전에 이곳 모래톱의 난폭한 성미를 파악했다. 지금까지 봤던 어떤 수역과도 달랐다. 채텀 바는 마치 자기만의 생각을 가진 살아 숨 쉬는 유기체 같았다. 이리저리 움직이는 모래톱은 날씨가 아주 좋은 날에도 위험할 수 있지만 오늘처럼 돌풍이 부는 오후에는 특히 위험했다. 1명을 제외한 모든 어부가 무사히 항구로 돌아왔다. 해안경비대는 또 다른 배가 천천히 채텀 항으로 돌아오고 있다는 연락을 받았다. 웨버는 그 배가 조 스테이플턴이라는 조용한 어부의 배라는 사실을 알았다. 그 어부가 혼자 출어를 나갔다는 사실 역시 알았다. 그래서 웨버는 중사 옴스비에게 CG36500호를 몰고 스테이플턴이 있는 곳으로 가서 채텀 어항 부두까지 무사히 호위할 수 있게 해달라고 허가를 구했다.

옴스비는 허락했고 웨버는 대원들을 집결시켰다. 젊고 건강한 대원들이었다. 대원들은 랠프 모리스와 마찬가지로 유명한 함장을 다소 경이로운 시선으로 쳐다봤다. 버니 웨버는 유능한 선원이었지만 가장 노련한 항해사들조차 채텀 바에서는 맥을 못 춘다는 사실 역시 알았다. 구조선을 타고 나간 웨버는 거친 파도를 보고 잠시 망설이다 모래톱을 향해 배를 몰았다. 웨버와 대원들은 해안경비대의 망루에서 온 연락을 받았다. 파도가 높아 스테이플턴의 배가 보이지 않는다는 것이었다. 웨버는 다시 한번 '11미터짜리 늙은이'를 믿고 속도를 높여 모래톱으로 향했다. 구조선은 연이은 파도에 높이 치솟았고 대원들은 난간을 꽉 붙들었다. 대원들이 눈앞의 모래톱에 대단히 겁을 먹고 있던 반면 웨버는 침착했다. 더 극한 상황에서도 살아남은 그였다. 대원들은 실종된 어선의 흔적을 찾아 바다 위를 샅샅이 수색했다. 몇 분 뒤 웨버는 구조선 뱃머리 바로 근처 물속에서 시커먼 무언가를 발견했다. 조 스테이플턴의 배였다. 배는 수면 바로 아래에 완전히 잠겨 있었다. 선장의 흔적은 어디에도 없었다. 웨버는 하늘을 올려다봤고, 시간이 얼마 없다는 것을 깨달았다. 날이 점점 어두워져서 시야를 확보하기가 어려웠다.

웨버는 타륜에서 손을 뗐지만 구조선은 여전히 작은 원을 그리며 움직이고 있었다. 웨버와 대원들은 다음 작전을 고민했다. 이어지는 몇 분 동안 '11미터짜리 늙은이'는 혼자 남쪽으로 향하기 시작했다. 웨버는 여전히 명령이 떨어지길 기다리고 있었고, 배의 방향이 바뀌는 것에는 그다지 신경 쓰지 않았다. 파도가 더 잠잠해져서였다. 구조선이 계속해서 남쪽으로 향하고 있는데 한 대원이 앞쪽 물속에서 무언가를 발견했다. 결국 웨버는 또다시 타륜을 잡고 앞으로 나아갔다. 그때 물에 떠 있는 물체를 우연히 봤다. 스테이플턴의 어선에 있던 나무 미끼통이었다. 그 순간 다른 무언가가 시야에 들어왔다. 조 스테이플턴이었다. 그는 구명조끼를 꽉 움켜잡은 채 파도 위에서 오르락내리락하고 있었다.

대원들은 보트를 잡아당길 때 쓰는 갈고리 장대를 이용해 어부를 끌어올렸다. 눈은 뜨고 있었지만 몸은 축 늘어져 있었다. 죽었어. 웨버는 생각했다. 과거의 실패가 파도처럼 덮쳐왔지만 두려움은 오래가지 않았다. 몇 분 뒤 스테이플턴의 몸이 살아나기 시작했다. 어부는 다시 숨을 쉬더니 구명조끼를 놓고 팔다리를 움직였다. 대원들은 스테이플턴을 앞쪽 선실로 데리고 간 뒤 모두 외투를 벗어 꽁꽁 언 어부의 몸에 덮어줬다. 스테이플턴은 채텀 어항 부두에 도착하자마자 구급차에 실려 병원으로 이송됐다. 저체온증 치료를 받기는 했지만 다른 곳은 멀쩡했다. 병원에서 퇴원한 뒤 이 과묵한 어부는 단 한 번도 웨버와 대원들에게 감사 인사를 하러 오지 않았다. 웨버는 이

해했다. 고마운 마음이 워낙 커서 굳이 말로 할 필요가 없었을 것이다. 그는 이런 일들을 드러내놓고 말하지 않았다. 바다 생활의 또 다른 불문율이었다. 더군다나 웨버는 이 구조 작업에서의 진정한 영웅이 자신이라고 생각하지 않았다. 진짜 영웅은 배였다. 방치되어 있던 CG36500호가 대원들을 조 스테이플턴이 있던 바로 그곳으로 데려갔다는 걸 누가 설명할 수 있을까? 그는 자신이 신의 손길 아래에 있음을 다시 한번 느꼈다.

웨버는 가정을 꾸려 안정적으로 정착했지만 해안경비대원이라는 직업은 그를 쉼 없이 움직이게 했다. 웨버는 이어서 노셋 구조선 기지와 앞서 언급한 레이스 갑 기지에서 근무했고, 심지어 북쪽의 메인 주 사우스웨스트 하버에서 해안경비대 예인선에 배치됐다. 그후에는 낸터킷 등대선에서 근무했고, 세 번째로 채텀에 복귀했다. 그리고 1960년 채텀 구조선 기지의 책임장교로 임명됐다. 웨버의 첫 근무 이후로 채텀 기지에서의 삶은 개선됐다. 이제 대원들은 기지에서 엿새를 근무하면 이틀을 쉴 수 있었다. 텔레비전도 생겼다. 웨버가 펜들턴호 생존자들이 감사의 뜻에서 건넨 돈으로 샀던 것보다 최신 모델이었다. 당구대를 비롯해 여가시간을 위한 다양한 편의시설도 생겼다. 해안경비대 일의 스트레스를 잘 아는 웨버는 먼저 나서서 장난을 치며 대원들의 긴장을 풀어줬다. 여전히 해야 할 일이 있으면 했다. 웨버는 자신의 기지가 해안경비대 조사관들이 뽑은 최고 기지에 3년 연속 이름을 올린 사실이 자랑스러웠다.

1964년 웨버는 해안경비대에 들어온 지 18년이 됐고 은퇴를 고민했다. 당시 그는 경비함 포인트 뱅크스호의 책임장교로 우즈홀 기지에서 근무하고 있었다. 나이는 서른일곱, 계급은 해안경비대에서 세 번째로 높았다. 해안경비대 일은 만족스러웠다. 아내의 얼굴도 보고 또 다른 연인 바다와 애정을 나눌 수도 있었다. 하지만 20년 가까운 세월 동안 수없는 구조 작업을 하면서 이제는 해안경비대에 진 빚을 모두 갚았다는 생각이 들었다. 웨버와 친구 둘은 동료 대원들과 지구 반대편에서 벌어진 전쟁에 투입됐을 당시 채텀에서 마리나요트나 유람선을 계류시키거나 보관하는 항구 또는 시설를 운영하자는 계획을 세워뒀다.

웨버는 베트남으로 파송되어 마켓타임 작전에 투입된 47명의 장교와 198명의 사병 중 한 명이었다. 해안경비대원의 필요성은 1965년 2월에 처음으로 거론됐다. 육군 항공기 조종사 한 명이 베트남 퀴논 근처 붕로 만 위를 맴돌다가 특이한 무언가를 발견한 것이다. 만 한가운데 있는 섬이었는데, 마치 해안선 한쪽에서 다른 쪽으로 움직이는 것처럼 보였다. 그 '섬'은 알고 보니 베트콩에 물자를 공급하던 완전 위장한 배였다. 배는 미국의 공습으로 이내 침몰했지만 문제는 남아 있었다. 삼판선사람이나 짐을 실어 나르는 중국식 작은 돛단배과 정크사람이나 짐을 실어 나르는 데 쓰는 중국식 배 6만 대로 항로를 막아 2000킬로미터에 달하는 해안지대를 지킬 수 있을까? 미국이 베트콩의 보급로를 완전히 차단할 수는 없겠지만 심각한 타격은 입힐 수 있을 것이다. 미국 재무 장관은 이 임무를 위해 해안경비대원들뿐 아니라 해안경비대 선박을 지원하는 데도 동의했다. 해안경비대 1함대에 소속된 웨버는 캘리포니아 주 코로나도에 위치한 해군 수륙양용 기지에 보고하라는 지시를 받았다. 거기서 베트콩이 사람을 죽이는 데 사용하는 부비트랩을 비롯한 다른 무기에 대응하는 법을 배웠다. 그후 캠프 펜들턴 해병대 기지로 갔고, 미 해병대는 웨버와 동료 대원들에게 81밀리 박격포, 50구경 기관총, 수류탄 사용법을 알려줬다. 인명 구조는 더 이상 우선 순위가 아니었다. 사람을 죽여야 할 때 죽이는 방법을 배웠고, 훈련은 거기서 끝이 아니었다. 웨버는 다시 워싱턴 주 휘드비 섬으로 이송되어 적군이 미군을 고문하는 데 사용하는 물고문, 상자 감금을 비롯해 각종 잔인한 고문에서 살아남는 법을 배웠다.

이어 필리핀으로 가서 정글전의 기본 원칙을 집중 훈련받았다. 과거에 받은 훈련이 이곳에서는 전혀 쓸모가 없었다. 웨버가 죽기 살기로 신병 훈련을 마치고 퇴소한 게 거의 20년 전이었다. 지금은 더 나이 들었고 몸도 예전처럼 팔팔하지 않았다. 하지만 해안경비대 훈련병 시절보다 훨씬 더 지혜로워졌다. 그는 배짱과 요령으로 훈련을 무사히 마쳤다. 그 뒤 다낭에 있는 해양관제센터에 배치되어 다음 한해 동안 근무했다. 웨버와 대원들은 베트남 해안의 주요 도로를 순찰하며 그물질하지 않고 정박해 있는 어선과 통제구역에서 활동하는 정크를 주시했다. 마켓타임 작전은 즉각 성공을 거뒀다. 지휘관들이 느끼기에는 순찰을 돈 지 한 달 만에 정크가 보안을 뚫고 나갈 가능성이 약 10퍼센트로 떨어졌다. 지금까지도 버니 웨버는 베트남 파병 시절에 대해 이야기하고 싶어하지 않는다. 의심할 여지없이 전쟁의 공포를 직접 목격했고, 성직자의 아들로서 당시 경험은 웨버를 자신의 신앙과 대척하게 했을 것이다. 그는 베트남에서 돌아오자마자 우즈홀에서 해안경비대 부표 설치선 혼빔호에 배속되었다가 1966년 마침내 퇴역했다.

버니 웨버와 달리 어빈 매스크는 복무 기간이 만료되자마자 해안 경비대를 나와 육지로 탈출했다. 무언가가 그를 바꿔놓았고, 그 무언가란 바로 CG36500호에서 견뎌낸 시련이었다. 매스크와 그의 아내는 위스콘신 주 마리네트로 돌아가 아이들을 키웠다. 매스크는 공공 사업국에 일자리를 구했고, 바다로 돌아가고 싶다는 생각은 단 한 번도 들지 않았다. 바다를 생각하기만 해도 피가 싸늘하게 식었다. "아버지는 물 근처에도 가지 않았어요. 삼촌이 낚시를 가자고 하면 매번 거절하셨죠." 매스크의 딸 아니타 제브네가 당시 기억을 떠올렸다. 매스크가 눈에 띄게 물을 무서워한다는 사실은 가족에게 펜들턴호 구조 작업에서 그가 맡았던 역할을 드러내는 유일한 단서였다. 매스크는 두 아이 제브네와 마크에게 그때 이야기를 거의 하지 않았다. "한 번은 아버지가 훈장을 꺼내서 어린 저에게 보여주셨어요. 대단히 겸손하게 얘기하셨어요. 사람들 몇 명을 구하고 받은 거라고요." 제브네가 이야기했다. 매스크의 아이들은 아버지가 1952년 2월 몹시 추웠던 그날 밤 겪은 일에 대해 제대로 알 기회가 단 한 번도 없었다. 그러던 어느 날 밤 텔레비전으로 「퍼펙트 스톰」이라는 영화를 보던 중에 우연히 알게 됐다. "안드레아 게일호가 거대한 파도 위에 올라탄 장면이었어요. 아버지가 영화를 묵묵히, 하지만 열심히 보고 있다가 뭔가를 떠올렸나 봐요. 저를 쳐다보더니 이야기하셨죠. '딱 저랬어.

딱 저랬다고.'"

또 다른 해안경비대원이 어빈 매스크가 지고 있던 마음의 짐을 알게 됐다. 두 사람이 매스크의 고향에서 우연히 마주치면서 일어난 일이다. 토니 오닐은 몇 년 전 위스콘신 주 스터전 만 해안경비대 기지에서 갑판수 일을 그만두고 은퇴했다. 해안경비대에서 근무하는 동안 오닐은 그린베이 중고품 할인점에서 버니 웨버의 책『채텀의 구조대원들』을 구입했다. 책을 읽은 오닐은 감명받았고, 황금훈장을 받은 대원 중 한 명이 위스콘신 출신이라는 사실에 놀랐다. 그는 책을 간직하면서 어빈 매스크를 한 번이라도 만날 수 있을지 궁금했다. 두 사람은 뜻밖의 행운 덕에 만나게 됐다. "해안경비대에서 나온 뒤 마리네트의 경찰이 됐죠. 저는 어빈 매스크를 수소문하고 다니기 시작했어요." 오닐이 말했다. 누군가 어빈 매스크가 공공사업국 위생과에서 일한다고 했다. 어느 날 오닐은 깎은 잔디더미를 버리려고 쓰레기 폐기장에 갔다. 트랙터를 모는 남자를 보고 오닐은 큰 소리로 외쳤다. "그 사람에게 물었어요. '어빈 매스크라고 아세요?'라고요. 그 사람이 하던 일을 멈추더니 말했어요. '네. 전데요.'" 오닐은 깜짝 놀랐고, 오직 한 가지 생각밖에 떠오르지 않았다. 그는 매스크에게 금방 돌아오겠다고 말했다. "최대한 빨리 차를 몰고 집으로 가서 책을 집어들었어요. 폐기장으로 돌아오니 매스크는 여전히 트랙터 위에 앉아 있더라고요. 매스크에게 책을 건네면서 말했어요. '저보다 당신한테 더 어울리는 책이에요.'" 매스크는 오닐이 내민 책을 받더니 손을 부들부들 떨기 시작했고, 책을 빤히 내려다보다가 울음을 터트리고 말았다. "그에게 책과 기억을 전해주고 자리를 떠났습니다. 옳은 일을 한 기분이었습니다." 오닐이 말했다.

앤디 피츠제럴드는 펜들턴호 구조 작업에 참여하고 8개월 뒤에 해안경비대를 나왔다. 휘틴스빌로 돌아가 섬유 제조사 휘틴 머신 웍스에 취직했다. 회사의 견습 프로그램 덕분에 우스터 주니어 칼리지에서 공부할 수 있게 됐고 공학 준학사 학위를 받았다. 이 무렵 그는 지금의 아내가 된, 매사추세츠 억스브리지 출신의 글로리아 프라보타를 만났다. "저는 스물두 살, 아내는 열아홉 살이었어요. 우리는 결혼 전 신랑신부가 선물을 받는 모임에서 만났습니다." 두 사람은 3년간의 연애 끝에 결혼했다. 앤디 피츠제럴드의 이름은 전국 신문에 났지만 아내는 남편의 명성을 모르고 있었다. "언젠가 펜들턴호에 대해 이야기해준 것 같은데, 자세한 사정은 잘 몰랐어요." 하지만 피츠제럴드의 어머니가 모아둔 신문 기사를 모두 꺼내 보여준 순간 완전히 달라졌다. "기사를 하나하나 살펴본 글로리아는 남편이 생각보다 더 대단한 사람이라는 사실을 깨달았죠."

피츠제럴드는 개인적 삶에 있어서는 순항하고 있었지만, 엔지니어로서의 미래에 대해서는 고민이 많았다. "하루는 휘틴 머신 웍스의 제도실에 있는데 이 일은 제가 원하던 일이 아니라는 생각이 들었어요. 도안을 그릴 수는 있었지만 크게 재능은 없었죠." 하지만 판매라면 잘할 수 있겠다 싶었다. 엔지니어 일도 해봤고, 장비와 제품에 대해서도 훤했다. 피츠제럴드는 뉴잉글랜드 전역의 공장에 전동기와 클러치 조작 장치를 판매하는 일을 하게 됐다. 피츠제럴드가 판매에 두각을 보이자 사장은 덴버의 새 지점장 자리를 제안했다. 검측 장비 판매점이었다. '지점'의 직원은 딱 한 명, 자기뿐이었다. 그는 글로리아를 시간제 직원으로 채용했고, 두 사람은 덴버의 로키산맥에서 행복한 생활을 꾸려갔다.

펜들턴호 구조 이후 리처드 '허드 불' 리브시는 함장이었던 버니 웨버 못지않게 해안경비대 기지 이곳저곳을 전전했다. 노셋에 이어 우즈홀로 갔다가 마지막으로 스톤홀스 등대선에 배속됐다. 또 해안경비대 지도자학교를 졸업하고 하이애니스포트에서 존 F. 케네디를 경호하는 대통령 경비순찰요원으로 발탁됐다. "케네디 대통령이 뉴잉글랜드 지역을 순방할 때 저는 비밀경호국과 경호원들과 함께 12미터짜리 경비함에 있었죠. 대통령은 요트 말린호나 허니 피츠호를 탔습니다. 대통령을 부두에서 여러 번 만났어요. 대화를 편안하게 이끌어가고 따뜻한 분이셨죠." 리브시는 영부인 재클린 케네디에 대해서도 애정을 듬뿍 담아 말했다. "시종일관 유쾌한 분이셨어요. 경호 임무는 정말 괜찮은 일이었죠. 케네디 대통령이 암살당했다는 소식을 듣고 가슴이 아팠습니다."

리브시는 대통령 경호를 잠깐 하다가 코드 곶 운하 기지로 전출됐다. 그곳에서의 삶은 그다지 매력적이지 않았다. 그의 주요 임무는 사가모어 다리에서 뛰어내린 자살 희생자들의 시신을 수습하는 일이었다. 리처드 리브시는 1967년 11월 1일 퇴역했다. 바다에서 20년을 근무한 아버지 오스왈드의 경력과 비슷했다. 리브시는 매사추세츠 주 윌밍턴의 화학공장에 취직했다가 1980년 아내와 플로리다로 이사했다. 그후 10년 동안 경비원에서부터 고등학교 수위까지 온갖 일을 다 했다. 많은 서비스업 종사자처럼 리브시 역시 주변 사람들로부터 업신여김을 받았을 것이다. 하지만 대부분의 사람은 알지 못했다. 비질을 하거나 경비실 책상을 지키고 있는 그 남자가 미국 역사상 가장 위대한 해난 구조에서 핵심적 역할을 했던 사람이라는 사실을.

복원

불사조는 사막의 하늘을 날면서도 운명의 심술에 굴하지
않고 잿더미에서 소생하여 다시 하늘로 날기를 희망한다.

_미겔 드 세르반테스

1981년 11월

그녀는 눈에 띄지 않게 앉아 있었다. 한때 위풍당당했던 그녀는 이
제 껍데기만 남았다. 지나다니는 사람들은 그녀를 거들떠보지도 않
았다. 오히려 눈엣가시였고 진작 폐선 처분했어야 한다고 생각하는
사람들도 있었다. 돛은 썩었고 페인트는 벗겨졌다. 다람쥐와 다른 작
은 짐승들이 배의 매니폴드에 집을 지었고 선실 천장은 오랜 시간 돌
보지 않아 심하게 닳아 있었다. CG36500호는 사우스 웰플릿에 있는
코드 곶 국립해안 정비차고 뒤에서 13년간 도적질을 당하고 비바람에

방치됐다. 그토록 많은 생명을 구했건만. 모래와 관목, 작은 소나무에 둘러싸인 이 배야말로 구조가 절실했다.

'11미터짜리 늙은이'는 1968년 퇴역했다. 이내 길이 13미터에 두 개의 디젤 엔진과 180마력을 자랑하는, 전체가 강철로 만들어진 신형 구조선이 그 자리를 대신했다. 11미터짜리 구조선들은 여전히 튼튼했지만, 13미터짜리 신형 구조선이 속도도 더 빠르고 승선 인원도 두 배 가까이 많았다. 11미터짜리 구조선들 대부분은 폐선 처리됐지만 채텀 구조선 CG36500호만은 사형 선고를 면했다. 황금훈장을 받은 구조선이라는 이유로 코드 곶 국립해안에 전달됐다. 처음에는 배를 보존하려는 대담한 계획이 있었다. 국립해안 관계자들은 배를 작은 박물관의 일부로 만들고 싶어했지만 자금과 선견지명이 부족해 프로젝트를 중단했다. 배는 파손된 채 방치됐고, 정부의 땅을 차지하고 있는 눈엣가시로 전락했다. CG36500호는 열두 번이 넘는 여름의 이글거리는 태양과 코드 곶의 차고 습한 겨울 진눈깨비의 희생양이 되었다. 관계자들은 방수포 비슷한 가림막을 덮어주지도 않았다. 슬픈 광경이었다. 그토록 많은 사람에게 중요한 존재였던 무언가가 쓸모와 전설을 다한 모습이란. CG36500호의 이야기는 이 지역의 남자들이 배가 누렸던 과거의 영광을 찾아주려는 결심을 하지 않았더라면 코드 곶의 전설로 사라졌을지도 모른다.

그 대표자는 빌 퀸이라는 프리랜서 텔레비전 카메라맨으로 사진사 딕 켈시의 오랜 친구였다. 딕 켈시가 찍은 펜들턴호 구조 사진은 다행히 황금훈장을 받은 대원들을 기억하는 사람들의 뇌리에 깊이 새겨

져 있었다. 퀸이 CG36500호를 처음 본 것은 아들과 함께 국립해안
이 주최한 중고차 경매에 참여했을 때였다. 퀸은 카메라 장비를 넣을
수 있을 만큼 공간이 넉넉하고 뉴스거리가 생기면 빨리 달려갈 수 있
을 정도로 큰 엔진이 달린 튼튼한 자동차를 찾고 있었다. 지프차나
트럭 따위를 살펴보고 있는데 지쳐 보이는 그 낡은 배가 퀸의 시선을
끌었다. 과거 해군으로 복역했고 보트와 배를 좋아하는 퀸은 바로 흥
미가 생겼다. 가까이 다가가 더 자세히 살펴보다가 뱃머리 근처에 희
미하게 적힌 글자를 발견했다. 손을 흔들어 아들을 불렀다. 흥분을
주체할 수가 없었다. 그는 CG36500호를 가리키며 아들에게 말했다.
"세상에, 저 배 좀 봐! 많은 사람을 구한 배야." 자동차를 찾는 일은
이제 뒷전이었다. 퀸은 어떤 이유가 있어서 이곳에 이끌려왔음을 깨
달았다. 역사적으로 중요한 이 배에 대한 관리와 관심이 부족한 데
충격을 받은 그는 즉시 계획을 세웠다. 구조선을 구해야 했다. 문제는
과연 구할 수 있을까였다.

퀸은 배 수리 전문회사 노셋 마린에서 근무하는 친구에게 배를 보
여줬다. 친구가 얼음 깨는 송곳을 가지고 와 선수에서 선미까지 찌르
기 시작했다. 배가 썩어 부서진다면 구조선을 복원하려는 퀸의 꿈은
물거품이 되고 말 것이었다. 하지만 남루한 외양에도 불구하고 내부
가 거의 썩지 않은 채 남아 있어 두 사람은 놀랐다. 유일하게 걱정되
는 부분은 기관실과 선미의 예인용 기둥 일부였다. 겉모습은 흉물스
러웠지만 CG36500호는 여전히 튼튼한 구조선이었다. 이제 퀸은 구
조선이 그 긴 시간 동안 코드 곶 국립해안의 소유였다는 사실이 고마

웠다. 야외에 있긴 했지만 정부 소유지 안에 있었던 덕분에 전혀 훼손되지 않았다. 빌 퀸은 한때 위풍당당했던 이 구조선을 복원할 수는 있지만 혼자 힘으로는 힘들다는 사실을 알고 있었다.

퀸은 일단 채텀 역사협회에 연락해 파손된 구조선을 관리할 의사가 있는지 확인했다. 분명 역사적으로 중요한 의미를 지니고 있음에도 역사협회 회원들은 그런 배를 복원 관리하다가는 밑 빠진 독 꼴이나지 않을까 두려웠다. "복원비와 앞으로의 유지관리비는 누가 냅니까?" 역사협회 회원들이 물었다. 채텀에서 거절한 덕분에 기회는 이웃한 도시 올리언스로 돌아갔다. 올리언스 역사협회에서 코드 곶 국립해안에서 소유권을 포기한다면 배를 맡겠다고 했다. 퀸은 담당 공무원을 만났다. 담당자는 배를 넘겨주는 데 동의했지만 영구 임대라는 단서를 달았다. 하지만 담당자를 끈질기게 설득한 끝에 배에 대한 법적 소유권을 얻어냈다. 퀸은 올리언스 역사협회에 배를 양도하고 배 복원 작업을 담당할 현지 기술자를 구하기 시작했다. 자원봉사자수는 충분했다. 별다른 노력을 하지 않았는데도 사람들이 알아서 몰려들었다. 채텀, 올리언스, 하윅 사람들에게 이 작은 구조선은 단지전설이 아니라 코드 곶 정신을 증거하는 배였다. 강인함과 믿음직함은 미국의 동쪽 가장자리 모래와 바람 투성이 해안에서 삶을 꾸려가는 이 지역 사람들과 배의 닮은 점이었다.

1981년 11월 어느 쌀쌀한 아침, 몇몇 사람이 국립해안에 모여 배의 부활을 지켜봤다. 사람들은 커다란 크레인이 구조선을 작업대에 들어올려 13년간의 긴 잠에서 깨우는 모습을 똑똑히 지켜봤다. 그 작은 구조선은 적재함이 낮은 플랫베드 트럭에 실려 올리언스 핀들레이 로드에 있는 허시 클러치 정비소로 옮겨졌다. 자원봉사자들이 함께 가서 작업을 도왔다. 봉사자들은 프로젝트를 끝내려면 얼마만큼의 노동력과 기술이 필요할지 금세 파악했다. 5~6개월 내로 끝내는 게 목표였고, 그렇게 하려면 수천 시간을 더 매달려야 했다. 봉사 일정을 지역신문에 냈고 봉사자들은 하루도 빠짐없이 교대로 근무했다. 공동체는 공동의 목적을 위해 하나로 뭉쳤다. 자원봉사자들은 세대를 불문했다. 다양한 연령대가 섞여 있었고 모두 어떤 식으로든 CG36500호와 인연이 있었다. 한 봉사자는 어릴 때 자신이 타고 있던 배가 배스 강에서 사고가 났을 때 그 구조선이 와서 끌고 갔다고 했다. 이제 그 빚을 갚고 앞으로의 세대를 위해 이 역사적 배를 보존해야 할 때였다.

가장 먼저 할 일은 배의 엔진을 복구할 수 있는지 확인하는 작업이었다. 기관실 내부는 형편없었지만 놀랍게도 엔진은 여전히 작동했다. 물론 몇 가지 쉽지 않은 작업이 필요했다. GM471 엔진을 빼서 보스턴으로 보내 그곳의 선박 정비공에게 무료로 수리를 받았다. 엔진 본체의 크레인 축을 원상태로 복구하고, 엔진 실린더, 연접봉, 베어링은 교체했다. 구조선 선체의 나사를 모두 뺀 뒤 더 큰 나사로 교체했다. 작업자들은 긁개로 남은 페인트를 벗겨내고, 아래 맨 나무가 드러날 때까지 사포질을 한 다음 옆쪽과 바닥의 목판을 손봤다. 힘들게 한 작업이 모두 불타버릴 뻔한 일도 있었다. 어느 날 밤 올리언스 소방서가 정비소에 출동했다. 석유 버너가 오작동하는 바람에 많은 사람은 구조선이 불쏘시개처럼 타버릴까 봐 걱정했다. 다행히 큰 피해는 없었다. 기름 범벅이 되기는 했지만 쉽게 닦아낼 수 있는 수준이었다.

자원봉사자들이 보트 정비 작업으로 분주한 동안 빌 퀸은 이 모든 작업에 필요한 자금을 구하는, 못지않게 힘든 일을 하고 있었다. 퀸은 『케이프코드타임스』 기자에게 연락했다. 기자는 복원 프로젝트에 대한 기사를 실었고 얼마 안 가 절실했던 후원금이 모이기 시작했다. 채텀 역사협회까지 얼마간의 후원금을 내며 프로젝트가 끝까지 진행될 수 있도록 도왔다. 퀸의 팀은 1만 달러가 넘는 돈과 그에 버금가는 물품을 후원받았다.

6개월 뒤 자원봉사자들은 마침내 목표를 달성했다. 구조선을 완전히 복원했고, 페인트칠도 새로 해 뱃머리 부근에 굵은 글씨로 그 유명한 글자도 다시 새겨넣었다. 이제 이 노후한 11미터짜리 구조선이 항해할 수 있는지 확인할 차례였다. 공식 재진수식은 올리언스의 록하버에서 열렸고, 구조선은 지금도 이곳에 머물고 있다. 이 유명한 배의 재진수는 배 못지않게 유명한 조타수 없이 이루어질 수 없었다. 버니 웨버는 직장에 휴가를 내고 아내 미리엄과 함께 플로리다에 있는 집에서 코드 곶까지 차를 몰고 왔다. 그리고 30년 전 그 지옥 같던 겨울 밤 자신은 물론 그 많은 사람의 목숨을 구한 작은 구조선과 재회했다.

CG36500호는 여전히 코드 곶 구조대원들을 기념하는 살아 있는 박물관이다. 1년 내내 물 위에 떠 있다가 겨울에는 올리언스에 있는 연못 미팅 하우스의 보관소로 들어간다. 여름에는 록 하버 정박지를 떠나 지역 곳곳의 보트 전시회에 불려 다녔다. 배에 대한 전설은 뉴잉글랜드의 젊은이들 사이에서 다시 회자됐다. 책임자는 올리언스 역사협회의 피트 케네디였다. 케네디는 최선을 다해 이 작은 배와 황금 훈장 대원들의 정신을 되살렸다. 케네디 자신이 직접 구조선을 몰고 2~3미터의 파도 속으로 나갔을 때 웨버와 앤디 피츠제럴드, 리처드 리브시, 어빈 매스크가 절로 떠올랐다. "그들이 마주한 파도는 지금보다 일곱 배는 높았어요. 그런 상황에서 어떻게 그토록 훌륭하게 임무를 수행했는지 믿을 수가 없습니다. 그 젊은 대원들은 정말 대단한 일을 한 겁니다."

그들도 한때는 어렸다

오래된 친구를 만드는 데는 오랜 시간이 필요하다.

_존 레너드

펜들턴호 구조 이후 버니 웨버와 리처드 리브시는 코드 곶에서 이따금 만났다. 대화 주제는 주로 가족이었다. 두 사람이 단 한 번도 입에 올리지 않은 유일한 주제는 작은 나무 배 위에서 따닥따닥 붙어 채텀 바에서 죽음을 모면했던 격동의 시간이었다. 황금훈장을 받은 대원들의 50주년 기념 모임 이야기가 처음 나왔을 때 웨버는 반대했다. 과거를 떠올리고 싶지 않았다. 자신이 관심과 찬사의 중심이 될 게 뻔했고, 약간의 죄책감과 두려움까지 들었다. 친한 사람들과 낯선 사람들이 자신의 영웅적 행동에 찬사를 보내는 동안 조지 '꼬마' 마이어스의 죽음에 대한 어두운 기억이 떠오를까 두려웠다. 그걸 감당할 수 있을까? 그런 행사가 과연 해안경비대에 득이 될지도 의심스러웠다. 웨버는 펜들턴호 구조 이후 몇 개월간 수많은 홍보 행사에 참석하면서 해안경비대에 이용당한 기분이었다. 해안경비대 일이 전반적으로 자신에게 잘 맞았다는 사실 역시 알고 있었다. 하지만 더 이상은 필생의 업적을 웃음거리로 만드는 어떤 행사에도 참여하고 싶지 않았다. 행사 주최 측은 모임이 품위 있게 진행될 거라고 웨버를 설득했다. 조잡한 구조 시범 따위는 없다고 했다.

웨버는 다른 대원 세 명도 전원 참석하기를 원했다. 네 명 모두 참석하지 않고는 황금훈장 대원의 모임이 될 수 없을 테니까. 웨버는 1952년 인명구조 황금훈장 수상을 거부했던 날부터 쭉 나머지 대원들도 공을 인정받을 수 있도록 싸웠다. 웨버는 오랜 시간이 지난 지금도 그날의 행사만 생각하면 화가 났다. 미리엄은 물론 대원들의 가족 누구도 행사에 초대받지 못했다. 웨버는 주최 측에 가족을 초대해야 한다고 말했다. 담당자는 웨버의 요구에 동의했고 가족의 교통비와 비용을 전액 부담하겠다고 약속했다.

어빈 매스크는 자신이 없었다. 약 1년 전에 인공관절 수술을 받은 터라 긴 시간 서 있는 것이 무리였다. 이런 행사는 자리에서 일어서는 식순이 많을 것이다. 웨버처럼 매스크 역시 구조에 대한 기억을 다시 떠올릴 수밖에 없다는 사실을 알고 있었다. 매스크는 수십 년간 그때의 기억들을 멀리 밀쳐두고 살았다. 매스크의 딸 아니타 제브네는 아버지가 몇 년간 구조에 대해서는 생각하지 않고 모든 일에 무심한 편이었다고 말했다. 어빈 매스크에게는 가면이었던 셈이다. 반면 앤디 피츠제럴드와 리처드 리브시는 모임 생각에 들떠 있었다. 보스턴 해안경비대 제1지구 참모총장 W. 러셀 웹스터 대령은 행사 준비를 진두지휘하며 전 대원, 심지어 SS 펜들턴호의 생존자들까지 찾아내 연락을 했다. 찰스 브리지스는 그 오래전 추운 밤에 구조됐을 당시 겨우 열여덟 살이었지만 이제는 아내와 딸, 그리고 고향인 플로리다 주 노스팜 비치에 8만 제곱미터 규모의 농장이 있었다.

행사는 2002년 5월 12일 보스턴 노스엔드에 있는 호텔 마리너스 하우스에서 열렸다. 행사 관계자 테레사 바르보는 대원들이 처음 만나는 자리에서 약간 어색해했다고 전했다. 그녀는 2007년 출간한 책 『코드 곶 근처 펜들턴호 참사The Pendelton Disaster Off Cape Cod』에서 행사를 연대순으로 정리했다. 대원들은 가끔씩 통화했지만 직접 만난 건 수십 년 만이었다. 그때는 대원들도 어렸고, 모두 자신의 일과 서로를 위해 기꺼이 목숨을 바칠 준비가 되어 있었다. 더 나은 방법을 몰랐기 때문이기도 하다. 이제 그들은 인생의 황혼기에 들어섰다. 더 나이 들었고 말할 것도 없이 더 현명해졌다. 그들은 하나같이 구조에 대한 기억을 잊으려고 애썼다. 그 일은 인생이라는 한 권의 책에서 한 챕터에 불과하며 결정적 순간은 아니라고 생각하면서. 돌아보면 결혼을 하고 아이를 낳고, 슬프게도 아이를 먼저 떠나보내기도 했다. 하지만 오래전 그날에 대해 이야기하자 확실히 대원들 사이의 유대감은 그 어느 때보다 깊어졌다.

버니 웨버의 감정이 가장 격해진 건 매스크를 만났을 때였다. 매스크는 제대로 서 있기도 힘들었지만 고통을 참으며 최선을 다해 웃어 보였다. 웨버에게 매스크는 늘 특별한 사람이었다. 그때 임무에 자원할 필요가 없었던 대원 중 한 명이었다. 매스크는 웨버와 대원들에 대한 충성심 같은 건 없었다. 그저 채텀 해안경비대 기지에서 등대선으로 복귀하려던 참이었다. 보통 사람들 같으면 입을 다물고 자기할 일이나 하며 거기에 끼어들지 않았겠지만 어빈 매스크는 보통 사람들과 달랐다. 50년이 지난 지금에서야 웨버는 고맙다는 말을 전할수 있었다. 그는 매스크에게 다가가 두 팔로 감싸 안고 눈물을 흘리면서 갈라진 목소리로 고맙다고 말했다. 웨버가 아버지에게 보인 애정을 본 매스크의 딸 아니타 제브네의 두 눈에도 눈물이 고였다. 그날행사는 제브네에게 놀라운 경험이었다. 그녀는 그 비극적인 밤에 벌어졌던 일을 자세히 들은 적이 단 한 번도 없었다. "아버지는 늘 별일아니었다고 하셨죠. 그냥 자기 일이었고, 할 일을 했을 뿐이라고 말씀하셨어요. 행사에서 자세한 내막을 듣고 아버지와 다른 대원들 세 분이 존경스러웠습니다." 제브네가 그때 일을 이야기했다.

행사는 며칠간 이어졌다. 마리너스 하우스에서 열린 환영식에 이어다음 날은 보스턴 해안경비대 기지에서 오찬 모임이 열렸고, 마지막날 채텀으로 돌아갔다. 모든 식순은 세심하게 준비됐다. 행사는 대원들이 CG36500호를 타고 짧은 항해를 하는 것으로 막을 내렸다. 그들 모두 배에 오르면서 웃음을 지었지만 한 사람만은 거북스러워했다. "우리더러 왜 그 배를 타라는 거야?" 매스크가 딸에게 물었다. 해안경비대를 나온 이후 물 근처에는 가지 않으려고 용을 쓰며 살았는데, 지금 그는 그 자신의 생명을 구했을지는 모르지만 수십 년을 악몽 속에 살게 했던 배에 오르고 있었다. 하지만 이러한 감정을 누구에게도 드러내지 않고 배에 앉아 다음 식순을 대비하며 마음을 다잡았다. 5월인데도 공기가 차고 바람이 강했다. 파도는 약간 거칠었다. 대원들은 배에 함께 올랐던 그날 날씨가 오늘만 같았다면 얼마나 좋았을까 생각했다. 배는 채텀 어항 부두에서 출발해 항구 주변을 잠시 돌았다. 펜들턴호의 생존자 찰스 브리지스는 작은 배의 행렬이 채텀 어항 부두에서 출발해 항구 주변을 도는 모습을 지켜봤다. CG36500 호에는 젊은 해안경비대원 2명이 동승했다. 무슨 일이 생기면 두 사람이 적절한 조치를 취할 것이다.

하지만 그날은 아무 일도 일어나지 않았다. 버니 웨버는 다시 한번 자신이 있어야 할 자리인 조타석에 섰다. CG36500호는 13미터짜리 동력 구조선 두 척과 8미터짜리 서프보트 한 척의 호위를 받았다. 배에 탄 젊은 해안경비대원들은 언젠가 인내력의 한계를 시험받을 거라는 사실을 까맣게 모른 채, 자신만만한 눈빛으로 바다를 지켜보고 있었다.

부록

당시 펜들턴호와 포트 머서호 구조 임무는 해안경비대 사상 최대의 구조 작업이었다. 2005년 허리케인 카트리나 당시 구조 작업과 1980년 유람선 프린센담 구조 작업이 이 기록을 뛰어넘었다. 펜들턴호와 머서호 구조는 여전히 미국 해양사에서 소형 보트와 경비함을 이용한 최대의 해난 구조 작업으로 남아 있다.

도널드 뱅스Donald Bangs

도널드 뱅스는 사망했지만 버니 웨버는 그를 단 한 번도 잊은 적이 없다. 뱅스와 대원들이 구조 작업을 하는 동안 느꼈을 부담감은 웨버 자신보다 더했을 것이다. 멜 구스로도 거들었다. "뱅스와 대원들이 정말 안쓰러웠어요. 11미터짜리 구조선을 타고 폭풍 속에서 몇 시간을 보내다 저체온증에 걸리기 직전의 차갑고 젖은 몸으로 돌아왔습니다. 생존자들 구조 가능성이 있냐고 묻자 뱅스는 말없이 고개를 흔들었습니다." 도널드 뱅스는 해안경비대에서 30년간 독보적인 업적을 남겼다.

뱅스의 가족들은 뱅스가 구조 임무에 대해 말한 적이 거의 없지만, 펜들턴호 선원을 구조 직전에 거대한 파도 틈에서 잃은 일로 큰 상처를 받은 것 같다고 했다.

빌 블리클리Bill Bleakley

"첫날밤에 머서호 선수의 선원을 여러 명 잃은 기억을 떠올리면서 사고가 몇 년 뒤에만 일어났더라도 헬리콥터 호이스트 장비로 끌어올려 살릴 수 있었을 텐데 하는 생각이 절로 듭니다. 매번 그렇지는 않지만 구조 바구니를 이용해 헬리콥터로 사람을 끌어올리는 요즘 기술이면 그런 구조 작업은 훨씬 수월했을 겁니다." 블리클리는 모든 뱃사람에게 중요한 조언을 했다. "머서호 사고로 중요한 교훈을 하나 얻었습니다. 배에 끝까지, 아니 최대한 오래 남아 계십시오. 바다는 실수를 좀처럼 봐주지 않습니다."

찰스 브리지스Charles Bridges

찰스 브리지스는 현재 플로리다에 살고 있다. 그는 펜들턴호 사고에서 살아남아 웨버와 대원들에게 구조된 뒤 해안경비대에 들어가 오랫동안 근무했다. 해안경비대에서 일하는 동안은 웨버와 한 번도 마주치지 않았지만, 퇴역한 뒤 해양탐사선에서 일하다 무심코 자신이 펜들턴호 생존자라는 말을 한 적이 있다. 그런데 선원 몇 명이 버니 웨버와 친분이 있었고, 브리지스는 웨버의 전화번호를 물어 알아냈다. 그는 웨버와 통화를 하다가 두 사람이 같은 시기에 커내버럴 곳에 간다는 사실을 알게 됐다. 그래서 구조 이후 처음으로 만날 약속을 잡았다. 탐사선에 승선한 웨버와 악수를 나눈 뒤 브리지스가 말했다. "함께 가시죠." 브리지스는 웨버를 선장에게 데리고 가 이렇게 소개했다. "35년 전 제 목숨을 구한 분입니다."

길 카마이클Gil Carmichael

"펜들턴호와 머서호 사고로 무엇보다 어려서 위기에 대처하는 법을 배웠습니다. 배를 몰고 가면 전원 사망할 수도 있다는 사실을 알았지만 모두 자기의 안전보다는 다른 사람의 생명을 살릴 생각만 했어요. 어린 제가 망설이지 않고 필요한 일을 했다는 사실이 자랑스럽습니다. 덕분에 자신감을 얻었고, 시험을 치러내서 기뻤습니다."

멜 구스로Mel Gouthro

멜 구스로는 해안경비대에 남아 중사, 준위를 거쳐 소령까지 오른 뒤에 퇴역했다. 얄궂게도 그의 마지막 임무는 해양사고 조사 작업이었다.

존 조지프John Joseph

어커시넷호에서 조지프 함장 밑에서 일했던 대원들은 그에 대한 칭찬을 아끼지 않는다. 시드 모리스와 존 밀바워가 대표적이다. 이 책에 대한 자료 조사를 하는 내내 선원들은 폭풍 속에서 경비함을 머서호 선미 옆에 댄 조지프 함장의 대담한 작전에 대한 찬사를 멈추지 않았다.

리처드 리브시Richard Livesey

리브시는 2007년 12월 28일 사망했다. 그는 채텀 기지에서 근무하던 시절이 자기 인생에서 특히 행복했다고 이야기했는데, 구조 작업 때문이 아니라 대원들과 나눈 우정 때문이라고 했다.

어빈 매스크Ervin Maske

어빈 매스크는 2003년 8월 7일 사망했다. 사망 당시 매스크는 고향인 위스콘신 주 마리네트에서 스쿨버스 시간제 운전기사로 근무 중이었다. 그날 아침 아이들을 태우러 가는 길에 버스 주차장 바로 뒤 철로를 건너다가 심장마비로 운전대에서 쓰러졌다. "아버지는 항상 해안경비대 모자를 쓰고 버스를 모셨어요. 그날은 모자를 쓰지 않으셨죠. 집으로 돌아오지 못할 거라는 사실을 아셨나 봐요." 딸 아니타 제브네가 말했다.

시드 모리스Sid Morris

모리스는 구조 작업에 대한 글을 한 편 쓴 적이 있는데, 글에서 머서호 선미에서 어커시넷호로 뛰어내린 생존자 한 명을 언급했다. "로드아일랜드 출신의 선원이 담요를 뒤집어쓰고 진한 조리실 커피를 마시면서 큰 소리로 말했다. '20년을 바다에서 보내면서 그렇게 용감한 조종술은 처음입니다.' 다른 뱃사람한테 그 이야기를 들으니 정말 기뻤다. 그들은 진심으로 고마워했고, 우리 제복에 붙은 휘장이 어떤 의미인지 알고 있었다."

당시를 회상하며 모리스가 말했다. "바다가 울부짖던 소리와 배가 으드득 소리를 내며 함께 요동치던 기억이 마치 어제 일처럼 생생합니다. 그토록 감동적인 일에 함께 했다는 사실이 자랑스럽고, 지금까지도 당시의 3일은 제 평생 가장 용기 있는 시간이었습니다."

에드 셈프리니Ed Semprini

"하이애니스포트에 있는 존 F. 케네디 대통령의 여름 별장을 취재하러 갔습니다. 거기서 대통령과 약간 친해졌는데, 그는 진정한 신사였습니다. 온 세계의 관심이 바로 이곳 코드 곶에 집중되어 있던 정말 즐거운 시간이었죠." 에드 셈프리니는 50여 년이 지난 지금까지도 코드 곶 소식을 전하고 있다. 라디오 방송국에서 일하던 때는 오래전이지만 고참 기자 셈프리니는 여전히 『코드 곶 사람들』지에 칼럼을 쓰고 있다.

렌 휘트모어Len Whitmore

"이틀간의 기억 중 잊을 수 없는 일은 조난 신호를 접수하고 통신사로서 모든 조치를 취했던 경험입니다. 무선 통신사들은 평생을 가도 조난 신호를 접할 기회가 없거든요. 모두가 해낸 일이 정말 자랑스러웠습니다. 이 구조 작업 덕분에 마음만 먹으면 세상에 못할 일이 없다는 사실을 배웠습니다. 그 이후로 옛날이라면 도전하지 않았을 일을 하게 됐고, 어려운 일을 헤쳐나갈 힘이 생겼습니다. 저는 구조 작업 직후에 결혼을 했지만 결혼 8년 만에 아내가 유방암으로 세상을 떠났어요. 우리 부부에게는 아이가 셋 있었습니다. 두 살, 다섯 살, 일곱 살이었죠. 저는 혼자서 아이들을 키웠고, 7년 후에 재혼해서 아이 둘을 더 낳았습니다."

황금훈장 대원들의 11미터짜리 동력 구조선에 대해 자세히 알고 싶거나 후원하기를 원한다면 www.cg36500.org 또는 www.myspace.com/finesthours를 참고하라.

감사의 말

『그들은 살아 돌아왔다』 집필을 시작하기 전에 케이시 셔먼과 나는 한 번도 만난 적이 없었다. 각자 펜들턴호와 머서호 이야기에 관심을 갖고 조용히 조사해오고 있었다. 조사를 하던 중 "같은 조사를 하는 마이클 터지어스라는 작가가 한 명 있다"는 이야기를 전해 들은 케이시가 공동 집필을 제안해왔다. 가끔 조사가 버거울 때도 있었기 때문에 나로서는 괜찮은 제안 같았다.

우선 해안경비대 해양조사위원회와 함께 포트 머서호와 펜들턴호 사고를 조사하기 시작했다. 해안경비대의 '유조선 포트 머서호와 펜들턴호 사고에 대한 통신기록 검토서' 역시 중요했다. 보고서의 많은 부분이 구조가 진행되는 동안 보낸 무전 통신 내용이었다.

이러한 진상 조사에 이어 1952년에 보도된 사고 관련 신문기사를 찾아 읽고 복사했다. 최고의 기사는 『보스턴글로브』 『보스턴헤럴드』 『케이프코드타임스』 『뉴욕타임스』 『포틀랜드(메인) 헤럴드』 『프로비던스

저널』에 실린 기사들이었다. 이들 신문의 기자들은 처음 부두로 달려가 구조대원과 구조된 선원들을 인터뷰해 실은 이들이었다. 특별 화제 소식을 전하는 방송 프로그램에서 주요 내용을 흥미롭게 다뤘지만, 더 중요한 사실은 이 기사와 방송들이 1952년에 유조선 사고가 얼마나 큰 뉴스였는지 상기시키는 역할을 했다는 것이다. 또 당시 미국이 한국전쟁이라는 진창에 빠져 몇 개월째 힘든 시간을 보내고 있었기 때문에 펜들턴호와 머서호의 구조 소식은 미국 전역으로 빠르게 퍼져나갔다. 그야말로 우리 군이 조직화되고 빠른 대응으로 생명을 구하고 단 며칠 만에 마무리한 사건이었다.

그후 버니 웨버의 책『채텀의 구조대원들』을 읽었다. 책은 신문에 나오지 않은 사실을 알려줬다. 또 다른 탁월한 책에는 펜들턴호와 머서호에 대한 장이 따로 들어가 있었는데, 바로 찰스 해서웨이의『하일랜드에서 해머헤드까지From Highland to Hammerhead』였다. 진정한 신사였던 해서웨이는 일부러 달려와 목격자 찾는 일을 도와줬다. 두 유조선 구조를 주제로 한 다른 책으로는『항해자들이여, 주의하라Voyager, Beware』『코드 곶의 난파선들Shipwrecks of Cape Cod』『바다의 수호자들Guardians of the Sea』그리고 소책자『해난 구조Rescue at Sea』가 있다.

사고에 대한 자료가 충분히 모였다 싶었을 때 구조 작업과 관련된 생존 목격자들을 찾기 시작했다. 버니 웨버가 1순위였다. 웨버에게 그동안 진행한 조사에 대해 설명하고 이제 인터뷰를 시작할 계획이라고 이야기했다. 고맙게도 웨버는 나의 예비 질문에 답해주고 리처드 리브시와 앤디 피츠제럴드의 연락처를 알려줬다. 리브시와는 플로리다에 있는 그의 집에서 녹음기를 켜놓고 대단히 흥미로운 인터뷰를 했다.(슬프게도, 리브시는 케이시와 내가 녹취 작업을 끝낸 날 세상을 떠났다.) 앤디 피츠제럴드와는 전화와 이메일로 연락을 주고받다가 마침내 매사추세츠에 있는 우리 집에서 만났다. 웨버, 피츠제럴드, 리브시는 굉장히 인내심이 강했다. 그들은 자신의 이야기가 조금의 과장도 없이 있는 그대로 전달되기를 바랐다.

멜 구스로는 초기 조사과정에서 찾았다. 그는 많은 정보를 알려주고 응원해줬다. 인터뷰를 진행한 사람들 대다수가 미국 전역에 흩어져 있었지만 멜 구스로는 우리 집에서 불과 8킬로미터 떨어진 곳에 살고 있었다. 그는 자신이 직접 찍거나 해안경비대 사진사가 찍어준 사진을 여러 장 가지고 있었고 각 사진에 얽힌 이야기를 해줬다.

나의 끝없는 전화와 질문을 견뎌준 또 다른 사람은 펜들턴호 생존자 찰스 브리지스였다. 그는 구조대원들과는 다른 시각에서 이야기했고 사고의 순서를 알아내는 데 중요한 역할을 했다. 놀랍게도 브리지스는 펜들턴호 선미에서 목숨이 위태로운 끔찍한 순간에 경험했던 느낌과 생각, 행동들을 아주 상세히 기억하고 있었다.

대원들의 이야기를 수집하고 보고서와 기사를 읽는 동안 유조선 사고의 어떤 부분이 특히 안타까웠다. 예를 들어, 혼자 남겨진 선원 허먼 개틀린의 경우 시신이 펜들턴호 선수에서 발견됐다. 개틀린은 혹한 속에서 톱밥과 신문지를 이용해 필사적으로 저체온증을 막는 일 외에는 할 수 있는 일이 없었다. 그가 살아 있었더라면 이 전설적인 사고에서 빠져 있는 중요한 조각을 찾을 수 있었을 텐데. 선수에 있었던 피츠제럴드 선장과 다른 선원들에게는 과연 무슨 일이 있었던 걸까? 개틀린은 혼자서 고통을 겪었다. 심지어 해안경비대가 폭풍을 뚫고 바다로 뛰어드는 모험을 하지 않을 거라고 생각하면서. 도널드 뱅스와 에머리 헤인즈, 앤토니오 밸러리니와 리처드 시콘의 용감한 노력은 영영 알지 못한 채.

11미터짜리 배 안에서 밤새 15미터 높이의 파도와 눈과 얼음, 영하의 체감온도와 싸우며 바다에 남겠다는 뱅스와 대원들의 생각은 그 자체로 생존기다. 이 대원들 역시 웨버와 옴스비의 대원들과 마찬가지로 전원 운 좋게 살아 돌아왔다. 하지만 애초에 그런 작은 배를 출동시킨 해안경비대 장교들의 판단이 옳았는지 궁금했다.

꼬마 마이어스와 허먼 개틀린의 죽음만큼 당혹스러웠던 죽음은 머서호의 불운한 통신사 존 오라일리의 안타까운 최후였다. 그에게는 야쿠테이트호가 도착했을 때 배에 남을지 뛰어내릴지 선택할 기회조차 없었다. 대신 배 앞쪽으로 가려다가 통로에서 미끄러져 머서호 최초의 사망자가 되었다. 오라일리는 이스트윈드호의 통신사 렌 휘트모어가 교신한 최초이자 최후의 선원이었다.

하지만 유조선 선원들은 운이 좋았다. 도리스 포랜드라는 사람에 따르면, 그의 아버지 헬저 존슨은 비운의 어선 파올리나호에 타고 있었다. 이스트윈드호, 유니맥호, 해안경비대의 배가 어선 수색에 동원됐고, 그래서 그 근처에 있다가 머서호를 지원하러 갈 수 있었다.

조사 초반, 나는 어빈 매스크가 보여준 침착한 용기에 감탄을 금할 수 없었다. 매스크는 웨버와 함께 펜들턴호를 구조하러 갈 의무가 전혀 없었다. 폴록립 등대선으로 가려고 대기 중이었고, 비상사태가 일어났을 당시 우연히 채텀 기지에 있었을 뿐이다. 그는 버니 웨버가 네 번째 대원을 선발하는 것을 무시할 수 있었음에도 죽음을 무릅쓰고 구조 작업에 참여했다.

이때쯤 케이시와 나는 서로의 조사 사실을 알게 됐고 공동 집필을 하기로 결정했다. 케이시는 내가 읽은 기사며 보고서며 책을 대부분 읽은 상태였기에 함께 일을 시작했을 때 우리 둘 다 사고 이야기라면 충분히 알고 있다는 생각이 들었다. 그래서 이제는 지금까지 조사한 자료에 거의 등장하지 않는 사람들을 찾아내고 인터뷰하는 데 집중할 수 있겠다 싶었다. 나는 머서호 조사에 집중했고, 내가 최초로 인터뷰한 사람은 렌 휘트모어였다. 이스트윈드호에서 근무한 통신사 휘트모어는 첫 번째 조난 신호를 접수했다. 하루는 휘트모어와 저녁을 같이하는데, 워낙 기억력이 좋고 유용한 정보를 많이 알고 있어서 머서호 관련 원고 감수를 맡아달라고 했다. 함장 루스 웹스터는 나중에 펜들턴호를 다룬 책 앞부분을 교정하는 과정에서 중요한 사실을 알려줬다. 그 외에 도움을 준 사람들로는 존 밀바워, 앨버트 샤렛, 시드 모리스, 벤 스타빌리, 웨인 히긴스, 래리 화이트, 빌 블리클리, 조지 말로니, 길 카마이클, 칙 체이스, 필 뱅스, 데이비드 콘시딘, 멜빈 구스로, 피트 케네디, 루스 웹스터, 조지 와그너, 피터 조지프, 밥 조지프, 스테판 매그, 맷 스웬스, 샌디 호워튼이 있다. 특히 도움이 된 자료는 존 조지프 함장의 글이었다.

지금은 사망한 구조대원들(도널드 뱅스와 앤토니오 밸러리니 등)의 가족이 반복해서 이야기한 내용은 랠프 옴스비의 딸이 기억하는 내용과 비슷했다. "아버지는 어째서인지 사고에 대해 이야기하지 않았어요. 그냥 자신의 일이었다고 생각했죠." 내가 인터뷰한 거의 모든 사람이 같은 이야기를 했다. 그들은 그냥 자신이 해야 할 일을 한 것이라고.

한 명이 아니라 두 명의 작가와 일한다는 게 저작권 대리인 에드 내프먼과 편집자 콜린 해리슨, 제시카 매너스, 톰 피토니악에게 만만찮은 일이었을 것이다. 하지만 그들의 인도와 제안에 많은 도움을 받았고 대단히 감사하게 생각한다. 격려의 말을 아끼지 않고 내가 기쁨에 벅차 "또 다른 목격자를 찾았어!"라고 끝없이 소리를 질러대도 묵묵히 견뎌줬던 우리 가족에게 고마운 마음을 전한다.

당연히 케이시 셔먼을 빠뜨릴 수 없다. 책을 끝까지 완성하고 이 이야기에 열정을 잃지 않은 것은 전적으로 그 덕분이었다.

마이클 터지어스

✹

나는 1970~1980년대를 코드 곶에서 보냈지만 믿기 힘든 펜들턴호 구조에 대해서는 모르고 있었다. 나의 호기심에 불이 붙은 건 어느 여름 날 '노란 우산'이라는 채텀 시내의 작은 고서점에서 새 책『메리를 위한 장미Rose for Mary』에 저자 사인을 하고 있을 때였다. 남동생 토드가 왔기에 당시 집필 중이던 소설에 대해 이야기했다. 동생은 원래 하던 논픽션으로 돌아갈 생각은 없느냐고 물었다. "괜찮은 이야기가 있으면." 동생은 웃으며 말했다. "나한테 좋은 소재가 하나 있어." 다음 몇 시간 동안 토드는 펜들턴호 구조 작업에 대해 자신이 알고 있는 이야기를 해줬다. 그 이야기에 반해버린 나는 그 즉시 피트 케네디를 수소문했고 그는 이 책 프롤로그에 쓴 것처럼 배를 한번 둘러보라고 했다. 또한 여러 가지 자료와 신문기사를 챙겨주며 조사를 시작하는 데 도움을 주었고, 마이클 터지어스를 소개해주기도 했다. 나는 마이클이 쓴 『새벽까지 10시간』과 『1978년의 눈보라』를 읽은 터라 그에 대해 알고 있었다. 이제 결정을 내려야 했다. 혼자 책을 써서 그의 책과 경쟁할까? 아니면 공동 집필을 해도 괜찮을까? 나로서는 다행히도 두 번째 방법을 택했고 마이클에게 전화를 걸었다.

작가란 알 수 없는 존재들이라 마이클에게서 어떤 대답이 돌아올지 짐작이 되지 않았다. 놀랍고 기쁘게도 마이클 역시 나와 마찬가지로 책 표지에 자기 이름을 박는 데 별 관심이 없었다. 마이클은 이 이야기를 최대한 철저하고 신중하게 전하고 싶어했다. 우리는 각자의 자료와 재능, 아이디어를 합쳐 공동 집필을 하기로 했고, 그렇게 해서 마침내 이 책이 탄생했다. 작업 내내 마이클은 진정한 전문가의 모습을 보여줬고 내가 더 나은 작가가 될 수 있도록 채찍질해줬다. 그 점에 무한한 감사를 전한다.

특별히 감사를 전하고 싶은 사람이 몇 명 더 있다. 나 또한 끝없는 질문에 초인적 인내를 가지고 대답해준 웨버, 피츠제럴드, 리브시에게 감사를 전한다. 처음에 웨버는 이 책을 쓰는 데 반대했다.

"딱히 이야깃거리가 없어요"라고 말하면서. 뻬딱한 영웅 역할을 하는 건가 싶었지만 알고 보니 마음에 상처를 안은 채 살아가고 있었다. 원고를 읽자마자 웨버는 자신의 생각이 틀렸음을 시인했다. 이야기가 되는군요. 그는 우리 원고를 칭찬했고, 웨버의 칭찬은 마이클과 내가 이 책에 대해 들었던 가장 소중한 후기다. 기억을 공유해준 찰스 브리지스와 멜 구스로에게도 감사를 전하고 싶다. 아버지 어빈 매스크에 대해 이야기해준 아니타 제브네에게 진심으로 감사한다. 제브네 양의 날카로운 통찰력이 없었다면 이 책은 나오지 못했을 것이다. 자신의 아버지에 대해 이야기해주고 또 어머니가 이 비극을 어떻게 견뎌냈는지 밝혀준 존 J. 피츠제럴드 3세에게도 감사한다. 시간을 내서 사건을 둘러싼 언론 보도에 대해 설명해준 에드 셈프리니에게 고마운 마음을 전한다. 감사하게도 랠프 모리스와 그의 아내는 나와 나의 어머니와 유쾌한 대화를 나눠줬다! 어빈 매스크에 대한 기억을 이야기해준 토니 오닐에게 감사한다. 앞서 이야기한 피트 케네디, 돈 세인트 피에르, 빌 퀸에게는 복원 프로젝트에 대해 이야기해주고 CG36500호를 계속 달릴 수 있게 해준 데 감사를 전한다. 벵스 폰베그도 빠뜨릴 수 없다. 그는 수학에 소질이 없어 언론인이 된 내게 사나운 파도 뒤에 숨은 과학에 대해 열심히 설명해줬다. 그날 밤 채텀 어항 부두의 광경과 똑같은 생생한 그림을 그려준 조 니커슨과 채텀의 라이더 가족에게도 감사한다. 마이클이 참고한 책을 여러 권 언급했는데 몇 권 더 소개한다. J. W. 달튼의 『코드 곶 근처 펜들턴호 사고』『코드 곶의 인명구조대원들』과 로버트 프럼프의 『바다가 그들을 놓아줄 때까지』다.

모든 책의 마지막이 그렇듯 항상 내 곁을 지켜준 사람들에게 감사를 전하고 싶다. 나의 아내 로라, 사랑해요. 사랑스러운 두 딸 이사벨라와 미아에게 아빠의 포옹과 키스를 보낸다. 어머니 다이앤, 전화 받아주셔서 감사해요. 내 동생 토드, 아이디어 줘서 고맙다. 하노버의 보더스 익스프레스와 프라이버그 아카데미에 있는 멋진 친구들아, 응원 많이 해줘서 다시 한번 고맙다.

2009년 1월 22일, 마이크와 나는 버니 웨버에게서 재단장한 CG36500호 사진 한 장을 첨부한 이메일을 받았다.

형씨들. 당신들 배요. 영화가 만들어지면 완전 새것처럼 쌩쌩 달릴 거요. 나는 못 갈 테지만 내 키스를 전해줘요!

버니

이틀 뒤 버니 웨버는 플로리다 주 멜버른의 자택에서 사망했다. 향년 80세. 그는 자신의 이야기가 담긴 영화를 살아서 보지 못하리라고 예감했지만 늘 힘주어 말했다. "펜들턴호 구조는 절대 내 덕이 아니야. 내 대원들이 보여준 용기와 이 작은 구조선의 기적 덕분이었지."

케이시 셔먼

참고문헌

정부 문서
—

Marine Board of Investigation: Structural Failure of Tanker PENDLETON off
  Cape Cod, United States Coast Guard
Marine Board of Investigation: Structural Failure of Tanker FORT MERCER off
  Cape Cod, United States Coast Guard
Marine Board of Investigation/Collision of USCGC EASTWIND and SS
  Gulfstream, United States Coast Guard
Marine Board of Investigation: Structural Failure of Tanker PINE RIDGE off
  Cape Hatteras, United States Coast Guard
Marine Board of Investigation: Disappearance of SS PENNSYLVANIA, United
  States Coast Guard
M/V SPARTAN LADY Rescue, United States Coast Guard Memorandum
  Communications Study of the Loss of the Tankers FORT MERCER and
  PENDLETON
Priority Dispatch from COMEASTAREA to USCGC Eastwind 18 FEB. 1952,
  United States Coast Guard
Priority Dispatch from CCDG ONE to COGUARD CHATHAM LBS 19 FEB.
  1952, United States Coast Guard
Priority Dispatch from NODA/CGC MCCUlLOCH to HIPS/CCGD ONE 19 FEB.
  1952, United States Coast Guard
Operational Immediate Dispatch from CHATHAM MASS LBS to ZEN/
  CCGDONE 19 FEB. 1952, United States Coast Guard
Operational Immediate Dispatch from CGC MCCULLOCH to CCGD ONE 18

FEB. 1952, United States Coast Guard

Marine Casualty Report for the SS MARINE ELECTRIC, United States Coast Guard

Marine Board of Investigation into Disappearance of F/V PAOLINA, United States Coast Guard

United States Coast Guard in the Vietnam War, www.uscg.mil

신문 기사 및 뉴스
—

"6 More Die Leaping for Life Rafts," *Boston American*, February 19, 1952.

"32 Saved Off Tankers," "33 Deaths, Huge Loss Caused by N.E. Storm," "20,000 Marooned," "6 Crewmen on Fort Mercer Believed Lost" "Hero Rescuers Took Terrific Beating," and "46 In Peril," *Boston Globe*, February 19, 1952. 199

"Storm Ties Up N.E.," *Boston Globe*, February 18, 1952.

"Rescued Seamen Tell Stories" and "Pendleton Cut Speed Before She Split in Two," *Boston Globe*, February 20, 1952.

"Maine Rescuers Fight Toward 1,000 Stranded" and "Crewmen Abandon Storm-Struck Craft," *Boston Globe*, Special Edition, February 18, 1952.

"Five Deaths in Wild Northeaster," *Boston Globe*, February 18, 1952.

"Smashed Lifeboat Found [Paolina]," *Boston Globe*, February 17, 1952.

"An Epic Job," *Boston Globe*, February 23, 1952.

"Tugs Pulling Stern" and "Mercer Crew Score Leadership," *Boston Globe*, February 22, 1952.

"Unusual Leaks on Fort Mercer, Mate Testifies," *Boston Globe*, February 26, 1952.

"70 Saved, 14 Dead After 2 Ships Split," *Boston Herald*, February 20, 1952.

"32 Saved, 50 Missing, Two Perish As 2 Tankers Break Up Off Cape," *Boston Herald*, February 19, 1952.

"First a Roar, Then She Split," *Boston Herald*, February 19, 1952.

"Pendleton"s Survivors Tell of Harrowing Ordeal at Sea," *Boston Herald*,

February 20, 1952.

"Cloth Rope Saved Four," *Boston Herald*, February 20, 1952.

"Half Tanker Bucks Gale," *Boston Herald*, February 22, 1952.

"Fort Mercer Stern Arrives Safely in Newport," *Boston Herald*, February 23, 1952.

"1500 Marooned" and "Split Bow, Stern of 1 Craft Sighted," *Boston Herald*, February 18, 1952.

"Maine Snow—bunk Entombs" and "Storm Death Toll Set at 31," *Boston Herald*, February 21, 1952.

"Broken Tanker First Noticed on Radar," *Boston Herald*, February 26, 1952.

"13 Refuse to Quit Hulk of Tanker—58 Saved," *Boston Post*, February 20, 1952.

"Salvage Tugs Move in to Tow Broken Hulks" and "Admiral Lauds 4 in Epic Small Boat Rescue," *Boston Traveler*, February 20, 1952.

"40 on Tanker Sections," *Boston Traveler*, February 19, 1952.

"18 Tanker Men Here," *Boston Traveler*, February 20, 1952.

"Storm Tossed Dragger Safe," *Cape Cod Standard Times*, February 20, 1952.

"Four Chatham Coast Guards Rescue 32," *Cape Cod Standard Times*, February, 19, 1952.

"Tanker Stern Being Towed," *Cape Cod Times*, February 23, 1952.

"Coast Guards Save 18 Men Off Nantucket," *Cape Cod Times*, February 20, 1952.

"Bow of Pendleton Yields Seaman"s Body," *Cape Cod Standard Times*, February 25, 1952.

"Fact Finding Panel Takes Testimony," *Cape Cod Standard Times*, February 21, 1952.

"Heroes of 1952 Return to the Sea," *Cape Cod Times*, May 16, 2002.

"Plight of 40 Fathoms Last Week Overlooked For Tanker Wrecks," *Cape Codder*, February 28, 1952.

"Lurid Stories Crop Up," *Cape Codder*, February 28, 1952.

"Salvage Work on Pendleton Watched," *Cape Codder*, August 16, 1956.

"Rescue Boat Rescue Underway," *Cape Codder,* November 17, 1981.

"Volunteers to the Rescue," *Cape Codder,* December 8, 1981.

"Coast Guardsmen Honored for Heroic Actions of Long Ago," *Cape Codder,* May 17, 2002.

"Sailors Rescued at Height of Storm," *Central Cape Press,* February 21, 1952.

"32 Rescued, 55 Cling to Split Ships Off Cape," *Daily Record,* February 19, 1952.

"15 Lost as 2 Tankers Split off Cape," *New Bedford Standard Times,* February 19, 1952.

"Battered Ships, Weary Survivors Mark New Epic of Sea," *New Bedford Standard Times,* February 20, 1952.

"Senate Unit Seeks Data on All Gains Made in Ship Deals," *New York Times,* February 18, 1952.

"Two Ships Torn Apart," *New York Times,* February 19, 1952.

"Saw Tanker Peril," *New York Times,* February 22, 1952.

"25 More Rescued in Tanker Wreck," *New York Times,* February 20, 1952.

"2 Tugs Tow Stern of Broken Tanker," *New York Times,* February 22, 1952.

"Snowstorm Kills 30 in New England," *New York Times,* February 19, 1952.

"Mercer Stern Safe," *Portland Herald Press,* February 22, 1952.

"Tanker Skipper," *Portland Herald Press,* February 22, 1952.

"57 Men Are Snatched From Sea," *Portland Herald Press,* February 19, 1952.

"Brant Point Crew Plows Through Seas," *Nantucket Town Crier,* February 22, 1952.

"Ignore Blizzard—Return to Ship," *Ketchikan News,* February 24, 1965.

책
—

Theresa Mitchell Barbo, John Galluzzo, Captain W. Russell Webster, USCG (Ret.), *The Pendleton Disaster Off Cape Cod.* Charleston, S.C.: The History Press 2007.

J. W. Dalton. *The Life Savers of Cape Cod.* Chatham, Mass.: Chatham Press, 1902(reprint 1967).

Robert Farson. *Twelve Men Down.* Orleans, Mass.: Cape Cod Historical Publications, 2000.

Robert Frump. *Until the Sea Shall Free Them.* New York: Doubleday, 2001.

Charles B. Hathaway. *From Highland to Hammerhead.* Self-published, 2000.

Robert Erwin Johnson. *Guardians of the Sea.* Annapolis, Md.: U.S. Naval Institute Press, 1989.

H. R Kaplan. *Voyager Beware.* New York: Rand McNally, 1966.

Dennis Noble. *Rescued by the Coast Guard.* Annapolis, Md.: US Naval Institute Press, 2004.

William P. Quinn. *Shipwrecks Around Cape Cod.* Orleans, Mass.: Lower Cape Publishing, 1973.

——————. *Shipwrecks Around New England.* Orleans, Mass.: Lower Cape Publishing, 1979.

Sherry S. Stancliff. *Fort Mercer and Pendleton Rescues.* New London, Conn.: Golden Tide Rips, 1950.

Bernard C. Webber. *Chatham "The Lifeboatmen."* Orleans, Mass.: Lower Cape Publishing, 1985.

기타
—

"The Coast Guard"s Finest Hours." Collier"s magazine, December 27, 1952.

W. K. Earle. "A Saga of Ships, Men and the Sea." *U.S. Coast Guard Magazine,* June 1952.

"Rescue CG36500." Orleans Historical Society, Orleans, Mass., 1985.

Lamar Stonecypher. "Old Steel: The Wreck of the SS Pennsylvania." *Kudzu Monthly*(online publication), 2002.

W. Russell Webster. "The Pendleton Rescue." Online article at www.cg36500. org

그들은 살아 돌아왔다
20세기의 위대한 해난 구조 실화

초판인쇄	2016년 4월 11일
초판발행	2016년 4월 18일

지은이	마이클 터지어스·케이시 셔먼
옮긴이	김경영
펴낸이	강성민
편집장	이은혜
편집	박세중 이두루 박은아 곽우정 차소영
편집보조	조은애
마케팅	정민호 이연실 정현민 김도윤 양서연
홍보	김희숙 김상만 이천희

펴낸곳	(주)글항아리
출판등록	2009년 1월 19일 제406-2009-000002호

주소	10881 경기도 파주시 회동길 210
전자우편	bookpot@hanmail.net
전화번호	031-955-8891(마케팅) 031-955-2670(편집부)
팩스	031-955-2557

ISBN	978-89-6735-312-4 03300

에쎄는 (주)글항아리의 브랜드입니다.

이 도서의 국립중앙도서관 출판예정도서목록(CIP)은 서지정보유통지원시스템 홈페이지(http://seoji.nl.go.kr)와
국가자료공동목록시스템(http://www.nl.go.kr/kolisnet)에서 이용하실 수 있습니다.
(CIP제어번호: CIP2016007406)